大学生心理健康

教育教程

中共湖南省委教育工作委员会
湖　南　省　教　育　厅　组织编写

主　编：胡　凯

副主编：龚　勋
丁立平
袁红梅

湖南人民出版社·长沙·

湖南省大学生心理健康教育课程示范教材

本书编写人员

主　　编：胡　凯

副 主 编：龚　勋　丁立平　袁红梅

编委会成员：（以姓氏笔画为序）

叶湘虹　朱　佳　陈燕妮　姜巧玲

高　明　唐海波　彩　健　彭　萍

戴　吉

目录

绪　论 001

一、心理健康的含义与标准 …… 001
二、大学生心理发展的特点与影响因素 …… 006
三、大学生心理健康教育的主要理论 …… 009
四、大学生心理健康教育的目标、内容和方法 …… 012

第一章　关注生涯发展 017

第一节　生涯发展与生涯规划 …… 018
第二节　大学生涯规划方案的制订 …… 024
第三节　大学生涯规划方案的实施 …… 037

第二章　正确认识自我 044

第一节　自我意识探源 …… 045
第二节　大学生自我意识的发展状况 …… 051
第三节　大学生健全自我意识的培养 …… 056

第三章　塑造健全人格 064

第一节　人格及大学生的人格特点 …… 065
第二节　人格偏差的类型与表现 …… 078
第三节　大学生人格培养的途径和方法 …… 082

第四章　学会学习与创造 092

第一节　学习与大学生的学习 …… 093
第二节　大学生学会学习 …… 096
第三节　在学习中尝试创造 …… 116

第五章　有效管理情绪 128
第一节　情绪与情绪健康 …… 129
第二节　大学生的情绪特征与情绪智力 …… 134
第三节　情绪的自我调控 …… 139
第六章　应对压力与挫折 146
第一节　压力与挫折 …… 147
第二节　大学生的压力与挫折分析 …… 152
第三节　有效应对压力与挫折 …… 158
第七章　优化人际交往 170
第一节　人际交往与人际关系 …… 171
第二节　大学生人际交往的特点与现状 …… 177
第三节　调适并优化人际关系 …… 181
第八章　邂逅美好爱情 196
第一节　大学生恋爱心理 …… 197
第二节　提升爱的能力 …… 207
第三节　维护性心理健康 …… 213
第九章　预防精神障碍 224
第一节　了解精神障碍 …… 225
第二节　大学生精神障碍的求助 …… 229
第三节　大学生常见精神障碍的防治 …… 233
第十章　敬畏神圣生命 245
第一节　生命及其意义 …… 246
第二节　大学生生命教育 …… 251
第三节　大学生心理危机的应对 …… 259
主要参考书目 269
后　记 272

绪 论

心理健康教育是提高大学生心理素质、促进其身心健康和谐发展的教育，是高校人才培养教育内容的重要组成部分，也是高校思想政治工作的重要内容。“育人的根本在于立德。全面贯彻党的教育方针，落实立德树人根本任务，培养德智体美劳全面发展的社会主义建设者和接班人。”人的灵魂是思想，而思想的基础是心理。不断提升心理素质是保证当代大学生健康成长成才的重要方面。开展大学生心理健康教育首先要了解心理健康的含义与标准，研究大学生心理发展的特点与影响因素，明确大学生心理健康教育的主要理论，把握大学生心理健康教育的目标、内容与方法。

一、心理健康的含义与标准

心理健康教育的目的是提高我们的心理素质。那么什么是心理素质？心理健康的标准又有哪些呢？

1. 心理与心理素质

人的眼睛能看到五彩缤纷的世界，耳朵能听到优美的乐曲，大脑可储存大量的信息，能用自己的思维和想象去探索自然和社会的奥秘；人有七情六欲，会喜怒哀惧；人还会为了自己的目的，通过行动去满足自己的需要。这些人们在生活实践中与周围环境、事物相互作用而产生的这样或那样的主观活动和行为表现，就是人的心理活动，简称心理。人的一切活动都与心理现象的存在和变化密不可分。在心理学家看来，人的心理现象由心理过程和个性心理两个方面组成。心理过程和个性心理是人的心理活动的基本形式，也是人的心理活动表现的重要方面。

人的心理过程就其性质与功能的不同，分为认识过程、情绪情感过程和意志过程。认识过程是人接受、储存、加工和理解各种信息的过程，即人脑对客观事物的现象和本质的反映过程。它包括感觉、知觉、记忆、思维和想象。情绪情感过程指人们抱着自己的某种需要去认识客观事物，在认识过程中产生的一种态度体验。如满足了需要，达到了目的，就产生一种愉快的、肯定的、积极的态度体验；反之，则产生一种不愉快的、否定的、消极的态度体验。这种由于客观事物是否满足需要而产生的态度体验，就是情绪情感。情绪情感过程包括产生低级的情绪和高级的情绪的过程。意志过程是人们为了实现目的，驱动自己从事克服困难的活动的心理过程。人类不仅要认识世界，还要改造世界。在改造世界的活动中，总是带有一定的目的性。为了实现预定目的，就要想方设法去克服困难。这种为了实现目的而克服困难的活动，构成心理过程中的意志过程。意志是自觉地确定目的，并根据目的来安排、调节自己的行动，克服各种困难，从而实现预定目的的心理过程。

认识、情绪情感和意志这三种心理过程作为人脑反映客观现实的形式，是人类共有的。但是，并不是说人反映客观现实都表现出同样的行为模式。每个人在反映客观现实时，都表现出不同的行为特点和方式。这些不同的行为特点与方式构成人与人之间心理上的差异，称为个性差异，也称个性心理。个性心理主要表现在两个方面：个性倾向性和个性心理特征。个性倾向性是指一个人所具有的意识倾向和人对客观事物的稳定的态度，主要包括需要、动机、兴趣、理想、信念和世界观。个性心理特征是一个人身上经常表现出来的本质的、稳定的心理特点，这种稳定的心理特征是个性倾向性稳固化和概括化的结果。它包括能力、气质和性格。

心理素质是人的心理过程和个性心理所体现的心理品质的总和，也是人的智力因素与非智力因素所体现的品质的总和。智力类的心理素质包括注意力、观察力、记忆力、思维力、想象力等一般能力，也包括表现在方方面面的特殊能力，如表达能力、社交能力、组织能力等；非智力类的心理素质包括需要、动机、兴趣、情绪、情感、意志、态度、理想、信念等。心理素质是人的整体素质的一个重要组成部分。人的素质主要包括思想道德素质、科学文化素质、专业能力素质、身体心理素质四个方面。思想道德素质是人的素质的灵魂，把握着人的素质的方向；科学文化素质是人的素质的基础，是人获得其他素质的平台；专业能力素质是人的素质中的工具性素质，既是人为社会服务的工具，也是人立足于社会的谋生手段；身体心理素质则是上述素质的载体，是人的素质中一个非常关键的素质。心理素质在人的整体素质中处于十分重要的地位，具有非常重要的作用，它是人的整体素质的基础和核心，是其他素质形成与发展的内因。从本质上看，心理是人脑对客观现实的能动反映，心理素质既然是人的心理过程和个性心理所体现出来的品质，它当然也是人脑机能的体现，是人在社会实践活动中逐步形成的。

2．心理健康的一般标准及大学生心理健康标准

心理素质健康发展，即心理健康，对每一个人的成长和发展都有重要影响。那么人的心理怎样才算是健康的呢?

心理健康是科学健康概念的一个重要组成部分。1989年，世界卫生组织将健康定义为“躯体健康（physical health）、心理健康（psychological health）、社会适应健康（good social adaptation health）和道德健康（ethical health）”。根据健康新概念，《心理学大辞典》指出，符合下列标准，可视作心理健康：（1）情绪稳定，无长期焦虑，少心理冲突；（2）乐于工作，能在工作中表现自己的能力；（3）能与他人建立和谐的关系，且乐于和他人交往；（4）对自己有适当的了解，且有自我悦纳的态度；（5）对生活的环境有适当的认识，能切实有效地面对问题、解决问题，而不逃避问题。

国内外心理学家在研究和探讨过程中提出了一系列心理健康标准。综合国内外专家学者的研究，我们提出以下心理健康的一般标准及大学生心理健康标准，供同学们参考。

我们从人的心理过程和个性心理，即知、情、意、个性等四个方面来概括心理健康的一般标准。我们认为，心理健康的人应该具有比较正确的认知、良好的情绪情感、坚强的意志品质与健康的个性心理。

第一，比较正确的认知。人们的认知包括客观认知和主观认知。客观认知又包括对自然的认知、对社会的认知。心理健康的人要正确地认识自然和社会，就必须智力正常，这是最基本的要求。主观认知包括对各种思想观点的认知和对自我的认知。只有确立了科学的世界观和方法论，才可能对各种思想观点进行正确的分析，使主观与客观相统一。心理健康的人还要求有良好的自我意识。良好的自我意识首先表现为“自知”，就是要能正确认识自己，然后要能“自尊、自爱”，再次是在“自知、自尊、自爱”的

基础上能自我调控自己，并具有充分的自信心。

第二，良好的情绪情感。稳定愉快的情绪和丰富深刻的情感是心理健康的重要标志。而要保持良好的情绪情感就必须有良好的应对方式。人的一生始终处于不断的追求、不断的选择、不断的失意、不断的受挫之中，因而人们可能常常感到焦虑和痛苦，于是会自觉不自觉地采用各种方式方法来应对这些痛苦。一个心理健康的人应该有健康合理的并适合于自己的有效的应对方法，以减轻、排解或解除痛苦，始终保持乐观向上的生活态度，并有幸福感。

第三，坚强的意志品质。意志的自觉性、果断性、坚持性和自制性是良好意志品质的基本特征。每个人都要锤炼良好的意志品质，提高个人的社会功能。社会功能是指一个人在社会上生存和发展的能力。首先，人际交往是最基本的社会功能。其次，社会适应能力是很重要的社会功能。再次，一定的创造力是知识经济社会生存和发展不可缺少的一种社会功能。具有良好社会功能的人，行动才会具有自觉性、果断性、坚持性和自制性。

第四，健康的个性心理。其中良好的人生态度很重要。一个人良好的人生态度首先来自健康向上的人生观、价值观，这是人生的航标。只有树立了健康向上的人生观、价值观，才能明确人生的目标和方向，人生才有动力，人才能拥有良好的人生态度。其次要有完整统一的人格，要将自己的愿望、理想、目标与自己的行为统一起来，人格才完整，若二者分离，将导致人格分裂。再次应具有优良的意志品质，这样才能克服人生中的困难，与人和谐相处，与社会协调发展，永葆乐观向上的人生态度。

参照心理健康的一般标准，结合现代社会对人才素质的要求以及我国现阶段大学生身心发展的实际情况，我们认为，大学生心理健康标准可以概括为如下方面：

一是智力正常。正常的智力是大学生进行正常的学习、工作和生活的最基本的心理条件，是衡量心理健康的最重要的方面。从智力测验的角度来看，智力正常的标准应当是智力商数在70以上，低于70为智力落后。我国的大学生一般都是经过高考录取入学的，智力基本上在中等水平以上，极少有落后的情况。

二是情绪情感积极稳定。情绪是衡量心理健康与否的一个显著标志。心理健康的大学生积极的情绪远多于消极的情绪，主导心境是愉悦、乐观和平静的，且能正确而恰如其分地表达情绪。情感是和人的社会需要相联系的一种较高级而稳定的体验。心理健康的大学生有较强烈的社会责任感和集体荣誉感，并能珍惜友谊，探索和追求真理，欣赏并向往美好事物，在学习、工作和生活中积极创造美，并有幸福感。

三是意志、行为健全协调。意志健全主要表现在意志品质上。心理健康的大学生意志的自觉性、果断性、坚持性和自制性获得了协调的发展。他们学习、生活的目的明确，能根据现实的需要调整行动的目标，能尊重、听取别人的意见，但又独立思考，不盲目服从；能果断地做出决定并执行决定；能专注于学习或其他活动，并在活动中勇于克服各种困难，坚持不懈地为实现目标而奋斗；能为实现目标而自觉地约束自己，抑制自己不合理的欲望，抵制各种外部诱惑。行为协调主要表现在行动的计划性、一贯性与统一性以及言谈的逻辑性等方面。

四是自我意识良好，个性完整统一。心理健康的大学生有积极向上的人生观、价值观和世界观，有理想、抱负和坚定的信念。他们能把需要、动机、态度、理想、目标和行为统一起来，做到态度与行为相一致，不为了眼前利益而放弃远大目标，不为私欲而背弃良心。同时，心理健康的大学生对自己的能力性格以及优缺点都能做出比较客观的评价，能把“理想的我”与“现实的我”有机地统一起来，而且“理想的我”总能在“现实的我”中得到体现，能根据自己的认识和评价来调控自己的行为，使自己与环境保持平衡。

五是社会适应良好。心理健康的大学生能正确客观地认识、评价自己所生活的环境，能坦然面对并接受现实，他们明确自己所处的位置，怀有高于现实的理想和愿望，又不沉湎于不切实际的幻想和奢望。在环境不利时，既不逃避，也不怨天尤人和自暴自弃，而是通过自己的努力主动去适应环境，积极改造环境。心理健康的大学生的言行基本符合社会规范。当他们发现个人的行为偏离了社会的要求时，能够及时纠正，同社会要求趋向一致。心理健康的大学生有积极的交往态度，能掌握一定的交往方法和技巧，在交往中做到诚实守信、和善友爱、宽容尊重、关心合作，能与大多数人建立良好的人际关系。

六是心理活动特点符合年龄和角色特征，并无心因性生理异常现象。心理健康的人，其一般心理特点应该与其所属年龄阶段的人的共同心理特征相一致，与其在不同环境中所扮演的角色相符合。心理健康的大学生充满青春活力、朝气蓬勃、积极向上、敢想敢干、勤学好问、探索创新。在角色特征方面，能够根据自己所处的场合，正确把握自己所扮演的角色。

二、大学生心理发展的特点与影响因素

要提高大学生的心理健康水平，必须了解个体的生理心理发展规律，认识大学生心理发展的特点及影响因素。这也是有针对性地开展大学生心理健康教育的前提。

1. 个体的生理心理发展规律

在人的成长过程中，生理和心理状况随时间推移而不断变化发展。个体的身心发展在成长的岁月中呈现出一定的规律性。而对个体生理发展过程及心理发展特点的探索与研究，将使人们更清楚地了解自我成长特点，以便更好地发展。

个体的生理发展过程是个体按照自身预定的程序和节奏而自然成熟、成长的过程。从生理学角度分析，人的一生可分为胎儿期、婴儿期、童年期、青年期、成年期和老年期。在人的生长发育过程中，一般说来有两个生长发育的高峰时期：第一个高峰期是人体形成的重要时期——胎儿期；第二个高峰期是人体成熟的时期——青春期，它也是人体发育的转折时期和定型时期。从青春期开始，我们认识到自己长大了：体态发育基本稳定，体内机能趋于完善，性器官、性机能基本发育成熟，大脑及神经系统也基本发育成熟。心理是人的大脑及神经系统的机能，大学生身体发展特别是大脑生长的状况，为心理的进一步发展和完善提供了物质基础。

关于个体心理发展，一般认为，个体心理发展中会表现出一定的年龄特征，人一生心理发展的阶段是：胎儿期、新生儿期、婴儿期、幼儿期、童年期、少年期、青年期、中年期和老年期。人心理机能的发展呈现出阶段性。婴儿期是人的动作和语言发展的关键期。幼儿期是人的智力发展的关键期。童年期是人的个性形成和培养学习品质、道德品质的关键期。青年期是人生观、价值观形成的关键期。到中年期，认识方式趋于稳定，思维习惯得以形成。而进入老年期，心理机能会逐渐衰退。艾瑞克·埃里克森（Erik Erikson）认为，个体还必须成功地通过一系列的心理社会性发展阶段，每个发展阶段都会出现一个主要冲突或危机，虽然每个冲突或危机不会完全消失，但如果个体想要成功应对后面发展阶段的冲突，就需要在特定阶段充分地解决这个主要冲突或危机。同时，个体的心理发展也是一个社会化的过程。社会化是个体掌握和积极再现社会经验、社会联系和社会关系的过程。社会化过程是人类学会共同生活和彼此有效交互作用的过程，也是个体与社会环境交互作用的过程。

可以说，生理发展促进心理发展，而正常的心理发展有利于生理发展。两者相互依

存，互相促进。

2. 大学生心理发展的阶段及特点

从发展心理学的角度看，大学生的心理发展处于个体心理发展的青年期。这一时期是心理上逐步走向成熟但还没有真正成熟的时期。在大学阶段，大学生开始设计自己的未来，是世界观、人生观开始形成的时期，个体真正开始成为独立的社会成员。知识的扩充、认知的发展和自我意识的趋于成熟，使这一时期成为人一生中最具活力、最有朝气、最富想象力的时期。整个大学阶段，大学生的心理发展又可分为适应准备阶段、稳定发展阶段、走向成熟阶段。大学新生一般处在适应准备阶段，他们遇到的问题最多，各方面会产生诸多的不适应。大学生心理发展过程中适应准备阶段的时间长短是因人而异的，短则两三个月，长则一两年。适应准备阶段之后，大学生的心理发展会进入稳定发展阶段。在这个阶段并非没有心理问题，如大二学生学习问题最突出，然后是人际关系问题；大三学生也不乏人际关系与恋爱问题的困扰；大学高年级学生的未来发展成为突出问题。只不过在这一阶段，他们已适应大学生活学习环境，容易取得社会支持，并有了一定的自我调适能力。稳定发展阶段之后，大学生的心理发展会进入走向成熟阶段。处于这一阶段的大学生基本上能较好地处理自己遇到的困惑或问题，而在碰到自己难以解决的问题时，能选择正确的求助方式。

当代大学生表现出与以往任何一个年代大学生都不尽相同的心理面貌、心理矛盾、心理问题和心理发展优势。

当代大学生生活在中国特色社会主义新时代，时代塑造了他们上进、务实、开放、网络化生存等基本特点。当代大学生的心理面貌出现了三大转变，即从闭锁转向开放，从依赖转向独立，从关心书本转向关心社会。当代大学生的心理面貌突出表现为价值观念多元化、需要结构多样化、个性发展自主化、学习行为实用化等时代特点。

当代大学生是一个充满心理矛盾的青年群体。由于他们的人生经历基本上是从学校到学校，缺乏必要的社会生活经验和实践锻炼，在心理发展过程中存在着明显的两面性，而且各方面的心理发展也不平衡，往往容易产生各种各样的心理矛盾与冲突。他们普遍存在的内心矛盾主要有：闭锁性所导致的孤独感与强烈的交往需要之间的矛盾，渴求自主独立与情感物质依赖之间的矛盾，强烈求知欲与识别能力不强之间的矛盾，情绪情感冲动与理智调控约束之间的矛盾，美好的愿望理想与当前现实不如意之间的矛盾，强烈的性意识、性冲动与正确处理异性之间关系及性道德之间的矛盾，网络化生存与现实社会适应之间的矛盾。同时，他们的心理矛盾具有复杂性，往往是多重的心理矛盾交织在一起。由于心理矛盾的多样性、复杂性和心理冲突的加剧，当代大学生在心理上也会出现一些新困惑、新问题。这些困惑和问题既影响他们精神生活的质量，也影响他们智力的发挥。

当代大学生中不乏自信自强、乐于奉献、意志坚强、积极进取的优秀者，大学生的心理状况基本上是好的。我们应清醒地认识到，青年期是人智力因素发展的黄金时期，也是非智力因素发展的关键时期。大学生较其他年龄段的人更具心理发展优势。作为当代大学生，我们既不必沾沾自喜于自己心理上的种种优点，也不必忧心忡忡于自己心理上存在的种种不足和缺点，因为这些都是社会和时代的产物。我们应抓住青年期的心理发展优势，跟随时代前进的步伐，扬优弃劣，扬长避短。

3．影响大学生心理发展的主要因素

遗传因素、社会环境因素、教育因素以及人的内在需要和主观努力是影响个体心理发展的主要因素，也是影响大学生心理发展的主要因素。

遗传是一种生物现象，通过遗传基因，传递着祖先在长期的进化过程中所形成的某些适应环境的结构与机能。遗传在生理发展中的作用是比较明确的，是生理发展的决定性因素。现代心理学认为：遗传是个体心理发展的潜在基础和自然前提，遗传的个别差异为心理发展的个别差异提供了最初的可能性。尽管遗传的作用在心理方面不如生理方面那样明显，但是对个体的智力、知觉、动作和性格特征等心理方面都具有较大的影响。

社会环境对心理的影响主要通过家庭、学校、工作群体、社会氛围，包括大众传媒、社会风气、国家大环境等途径来实现。虽然社会环境是影响人的心理发展的重要因素，但是同遗传一样，社会环境不是个体心理发展的决定性因素。良好的环境在促使人的充分发展中起着重要作用，这是毋庸置疑的。但是，相同的环境无法造就相同的人，在任何一个特定的社会环境中，都存在着人与人之间的个体差异。

社会环境制约人的心理发展的方向和水平，这在很大程度上是通过教育来实现的。教育把人的心理发展纳入一个有组织、有计划、有目的、积极主动的轨道上来，控制环境影响中的消极因素，利用环境影响中的积极因素，促进人的心理发展。因此，在人的心理发展中，科学、有效的思想政治教育和心理健康教育是起主导作用的。

心理学研究表明，个体的实践活动，诸如人的需要的产生、需要的满足和个人的努力，是心理的发展、停滞和衰退的内在原因。但是，从终极原因来讲，环境和遗传因素是本源的，是心理的产生和发展乃至衰退的物质根源，需要和努力是派生的，它们仅仅制约着心理发展的水平，体现着人的主观能动性，主观能动性的发挥程度最终受到本源性因素的制约。

三、大学生心理健康教育的主要理论

学习大学生心理健康的知识要有科学的理论做指导。马克思主义理论是大学生心理健康教育的指导思想，心理学理论是大学生心理健康教育的基础理论。

1．大学生心理健康教育的指导理论——马克思主义理论与马克思主义中国化时代化理论

马克思主义是科学的世界观和方法论，无疑应该成为大学生心理健康教育的指导思想。

人的本质理论是马克思主义理论的重要组成部分。人的本质问题，即人性问题，是心理学研究中的基础性问题，也是心理健康教育首先必须解决的问题。马克思关于人的本质的揭示，为心理健康教育提供了理论基础。第一，人作为自然存在物，具有其自然本质，人的自然属性是我们进行心理健康教育的生理基础。第二，人是一切社会关系的总和，这是人的社会特质，即现实的本质，人的社会属性是心理健康教育的社会基础。第三，实践主体性是人之所以为人的根本特质，即类本质，人的实践主体性是心理健康教育的实践基础。

人的自由而全面发展理论也是马克思主义理论的重要组成部分。在马克思看来，人的自由而全面发展作为人自身发展的高级形态，是人类社会历史发展的必然趋势。人的本质决定了人的自由而全面发展的特定内涵，那就是劳动能力、社会关系和个体素质诸方面的自由而又充分的发展。以马克思主义关于人的自由而全面发展的理论指导大学生心理健康教育，首先，必须坚持心理健康教育要为大学生个体素质的全面发展服务；其次，要研究大学生全面发展的特点与规律，加强学习和教育的针对性；再次，社会的发展、学校的发展要为大学生的心理健康和全面发展创造条件。

中国共产党“注重人文关怀和心理疏导”的思想。2006年党的十六届六中全会首次将“注重促进人的心理和谐，加强人文关怀和心理疏导”写进决议。2012年党的十八大报告

进一步强调："加强和改进思想政治工作，注重人文关怀和心理疏导，培育自尊自信、理性平和、积极向上的社会心态。"2016年8月，习近平总书记在全国卫生与健康大会上强调："要把人民健康放在优先发展战略地位。""要加大心理健康问题基础性研究，做好心理健康知识和心理疾病科普工作，规范发展心理治疗、心理咨询等心理健康服务。"2016年12月在全国高校思想政治工作会议上，习近平总书记也指出："要坚持不懈培育和弘扬社会主义核心价值观……培育理性平和的健康心态，加强人文关怀和心理疏导。"

中国共产党"加强社会心理服务体系建设"的思想。2017年10月党的十九大召开，形成了习近平新时代中国特色社会主义思想。党的十九届四中全会通过的《中共中央关于坚持和完善中国特色社会主义制度、推进国家治理体系和治理能力现代化若干重大问题的决定》强调：要"健全社会心理服务体系和危机干预机制，完善社会矛盾纠纷多元预防调处化解综合机制"。为了贯彻落实习近平总书记关于加强心理健康服务的指示精神，推进心理健康服务各项工作，2017年1月国家卫生计生委、中宣部、教育部、科技部等22个部门共同印发《关于加强心理健康服务的指导意见》，这是我国针对加强心理健康服务制定的首个宏观指导性文件，表明以习近平同志为核心的党中央对心理健康教育与服务工作的高度重视。社会心理服务体系建设不仅是新时代社会治理创新的重要内容，而且是新时代社会治理创新的重要手段。2020年新冠疫情中的心理援助、心理疏导与心理危机干预等社会心理服务，在抗疫斗争中起到了重要作用。

中国共产党"育心与育德相结合，加强心理育人"的思想。根据党的十九大提出的新任务新要求，2017年12月教育部出台了《高校思想政治工作质量提升工程实施纲要》，将"心理育人"纳入"十大"育人体系，指出要大力促进心理育人。坚持育心与育德相结合，深入构建教育教学、实践活动、咨询服务、预防干预、平台保障"五位一体"的心理健康教育工作格局，并把心理健康教育课程纳入学校整体教学计划。2018年7月中共教育部党组发出《高等学校学生心理健康教育指导纲要》的通知，指出：要进一步提升心理育人质量，实现大学生心理健康教育全覆盖。习近平总书记强调，要"整体推进高校党政干部和共青团干部、思想政治理论课教师和哲学社会科学课教师、辅导员班主任和心理咨询教师等队伍建设，保证这支队伍后继有人、源源不断"。

党的二十大关于"人才是第一资源""推进健康中国建设"及"重视心理健康和精神卫生"的思想。2022年10月党的二十大把教育、科技、人才作为全面建设社会主义现代化国家的基础性、战略性支撑，作为重要任务。大会强调："必须坚持科技是第一生产力、人才是第一资源、创新是第一动力，深入实施科教兴国战略、人才强国战略、创新驱动发展战略，开辟发展新领域新赛道，不断塑造发展新动能新优势。”全面建设社会主义现代化国家，以中国式现代化实现中华民族伟大复兴，人才很重要。而推进健康中国建设，重视心理健康和精神卫生，是促进人的全面发展的必然要求，也是关系中国现代化建设全局的重要任务。习近平总书记在党的二十大报告中明确提出，要“推进健康中国建设”，“把保障人民健康放在优先发展的战略位置，完善人民健康促进政策”，特别强调要“重视心理健康和精神卫生”，充分体现了对人民身体健康与心理健康的高度重视，充分彰显了以人民为中心的思想。

我们应在习近平新时代中国特色社会主义思想指导下，把握时代特点，研究大学生心理健康现状及成因；学习习近平新时代中国特色社会主义思想的核心要义，明确大学生心理健康教育课程立德树人的定位；抓住主要矛盾，满足大学生成长成才的美好期待；牢记初心，服务人民，优化大学生心理健康教育体系。

2．大学生心理健康教育的基础理论——心理学理论

大学生心理健康教育要遵循人类的心理规律，心理学理论自然成为它的基础理论。

“心理学”（Psychology）一词由希腊文Psyche与Logos演变而来。其原意为心理学是阐释灵魂的学问，给人一种神秘感和敬畏感。而现代心理学已成为研究人类的心理与行为的科学，其发展有两个源头：哲学和生物学。现代心理学的正式诞生一般认为是1879年冯特在莱比锡大学建立世界上第一个心理实验室，正式从事有系统的心理学的实验工作开始。百余年来，心理学获得了迅速的发展。现代心理学的研究领域大致有五大理论和八大主题。五大理论是行为主义理论、精神分析理论、人本主义理论、认知行为理论、生理科学观；八大主题是心理的生理基础、感觉与知觉、学习心理、身心发展、个别差异、动机与情绪、社会心理和异常行为与心理治疗。心理学的门类可分为理论心理学和应用心理学两大类。理论心理学的研究是围绕着八大主题来进行的，包括普通心理学、发展心理学、认知心理学、学习心理学、人格心理学、社会心理学、变态心理学、生理心理学、动物心理学、实验心理学、积极心理学等。应用心理学是为了解决现实生活中的问题，由不同主题的研究结合而成的，包括教育心理学、咨询心理学、临床心理学、工业心理学、消费心理学、法律心理学、广告心理学、心理测量学、管理心理学、健康心理学等。

作为大学生心理健康教育的心理学理论主要有普通心理学、积极心理学、西方心理咨询的主要理论以及中国有关心理学的知识与方法。

普通心理学是研究正常人的心理活动的一般规律和心理学基本理论的科学，是大学生心理健康教育最直接的基础理论。

积极心理学是20世纪末西方心理学界兴起的一股新的研究思潮。它主张研究人类积极的品质，充分挖掘人固有的潜在的具有建设性的力量，促进个人和社会的发展，使人类走向幸福。它是利用心理学目前已比较完善和有效的实验方法与测量手段研究人类的力量和美德等积极方面的心理学，是大学生心理健康教育最重要的基础理论。

西方心理咨询的主要理论，特别是精神分析理论、行为主义理论、人本主义理论、认知行为理论，都是大学生心理健康教育与心理调适必须借鉴的一般理论。

中国有关心理学的知识与方法，包括中国优秀传统文化中有关心理学的知识与方法，如儒家重社会教化、自我修养的身心修养模式，道家重顺其自然、淡泊名利的身心修养模式，中医学中有关心理健康的理论与方法，等等，还有中国现代心理咨询的理论与方法和思想政治教育中有关心理调适与修养的方法。

四、大学生心理健康教育的目标、内容和方法

为推进大学生心理健康教育工作科学化建设，进一步发挥课堂教学在大学生心理健康教育工作中的主渠道作用，提高大学生心理健康素质，2011年教育部制定了《普通高等学校学生心理健康教育课程教学基本要求》，2018年中共教育部党组颁发了《高等学校学生心理健康教育指导纲要》，确定了大学生心理健康教育的目标，并在原则上规定了教育的内容与方法。2023年5月教育部等十七部门印发《全面加强和改进新时代学生心理健康工作专项行动计划（2023—2025年）》，进一步明确了新时代学生心理健康工作的指导思想、基本原则、工作目标和主要任务。

1. 大学生心理健康教育的目标

大学生心理健康教育要“以习近平新时代中国特色社会主义思想为指导，全面贯彻党的教育方针，坚持为党育人、为国育才，落实立德树人根本任务，坚持健康第一的教育理念，切实把心理健康工作摆在更加突出位置”，以“培育学生热爱生活、珍视生命、自尊自信、理性平和、乐观向上的心理品质和不懈奋斗、荣辱不惊、百折不挠的意

志品质，促进学生思想道德素质、科学文化素质和身心健康素质协调发展，培养担当民族复兴大任的时代新人”。

高校学生心理健康教育课程是集知识传授、心理体验与行为训练于一体的公共课程。课程旨在使学生明确心理健康的标准及意义，增强自我心理保健意识和心理危机预防意识，掌握并应用心理健康知识，培养自我认知能力、人际沟通能力、自我调节能力，切实提高心理素质，促进学生全面发展。

通过课程教学，使学生在知识、技能和自我认知三个层面达到以下目标：

知识层面：通过本课程的教学，使学生了解心理学的有关理论和基本概念，明确心理健康的标准及意义，了解大学阶段人的心理发展特征及异常表现，掌握自我调适的基本知识。

技能层面：通过本课程的教学，使学生掌握自我探索技能、心理调适技能及心理发展技能。如学习发展技能、环境适应技能、压力管理技能、沟通技能、问题解决技能、自我管理技能、人际交往技能和生涯规划技能等。

自我认知层面：通过本课程的教学，使学生树立心理健康发展的自主意识，了解自身的心理特点和性格特征，能够对自己的身体条件、心理状况、行为能力等进行客观评价，正确认识自己、接纳自己，在遇到心理问题时能够进行自我调适或寻求帮助，积极探索适合自己并适应社会的生活状态。

通过心理健康教育，要使学生心理健康意识明显增强，心理健康素质普遍提升，并能预防、识别、干预常见精神障碍和心理行为问题。同时坚持育心与育德相统一，加强人文关怀和心理疏导，更好地适应和满足学生心理健康教育与服务需求，培育学生自尊自信、理性平和、积极向上的健康心态，促进学生心理健康素质与思想道德素质、科学文化素质协调发展。

2. 大学生心理健康教育的主要内容

根据教育部的要求，大学生心理健康教育除了应向大学生普及心理学知识外，更重要的是应针对当代大学生心理发展的需要，在大学生中开展以下专题的心理健康教育。

第一，关注生涯发展。通过学习生涯规划与生涯发展等心理学知识，探索大学生成长的特点与问题及原因，帮助大学生确立健康向上的人生目标，结合时代要求，进行生涯规划，并学习生涯规划的设计与实施，以促进大学生健康成长。

第二，正确认识自我。通过学习自我意识的心理学知识，探索大学生自我意识发展的一般过程、常见偏差和影响大学生自我意识发展的因素，发展自主自知，确立自尊自信，学会自控自立。

第三，塑造健全人格。通过学习气质与性格、个体人格与社会人格等人格的心理学知识，了解大学生常见人格偏差类型及其矫正方法，通过升华价值观和改进思维方式等多种方式，培育大学生健全的人格。

第四，学会学习与创造。通过了解学习有关心理学理论，激发大学生的学习动机，掌握学习策略，提高学习能力，摆脱学习心理困扰。通过了解创造的类型与层次、创造个性等创造的心理学知识，探索大学生创造力发展的影响因素，以加强创造性思维的培养和训练、创造人格的塑造与完善，学会优化与利用外部环境来激发自我的创造力。

第五，有效管理情绪。通过学习情绪的心理学知识，了解大学生的情绪特征与情绪困扰，提升大学生情绪智力，学会调控不良情绪，培养良好的情绪素养，并升华高尚的情操。

第六，应对压力与挫折。通过学习压力与挫折的心理学知识，分析大学生压力现状、特点以及大学生受挫后的表现及反应，指导同学们正确认识压力与挫折，合理运用心理防御机制，学会应对压力与挫折的技巧，提升挫折承受力。

第七，优化人际交往。通过学习人际交往的心理学知识，了解大学生人际交往的特点与问题，调适人际交往障碍，培养成功交往的品质，学习人际交往的技巧，优化人际关系。

第八，邂逅美好爱情。通过学习性与恋爱的心理学知识，了解大学生性心理的发展现状，分析大学生恋爱现象，提高爱的能力，学会爱的艺术。

第九，预防精神障碍。通过学习精神障碍防治与求助知识，了解产生精神障碍的各种因素，了解精神障碍的防治方法，以预防心理疾病。

第十，敬畏神圣生命。生命教育可以使大学生了解生命的意义与价值，从而尊重生命，并发掘生命潜能，成就自己的人生。同时，为避免大学生自杀事件的发生，必须学习心理危机应对的知识，并有效地预防和应对心理危机。

3．大学生心理健康教育的方法

大学生心理健康教育应坚持思想政治教育与心理教育结合、普及教育与自我教育结合、课堂教育与校园文化活动结合的方法。通过思想政治教育的主渠道——思想政治理论课，帮助大学生树立正确的世界观、人生观、价值观，形成大学生心理健康发展的动力，并在对大学生进行思想政治教育、成才教育的同时关注大学生的心理健康。同时，通过开设心理健康教育学科课程与活动课程以及举办讲座报告等向大学生进行心理健康的普及教育，并开展心理社团活动，将课堂教育与校园文化活动结合，通过开展健康向上、丰富多彩的校园文化活动，充分发挥大学生主体作用，促进大学生修养身心、陶冶情操，不断提高心理健康素质。

在心理健康教育课程实施中，常用的教学方法有以下几种：

第一，认知教学法。指老师依靠学生的感知、注意、想象、思维和言语等认知活动来达到心理健康教育目标的方式和手段。主要有口授法、图例讲解法、阅读和案例法、认知改变法、参观法、欣赏法等。

第二，课堂讨论法。指老师为实现一定的教学任务，指导学生就课程内容中的某些问题相互启发、相互学习的教学方法。课堂讨论法可以集思广益，使学生与学生之间、老师和学生之间沟通思想，增进交流，让问题得以解决，并且能够较好地发挥学生的主动性、积极性，有利于提高学生的口头表达能力、独立思考能力以及分析和解决问题的能力。主题讨论、小组讨论、辩论等方法都可以用于心理健康教育课程之中。

第三，行为训练法。这种方法既适用于个别辅导，也可以在心理健康教育课程中进行。个别辅导，如对缺乏自信或胆怯的学生，老师可以给他们规定一定的训练任务，如每次课至少举手发言两次，每天至少主动向别人打10次招呼，并且予以鼓励和督导，以促进他们的自我肯定，克服自卑心理。全体性的行为训练，如针对一部分学生在考试前紧张、焦虑的情况，可以对全班学生进行“松弛训练”，让他们在考试前运用此法，缓解考试前的紧张与焦虑。行为训练的原则有三：一是应由易到难；二是应提供示范；三是应及时强化。

第四，角色扮演法。这是老师运用表演方式来启发学生对人际关系及自我情况有所认识的一种方法。角色扮演通常由学生扮演日常生活情境中的角色，使学生平时压抑的情绪通过表演得以释放，学习处理人际关系的技巧及获得处理问题的灵感并加以练习。角色扮演要进行事前沟通，说明情境，自愿选择角色，即兴表演，帮助作为观众的其他学生作明智的观察，表演结束后要共同讨论并重演或互换角色，最后教师组织学生讨论对整个活动的体会、感受，互相启发、互相帮助。

第五，心理活动法。常用的方法很多，不少心理专家将它们作了不同角度的分类，我们仅从练习的形式上，将它们分为书写练习、身体活动、接触活动、美术工艺练习、幻想练习、阅读练习、互动性练习、家庭作业等八类。

在心理健康教育的教学活动中，老师应根据教学的内容和特点，创新心理健康教育教学手段，有效改进教学方法，通过线下线上、案例教学、体验活动、行为训练、心理情景剧等多种形式，激发大学生学习兴趣，提高课堂教学效果，不断提升教学质量。

第一章

关注生涯发展

孔子用“吾十有五而志于学，三十而立，四十而不惑，五十而知天命，六十而耳顺，七十而从心所欲不逾矩”对自己的人生进行了概括，把人生分成了六个阶段。同学们面对大学这一重要的人生阶段，应该怎么谋划呢？大学生首先要解决入学适应问题。必须诚实地面对自己，仔细思索在大学几年的学习生活中，自己究竟“要”什么；自己“是”什么样的人，“拥有”什么样的“资产”；“期望”成为什么样的人；为了成为自己所期望的人，需要“充实”些什么或“付出”些什么；如何才能在回顾时，对自己的大学生涯感到满意。要回答这些与个人的生涯发展息息相关的问题，需要大学生进行深度的生涯探索和长期的生涯规划。

第一节
生涯发展与生涯规划

在大学的舞台上，有些学生能获得很大的成功，演绎出精彩的人生，而有些学生却表现平平，碌碌无为地混时度日。为什么呢？问题的关键在于读大学时有没有做生涯规划。不是说没有经过规划的生涯不会成功或不会表现出色，而是说经过精心规划的大学生涯，更容易成功或表现出色。因此，开展生涯发展教育，进行生涯规划，可以使每个大学生拥有更出色的人生。

一、生涯发展的相关理论

了解生涯发展的相关理论，对我们学习规划自己的人生非常重要。

1. 哈维格斯特的生涯发展任务理论

生涯发展的概念来源于美国心理学家哈维格斯特（Havighurst）提出的发展任务这一概念。哈维格斯特认为人类不是天生就有一种能指引自己生活的本能，要在人类社会中顺利生活，个体就必须学会自我学习、探索。这个学习过程伴随人的一生，随着生命的开始而开始，也随着生命的结束而结束。哈维格斯特认为发展任务即一个人在发展的某一阶段必须学习的活动，若此项活动成功学会，不仅可以使他感到快乐，而且还会促使他完成以后的发展任务；若此项活动失败了，不但使他感到沮丧、不安以及不容易被社会承认，还可能阻碍其以后发展活动的进行。

哈维格斯特把人的生涯发展分为婴儿期与儿童早期（0~6岁）、儿童晚期（6~12岁）、青少年期（12~21岁）、成年期（21~40岁）、中年期（40~60岁）和老年期（60岁至死亡）六个阶段，其中青少年期的发展任务是：接受个人的体型和性别角色，与年龄相近的异性和同性建立新的关系，情绪上不再依赖父母和其他成人，树立经济上独立的自信态度，选择职业并做好就业准备，发展行使公民权利所需的知识、技能和观念，发展对社会负责的行为，准备适应婚姻和家庭生活，将自我价值建立在科学的基础之上。哈维格斯特认为发展任务是个体发展的重要基础，人的发展即是完成人生发展任务的过程，同样，人的成熟也由一个个发展任务的完成而实现。

2. 金斯伯格和舒伯的生涯发展阶段理论

从生涯发展的角度研究人的职业行为，美国著名职业指导专家金斯伯格（Eli Ginzberg）是较早的一位。他认为职业在个人生活中是一个连续的、长期的发展过程。金斯伯格认为职业选择经历是从模糊的空想走向现实。他将这一心理过程分为空想、尝试、现实三个阶段。空想阶段（11岁以前）：在这个阶段个体希望快点长大成人，憧憬引人注目、令人激动的理想化职业。其特征是情感色彩很浓，带有很大的冲动性和盲目性，十分不稳定。尝试阶段（11~17岁）：这个阶段与青春期同时到来。个体开始思考今后的职业和自己所面临的任务，并把这个任务作为奋斗的目标。现实阶段（17岁至成人）：如果说上一阶段还是主观因素占主导地位，那么这一阶段则更注重现实，力求主观因素与客观因素协调统一。

美国学者舒伯（D.E.Super）被大家公认为生涯发展大师，其终身生涯发展理论的提出，对人终身发展的认识有重要和积极的意义。舒伯从人的终身发展的角度出发，结合职业发展形态，把人的生涯发展分为成长、探索、建立、维持和衰退五个阶段，每个阶段又分为若干次阶段，并且每个阶段、次阶段都有各自不同的生涯规划与生涯发展任务。成长阶段（从出生至14岁）：这一阶段主要根据儿童自我概念形成的特点，发展儿童的自我形象，发展他们对人生意义的认识以及对人生的正确态度，分为幻想期、兴趣期、能力期。探索阶段（15~24岁）：这一阶段青少年通过学校生活和社会实践，对自我能力及角色、职业进行探索。建立阶段（25~44岁）：这一阶段的任务是根据人们的职业实践，协助进行自我与职业的统合，促进职业的稳定，即通过调整、稳固并力求上进。维持阶段（45~65岁）：这一阶段的任务是帮助人们维持现有的成就和地位。衰退阶段（65岁以上）：这一阶段的任务是根据个体心理与生理机能的日益衰老，逐渐离开工作岗位，协助个体发展新的角色，寻求新的生活方式，替代和满足个人发展的需求。

3．以帕森斯为代表的生涯规划理论

最早在美国倡导并指导生涯规划的领军人物，当数弗兰克·帕森斯（Frank Parsons），他于1909年提出了职业规划这个概念。从1930年开始，生涯规划开始更多地关注个人，一些职业教育人员和人力资源专家开始对学生进行专业性和针对性的生涯规划辅导。1950年之后，传统的生涯规划理念受到了罗伯特（Robert Hoppock）和唐纳德（Donald Super）的强烈挑战。新的观点认为，需要生涯规划的对象不仅仅只是需要解决特定生涯难题的个人，同时更是每一位需为未来生涯发展做好准备的人。在1960至1970年的美国，生涯规划理论已经被普遍接受，并且得到了前所未有的发展，生涯教育课程在各级学校普遍推广开来。1980年之后，生涯规划理论更是一直处在加速发展的状态，具体表现在：理论方面更加专业化、全面化，应用方面更加普及化、具体化，政策方面更加规范化、正规化。

1996年，赫·克拉姆（Herr & Cramer）归纳出当代生涯规划领域所关注的六项主题：致力于发展生涯决定，关注自我概念，关注生活风格、价值和休闲，自由选择，个别差异，适应变化的弹性和能力。

4. 中国优秀传统文化的人生规划思想

《礼记·大学》指出："古之欲明明德于天下者，先治其国；欲治其国者，先齐其家；欲齐其家者，先修其身；欲修其身者，先正其心；欲正其心者，先诚其意；欲诚其意者，先致其知。致知在格物。物格而后知至，知至而后意诚，意诚而后心正，心正而后身修，身修而后家齐，家齐而后国治，国治而后天下平。"论述了君子的人生规划分为四步：修身、齐家、治国、平天下。先要修炼自己，然后要经营好家庭，才有能力去帮助治理国家，兼济天下。这是内生涯和外生涯的统一论。人只有内在修炼好了，才会实现职业乃至人生的成功。

二、生涯及生涯规划的概念

要制订自己人生发展的生涯规划，必须明确生涯及生涯规划的概念。

1. 生涯的概念

生涯英文为“career”。“career”一词源于罗马语via carraria和拉丁语carrus，原意均指战车。在古希腊，career有“疯狂竞赛”的意思，后来引申为道路。现常指人生的发展道路，也指人或事物所经历的途径，还有人把它看作是一个人一生发展的过程，或一个人一生中所扮演的系列角色和职位等。

虽然“生涯”一词常见于我们日常生活中，但要从学术上给“生涯”下一个定义，却不是一件容易的事。目前大多数学者所接受的生涯定义来自舒伯的论点：生涯是生活中各种事件的演进方向和历程，它统合了人一生中的各种职业和生活角色，由此表现出个人独特的自我发展组型。舒伯认为，生涯是个人终其一生所扮演的角色的整个过程，由三个层面构成：一是时间，指个人的年龄或生命的过程；二是广度或范围，指每个人一生所扮演的各种不同的角色；三是深度，指个人投入的程度。

从生涯的定义来看，生涯具有几个特性：一是终身性。生涯是一个连续不断的发展过程，概括了人一生中所拥有的各种职位、角色。因此，生涯不是个人在某一阶段所特有的，而是一个终身发展的过程。二是独特性。生涯是个人依据自己的人生理想，为了实现自我而逐渐展开的一种独特的生命历程，不同的个体有不同的生涯。某些人在生涯的形态上有相似的地方，但其实质却可能是完全不同的。三是发展性。生涯是一个动态的发展历程，个体在不同的生命或工作阶段中会有不同的追求，而且这些追求会不断地变化与发展，从而促进个体不断地成长。四是综合性。生涯是以个体事业角色的发展为主轴，并包含了他一生中所拥有的所有职位、角色的总和，这个总和不只局限于职业角色，也包括学生、子女、父母、公民等涵盖人生整体发展的各个层面的角色。

2. 生涯规划的概念

生涯规划有狭义与广义之分。狭义的生涯规划称为职业生涯设计，指一个人对一生职业发展道路的设想和规划。合理设计自己的职业生涯，是迈向成功的第一步。广义的生涯规划不仅仅局限于职业生涯规划，还包括人的生涯历程中其他角色规划。

总体来说，生涯规划有三个特点。第一，生涯规划不是一成不变的，它与不同时期个人角色变换、责任的不同、生活内容的不同密切相关。第二，生涯规划不是单一路径的，并不是让个人的发展按照单一路径前进，也并不保证规划的路径肯定通向成功，只是建议个人对未来的一切事物能够有长远的考虑，而且在考虑的同时做好各项准备工作。第三，生涯规划注重的是对个人生涯的发展和对环境的适应。

生涯规划的内容包括知己、知彼、抉择、目标、行动和评估。知己，就是了解自己的各个方面，包括兴趣爱好、能力、价值观、个性、性格，以及父母的管教态度、学校与社会教育对个人产生的影响等。知彼，就是探索外在的世界，包括行业与职业的特性、所需的能力、就业渠道、工作内容、工作发展前景、薪资待遇等。知己是了解自己本身的特性，知彼是了解工作舞台的特性。抉择，包括抉择技巧、抉择风格，以及抉择可能面临的冲突、阻力、助力等。抉择之后是为自己制定目标，然后采取行动，在行动中进行评估和调整。图1–1所示六个基本要素缺一不可，环环相扣，是一个人在做生涯规划时必须考虑的关键因素。

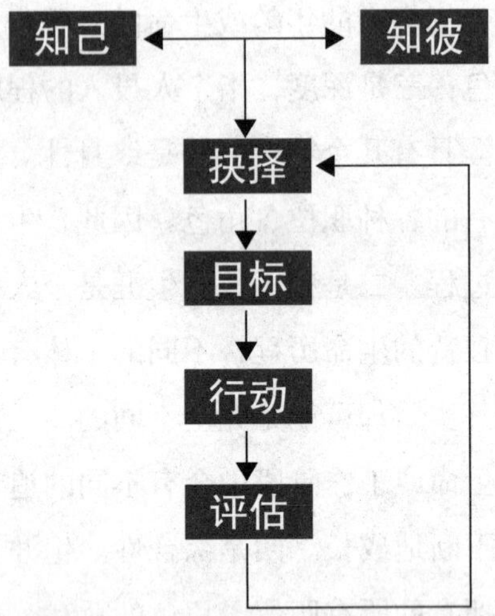

图1–1　生涯规划的基本要素

知识窗：生涯规划模式

美国伊利诺伊大学斯温（Swain）博士从个人特质的澄清与了解、教育与职业资料的提供、个人与环境关系的协调三个方面，提出了一个生涯规划模式（如图1–2）。

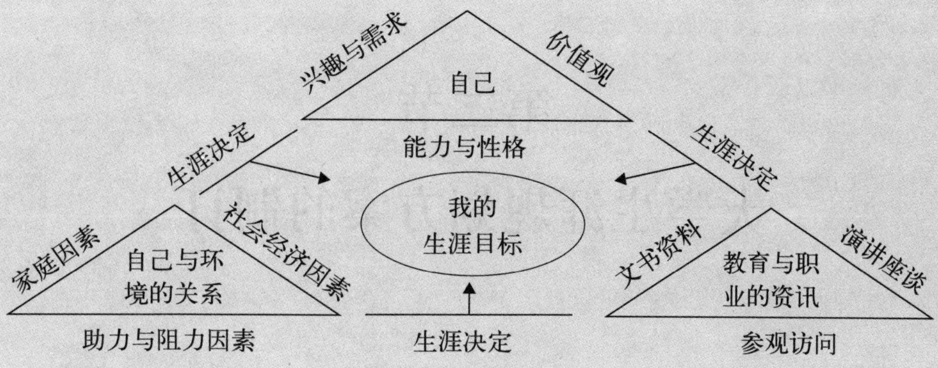

图1–2　斯温的生涯规划模式

图1–2中，第一个小三角形是指“自己”，包括能力、性格、兴趣、需求、价值观等。第二个小三角形是指“自己与环境的关系”，包括助力与阻力因素、家庭因素和社会经济因素等。第三个小三角形是指“教育与职业的资讯”，包括从参观访问、文书资料和演讲座谈等各种途径中获得的信息和经验等。从该模式中我们可以看出，这三个三角形是生涯发展与规划的重点，是每个人可以自我培养、自我加强、自我改进的方面。斯温将复杂的生涯理论以简单明了的图形呈现出来，使得生涯规划有架构可循。然而，由于每个人的客观情况不同、主观判断不同，在每一个三角形所占比重上会有不同的考虑，产生不同的生涯决定，每个人所达成的生涯目标也因此呈现出独特性与原创性。

总之，生涯规划是一个不断改变的过程。在这个过程中大学生不断评估自己的能力及价值系统，并与实际环境的需求相结合，就有可能做出一个最适合自己的决定。这对每一个大学生大学学业的成功都是非常必要的。

第二节
大学生涯规划方案的制订

大学生要想进行生涯规划，首先要正视自己的认识误区和制订生涯规划中常见的问题，然后应了解大学生生涯规划方案制订的策略和制订大学阶段生涯规划的步骤。

一、大学生制订生涯规划时常见的问题

大学生制订生涯规划时常见的问题主要表现在以下方面：

1. 认为没必要做生涯规划

一些同学认为，世界发展变化快，人们无法预料未来，计划赶不上变化，没有必要做生涯规划。有的同学认为生涯规划可以等到即将毕业时再做，不必刚进大学就做。一些同学把生涯规划等同于专业，认为只要有职业目标和专业学习的计划就够了。还有同学把生涯规划等同于大学生涯规划。

要明确生涯规划不是职业目标，它的核心是达到人生目标的步骤、方法和时间安排。不但要有长期计划，还要有短期计划、阶段计划。生涯规划也不是学习计划，达到人生目标不仅需要具备知识，更重要的是要具有能力。生涯规划是以提升能力为重点，并从长远出发以实现人生目标的规划。专业学习是学生时期的任务，职业则是步入社会后的任务，二者的关联只是一些知识背景。多数大学生都希望自己选择的专业就是自己今后的职业，但实际上往往不能如愿，而且转行所需的不仅仅限于知识背景，更重要的是较强的生涯能力，如人际交往能力、组织协调能力、理解和执行上级意图的能力、个人形象塑造能力、语言文字表达能力、随机应变能力、言行得体能力等。

生涯规划和大学生涯规划也是不一样的。大学生涯规划是整个人生生涯规划的一部分，是生涯的阶段性设计和铺垫。但大学生涯规划对个人生涯规划具有至关重要的影

响，可以说，生涯规划的实现在相当程度上取决于大学生涯规划。所以，大学生一定要走好生涯规划的第一步，做好大学生涯规划。

2. 缺乏准确的自我认识

做生涯规划首先得了解自己，没有对自己清晰的了解，在进行生涯规划的时候必然会走弯路。自我认识包括兴趣、个性、能力等方面，但不少同学缺乏准确的自我认识。

一是人云亦云。不少同学习惯于仿照名人或者身边的优秀人物来制订生涯方案，而并非从本身出发。他们对自己的愿景和兴趣能力认识不清晰或不准确，单纯地仿照他人的生涯发展道路。比如，看到同学考研于是决定考研，看到他人找工作于是决定就业，等等。要防止人云亦云，最重要的是要明白怎样的路适合自己发展，可以通过测试、自我实践感受等途径去发现自我，也可以找到自己的优势和特长，在平时的学习和生活中逐步提高。

二是自我低估。自我评价决定了今后生涯发展方案的制订和实施，如果过低地估计自己的实力，很轻松地达到了目标，将不利于自己生涯能力的提升。因此，在生涯规划的过程中，要不断地认识自我，提升自我，完善对自我的认识，肯定自己的进步，并不断提高生涯期望。

三是自恃过高。过于骄傲的生涯个体在进行生涯规划的过程中容易出现夸夸其谈，却达不到目标或者不能完全达到目标。导致的后果不是缺乏生涯动力，就是生涯评估环节受到挫折。因此，在生涯规划的过程中，应该避免自恃过高。要听取他人意见，结合亲人、朋友、同学、老师的意见来进行生涯规划，防止意见单一，对自我认识不准确。

3. 对现实世界认识不充分

俗话说："知己知彼，百战不殆。"世界正处于百年未有之大变局，中国已进入中国特色社会主义建设新时代。"从现在起，中国共产党的中心任务就是团结带领全国各族人民全面建成社会主义现代化强国、实现第二个百年奋斗目标，以中国式现代化全面推进中华民族伟大复兴。""当代中国青年生逢其时，施展才干的舞台无比广阔，实现梦想的前景无比光明。"每个人都会面临生涯发展的机遇和挑战。我们必须把握时代的脉搏，紧跟时代的步伐，才能做到"百战不殆"。

但一些同学对现实世界认识不充分，对现实环境的认识不充分将导致生涯规划的制订欠缺现实基础，从而影响生涯规划的实施。这类问题主要分为两种情况：一是对现实世界的预期过于理想化。这些同学认为任何时候、所有人、所有事物都会为自己的生涯发展服务。一旦出现与预期不符的情况，就会影响情绪，甚至影响生涯规划的继续进行。二是对现实环境预期过于悲观。这类问题通常集中在平时比较内向、沉静或者家庭条件有限的同学身上。他们认为别人都有很充足的资源，而自己却一无所有。

要避免这两种倾向，首先要帮助他们做好充分的心理准备，对所要面临的挫折和困难有坚定克服的信念；其次，正确处理人际关系，学会利用各种资源，让同学之间的资源也能互通有无，良性互动；再次，多关注时事，多与身边的人交流沟通，加强对现实社会的了解。

4. 出现专业与兴趣的矛盾

大学生在校期间，生涯规划应该遵循大学培养人才的目的和宗旨来进行，其首要目标应该是学习课程专业知识，然后是综合能力和素质的培养和提升。但事实上，不少同学出现了专业与兴趣的矛盾。他们以个人的兴趣、性格和培养能力为出发点，忽略专业知识的学习和实践，导致学习成绩不理想，专业知识不扎实，最终影响个人的职业选择。

生涯规划贯穿于人的一生，应该从幼儿园就开始进行。但是由于我国生涯规划教育起步相对较晚，因此进入大学后会出现专业与兴趣之间的矛盾。面对这种情况，应该积极培养自己广泛的爱好，尽快找到自己的兴趣所在，争取转换专业，或者申请第二专业，去实现自己的理想。即便无法实现以上两种目标，也应该在保证自己顺利完成学业的前提下去进行生涯规划。这样的生涯规划实践起来需要的精力更多，但是也将更好地培养生涯个体的生涯发展能力。

5. 欠缺行动力或放弃

不少大学生在做生涯规划方案的时候，有很多很好的想法，方案制作得十分完美，可是在生涯规划实施的时候则缺乏行动力，在时间上不能按部就班地完成计划，遭遇了困难就打退堂鼓，不能很好地坚持。欠缺行动力成为生涯规划实施过程中的最大杀手。生涯规划实施个体缺乏行动力主要是由于自身缺乏自我约束的能力。可运用有效监督的方式来增强自身的行动力：第一，同学之间结成良性循环的生涯发展小组，互相鼓励，互相促进。第二，以公开的形式如微博、QQ空间、朋友圈等向他人展示生涯规划实施进程，让旁人对自己进行监督。第三，请家长和老师对自己进行监督。

除了行动力不足，另外一个影响生涯规划实施的重要因素就是“放弃”。有的同学一遇到挫折和困难就怀疑自己的方案设计是否合理，而不是去思考如何克服困难，如何坚持到底。这样很容易导致他们放弃现有的生涯规划方案，使生涯目标偏离，浪费宝贵的时间。这种情况最容易出现在不自信的同学身上。因此对待这类问题应该：第一，转换思路。在遇到困难的时候先问自己如何解决，是否能够克服这个困难，而不是问自己是不是方案出现了问题。第二，寻求帮助。向身边的老师、同学、朋友寻求帮助，克服困难，同时将生涯规划方案与大家分享讨论，坚定今后继续实施的信心。

6．超越实际，急功近利

不少同学在进行生涯规划的时候，为自己描绘了一幅十分精彩的蓝图。但在描绘蓝图的过程中却未真正地从自身出发，而是超越实际，完全依葫芦画瓢地借鉴其他人的成功方案。这样的生涯方案像一座空中楼阁，生涯个体往往会一厢情愿地怀有很强烈的兴奋感去实施他的生涯方案，并很快进入状态，但由于一步不到位，步步滞后，不仅不能达成生涯目标，还浪费了更多的时间和精力。这种超越实际、急功近利的生涯规划很难获得预期的效果，最后很可能使生涯个体困惑不解，甚至失去奋斗的动力。

对于这个类型的问题，生涯个体首先要了解自己，懂得自己的生涯规划应该切合自身条件；其次要了解自己所处的环境，懂得自己的生涯规划应该是根据自己所处环境量身定制的方案，这种方案是独一无二的；再次在生涯规划实施的过程中，要按部就班，不要急功近利，要在保证质量的前提下追求速度。

二、大学生涯规划方案制订的策略

大学生涯规划是生涯规划的重要组成部分。规划自己的人生应该从做好大学阶段的生涯规划开始，因此大学生必须了解大学生涯规划方案制订的策略。

1．大学生涯规划制订的总体策略

大学期间的生涯规划与毕业后的生涯规划在内容上有着较大的区别。制订大学生涯规划方案时要注意以下几点：

（1）基于终身视野进行规划

大学期间的生涯规划期限只有短短几年的时间，但如果我们的视野仅局限于这几

年时间，我们就不可能明确大学的真正任务是什么，最多只能当一个批量生产下的“好”学生，一个没有未来目标、没有个性特点、没有独特知识结构的“好”学生。大学生必须基于终身视野来制订大学阶段的生涯规划，把大学阶段作为终身生涯发展的一个阶段来看待，明确大学阶段在个性化发展中的地位与作用，然后再对大学几年时间进行规划。

（2）认真进行生涯探索，充分利用生涯探索结果

了解自我和了解环境（机会）是生涯规划的两大基础，这如同《孙子兵法》中所说的“知己”和“知彼”，因此包括大学期间的生涯规划制订都必须认真地进行生涯探索。在大一生涯探索的基础上，大学生可以初步选定职业方向，从第二年开始，个性化的大学生活就要围绕这个职业方向展开：根据选定的职业方向确定主修专业和选修课，根据选定的职业方向确定个性化的实践项目，根据选定的职业方向确定考取什么证书，根据选定的职业方向确定自学的知识内容，根据选定的职业方向确定参加什么样的商业培训，根据选定的职业方向收集就业单位的信息，根据选定的职业方向进行求职。

（3）结合大学教育规律和本校教务安排

与大学毕业后的生涯规划不同，在制订大学期间生涯规划的时候，大学生必须充分认识并运用大学教育的基本规律。高等教育历经数百年的探索，教学内容、课程结构、教学方式等各个方面日趋合理，因此大学生在大学期间生涯规划的制订要认真遵循大学教育的基本规律，根据各高校具体的课程安排和教学进度来进行规划设计。大学生在第一个阶段必须制订公共课和基础课的学习计划，在第二个阶段要制订专业基础课和专业课的学习计划，第三和第四个阶段则必须制订实践课程的学习计划。

2．大学分阶段生涯规划方案制订的策略

大学本科教育或专科教育虽然只有短短的几年时间，但在这几年的不同阶段，大学生面临的主要任务并不完全相同。联系大学生生涯规划的因素，特别是联系当今就业政策和就业形势，我们可以把大学期间做以下划分：

第一阶段为预备期，时间从第一学期开始至第二学期结束，即第一学年；第二阶段为分化期，四年制本科生为第二、三学年，三年制专科生为第二学年；第三阶段为求职期，时间从进入高年级开始到签约结束；第四阶段为过渡期，时间从签约到离校，基本上是大学毕业前的最后一个学期。

为了帮助大学生有效地认识大学这几年各个阶段的任务，增强大学生涯规划的可操作性，大学阶段的任务可分为两个部分：传统任务和新任务。传统任务是指不考虑生涯规划时赋予大学生的任务，新任务是指基于生涯规划赋予大学生的任务。

预备期的任务。传统任务：完成中学生向大学生角色的转变，包括公共课程和基础课程的学习，部分专业基础课的学习，拓宽知识面，决定是否考研。新任务：培养生涯规划意识，掌握生涯规划的方法，进行自我评估和环境评估，选定职业方向或缩小职业范围，分析专业与职业的匹配度。

分化期的任务。传统任务：基础课程学习，专业基础课学习，专业课学习，决定是否考研或备考（有一些同学在这一时期才会决定是否考研）。新任务：制订选修课计划，制订自学计划，制订商业课程计划（需要的话），制订个性化实践计划，制订考证计划（需要的话），决定所报考的研究生专业（如果准备考研的话），试着制订长期的计划。

求职期的任务。传统任务：专业课学习，实践课程学习，备考研究生（指准备考研的同学），求职（比较盲目地求职，这是大学生的传统任务之一）。新任务：继续上一阶段没有完成的计划，收集并分析当前的就业形势、就业政策和就业工作程序，有针对性地收集和分析求职信息（即根据第一个阶段所选择的职业方向，有针对性地收集用人单位的信息，并加以分析），准备求职材料，训练求职技巧，有针对性地应聘（根据第一个阶段所确定的职业方向，利用第二个阶段实施个性化计划所形成的竞争优势，在诸多招聘单位中加以选择），必要时调整短期职业方向（有时第一个阶段的选择不太现实，此时可以考虑调整短期职业方向，可以“先就业，后择业”）。

过渡期的任务。传统任务：专业课学习，实践课程学习。新任务：根据签约单位的文化和将任职岗位对任职者的具体期待，有针对性地进行知识、技能等方面的补充和训练，调整长期规划（根据第三和第四个阶段的进一步思考，特别是在求职过程中对现实的了解，大学生应该对第三个阶段所制订的毕业后的生涯规划进行适当的调整）。

按照这种阶段划分来制订基于终身视野的大学生涯规划，同学们可以有目的、有计划地度过大学几年时光，在职业探索和发展中少走弯路，还可使同学们保持平稳和正常的心态，按照自己的目标和理想有条不紊、循序渐进地努力。

三、大学生进行生涯规划的步骤

大学生要想进行生涯规划，首先要熟悉了解自己，了解自己的生涯环境，从而做出恰当抉择。生涯环境包括内部环境和外部环境，也就是自身条件以及世界发展和国家发展现状与职场现状。

1. 了解生涯内部环境：认识你自己

大学生应该如何进行自我探索来真正认识自己呢？同学们可通过五个途径来认识自己：一是通过与别人的比较来认识自己；二是通过自我比较来认识自己；三是通过分析他人对自己的评价来认识自己；四是通过内省来认识自己；五是通过心理测量法来认识自己。

生涯规划中的自我探索主要指探索自己的兴趣、性格、能力与能力倾向和价值观，以了解自己喜欢做什么、适合做什么、擅长做什么和应该做什么。

（1）兴趣：我喜欢做什么？

早在两千多年前，孔子曾说过："知之者不如好之者，好之者不如乐之者。"（《论语·雍也》）这里讲到的就是兴趣问题。兴趣往往是大学生在生活、学习、工作中感到愉快、投入、发展、成就、自信、满足、自我实现等一系列良性循环的起点。所以，大学生在自我探索中首先要做的是努力认清自己的兴趣。兴趣既然是一种心理倾向，就表明它是有一定稳定性的，不是一时心血来潮。兴趣的形成有一定的先天性生理基础，但主要受后天的生活环境和生活实践影响。大学生在设计自己的生涯规划时，要充分挖掘和培养自己的兴趣，把"选你所爱"与"爱你所选"结合起来。同时，在人生的不同阶段，每个人都可以有不同的兴趣爱好。在追寻兴趣之外，更重要的是要找寻自己终身不变的志向。

（2）性格：我适合做什么？

一个人的性格与其是否能适应某种职业生涯有很大的关系。如果从事的职业与一个人的性格相适应，工作起来就会得心应手、心情舒畅，也容易在工作中取得成绩。如果一个人的性格特点与其所从事的职业不相适应，就会阻碍其工作的完成，使其感到被动、缺乏兴趣并难以胜任，即使能够完成工作任务，也会常常感到倦怠或力不从心、精神紧张。每个人的性格特征中既有自己擅长的一面，也有自己不擅长的一面，就如我们的左右手，它们没有好坏、对错之分。大学生要知晓自己性格中的"左右手"，并了解与之相适应的环境和职业，从而做出适合自己情况的生涯选择。

（3）能力与能力倾向：我擅长做什么？

能力是顺利、有效地完成某种活动所必须具备的心理条件。你目前具备什么能力？你置身的行业需要什么样的人才？只有在能力范围内，你的生涯规划才是可行的，才是符合社会发展的。对任何一种职业而言，要使职业生涯得以顺利进行，就必须具备相应的职业能力。能力在个人职业生涯中显得越来越重要，在大学学习生活期间加强自身能力的培养和锻炼是每一个大学生必不可少的。任何人都不可能在一生中掌握所有的技能。每个人都有自己的能力结构和能力倾向，只有准确地掌握自身的能力和能力倾向，才能更好地发展自己，确定自己的方向。要客观评价自己的能力，既不要对自己的能力判断过高，也不要轻易低估自己的潜能。

（4）价值观：我应该做什么？

价值观是指人们对价值问题的根本看法。凡是自己觉得重要的、想追求的就是自己的价值观。每个人都有一套独一无二的价值系统。价值观是一种内心尺度，反映了一个人对于事物重要性或者是非善恶的判断。价值观对人的行为和生涯选择有着不可估量的影响，就像一只看不见的手，它在不知不觉中就决定了我们选择以什么样的方式度过一生。然而一个人的价值观并不好掌握，有时候方向不明。在大学生的生涯规划中，认知和澄清自己的价值观是一个重要的课题。

2．了解生涯外部环境：认识世界、国家、职场

生涯外部环境包括世界发展和国家发展的现状以及职场现状。

（1）了解世界发展和国家发展的现状

世界正处于百年未有之大变局，世界大国战略博弈全面加剧，国际体系和国际秩序深度调整，人类文明发展面临的新机遇新挑战层出不穷，不确定不稳定因素明显增多。中国已进入中国特色社会主义建设新时代。同学们要投身强国伟业，把自己的人生理想融入国家和民族的伟大事业中，在实现中华民族伟大复兴的中国梦的历史进程中实现人生价值。

（2）了解职业与职业生涯的概念

对职业的概念有一个正确的认识是正确制订生涯规划的基础条件。职业是参与社会分工，利用专门的知识和技能为社会创造物质财富和精神财富，获取合理报酬作为物质

生活来源，并满足精神需求的工作。职业不是人类社会一经形成便立即出现的，而是人类社会发展到一定阶段，出现了社会分工后的产物。在社会需求的推动下，新的职业会不断产生；当社会不再需求时，过时的职业就会消亡。职业产生和消亡的客观规律要求大学生在选择职业类型时不仅要考虑个人职业发展意愿，更要考虑时代前进的步伐所引起的社会需求趋势的变化。1999年5月，《中华人民共和国职业分类大典》正式颁布，它将我国职业分为8个大类、66个中类、413个小类、1838个细类（职业）。8个大类分别是：①国家机关、党群组织、企业、事业单位负责人；②专业技术人员；③办事人员和有关人员；④商业、服务业人员；⑤农、林、牧、渔、水利业生产人员；⑥生产、运输设备操作人员及有关人员；⑦军人；⑧不便分类的其他从业人员。新修订的2015年版《中华人民共和国职业分类大典》职业分类结构为8个大类、75个中类、434个小类、1481个职业。与1999年版相比，维持8个大类，增加9个中类和21个小类，减少357个职业。职业无所谓好坏，但是不同的职业却意味着不同的人生。不同的职业意味着不同的发展机会，不同的职业意味着不同的发展空间，不同的职业意味着不同的生活方式。因此大学生在选择职业时，需要下一番功夫。

职业生涯即事业生涯，是指一个人一生中的所有与职业相联系的行为与活动，以及相关的态度、价值观、愿望等的连续性经历的过程。它有以下四方面的含义：第一，职业生涯只是表示一个人一生中在各种职业岗位上所度过的整个历程，并不包含成功与失败的含义，也没有进步快慢的含义。第二，职业生涯由“外在职业生涯”和“内在职业生涯”两方面组成。“外在职业生涯”指一个人在工作时期进行的各种活动和表现的各种举止行为的连续体；“内在职业生涯”则表示职业生涯的主观特征，涉及一个人的价值观、态度、需要、动机、气质、能力、发展取向等。第三，职业生涯是一种过程，是一生中所有的与工作相关的连续经历，而不仅仅是指一个工作阶段。第四，职业生涯受各方面因素的影响，职业生涯在一定程度上可以认为是多方面相互作用的结果。职业生涯在人生中占有十分重要的地位，有着十分重要的作用。所以只有在完整的职业生涯过程中，我们才有可能充分发挥潜能，实现人生的最大价值，并从中获得高度满足感。

（3）了解职业生涯成功的标准

严格地说，职业生涯成功标志着个人追求职业目标的实现。成功的职业生涯令人产生无可替代的满足感，但每个人对成功的定义各不相同。著名的人力资源研究专家德尔总结企业员工有五种不同的职业生涯成功方向：一是进取型。视成功为升入组织或职业的最高阶层，特别注重在群体中的地位，追求更高职务。二是安全型。追求认可、稳定，视成功为长期的稳定和相应不变的工作认可。三是自由型。追求不被控制，视成功为经历的多样性，希望在工作中不受控制并能自由地发展自己的专长。四是攀登型。喜欢挑战、冒险，愿意做创新工作，视成功为螺旋式不断上升、自我完善。五是平衡型。视成功为家庭、事业、自我、事物等均衡协调发展。

另一位学者米歇尔·德维总结归纳出四种职业生涯成功的标准：一是不断上升和自我完善；二是长期的稳定和相应不变的工作认同；三是多种多样的工作经历，把成功只看成是暂时的；四是成功地升入组织或职业的较高阶层。

虽然环境对一个人获得职业生涯成功有重要的影响，但并不是决定性因素。职业生涯的成功在很大程度上取决于个人的态度和行为。

3．认识大学生涯阶段的特点

高等教育有通才教育培养与专才教育培养两种主要模式。通才教育重视人的个性发展和人格的养成，着眼于基础知识和基本技能的形成，重视培养受教育者多种发展的可能性和在社会生活中的适应性。专才教育培养模式在于培养某一领域的专门人才，重视对人某一方面潜能的深度挖掘和定向塑造，按照社会需求来培养人才。我国普通高校的培养模式处于由专才培养模式向通才培养模式的转变过程中，目前通才培养模式的主流地位实际上已经确立。而我国的大学专科与高职高专教育仍属于专才教育模式。

通才培养模式的优点：第一，知识内核由基础知识构成。通才培养模式下受教育者形成的知识内核由更新速度慢的基础知识构成，增强了知识的长效作用，提高了知识的价值。第二，教学方式的多样性。通才培养模式以学生为中心，追求教学方式的多样性，提高不同教学内容的可接受性，增强了教学效果。第三，学生学习的自主性。通才培养模式为学生提供更多学习的自主性，通过实行弹性学制、学分制、减少学时和选择教师等制度，使大学生有较多的自主性来决定什么时候学、学什么、如何学等问题。

通才培养模式的缺点：第一，专业知识不足，初始就业难度加大。第二，存在学习质量下降的危险。增加学生学习自主性是一把双刃剑，一部分大学生有可能因为不会安排自己的学习计划或认识不到基础知识的重要性，学习质量有可能下降。

专才教育模式的优点在于重视对学生专业潜能的深度挖掘和定向塑造，按照社会需求来培养人才，初始就业相对容易。但缺点在于基础知识较薄弱，知识面较窄，发展后劲缺乏。

了解了我国高等教育人才培养模式以后，大学生在通才培养模式下的个人策略应该是：制订并不断修改学习计划，努力学好基础知识，学好每一门为大学生开设的基础课程，不要自以为将来“用不着”而有所偏废；学会从每一种教学方式中受益；充分利用较多的可自由支配的时间，实施已经制订好的学习计划；充分重视选修课的选择与学习，认真对待自主选择的每一门课程，增强学习效果。同时为终身发展做好准备。为了顺利进入工作世界，大学生必须在大学期间进行认真选择，其中，职业选择是核心。做好初始资格准备。初始资格是指用人单位对大学生的常规入门要求，这些要求包括经验、证书、专业等方面。积极进行角色转换准备，大学生必须事前对工作角色有所了解，并为此做好一定的准备。制订终身生涯规划，通过自我评估、机会评估，为自己制订一个终身发展的生涯规划。

4. 做出你的生涯决策

“生涯决策”概念最早源自英国经济学家凯恩斯的理论，它是指一个人选择目标或职业时，会选择使其获得最高的报酬，并将损失降至最低所用的方法。

（1）生涯决策的考虑因素

在生涯决策的过程中，大学生需要考虑多方面的因素：

Who（何人）：“我是谁？”“我具备什么样的性格？”“我喜欢的生活方式是什么？”“我的专业何在？”“我父母对我的期望是什么？”……考虑清楚这些之后，再做决定，对自己就有了充分认识的基础。

What（何事）：做决定时，要问自己，“我有哪些选择？”“我的问题在哪里？”“我每个决定可能产生的影响是什么？”等。

When（何时）：考虑时间的长短与急迫性。如“我的计划允许我搜集资料的时间有多长？”“我有多长的缓冲期？”“我预计完成的时间”等。

Where（何地）：空间的因素。“在我的生涯目标中，我向往什么样的工作环境与生活空间？”“居住的地点与工作场所之间的距离，我希望越近越好，还是没有这方面的要求？”等，这些均与生活方式有关。

Why（何因）：探讨自己的原因、理由。思考“我为何偏好A而排斥B？”“我陷入生涯困境的原因是什么？”等。

How（何去）："做完决定，如何化技巧、概念、想法为行动？""如何取舍？""如何完成目标？""如何找到工作？"以及"如何安排时间、运用时间？"等。

（2）生涯决策的方式

对于如何做决定，每个人都有自己独特的方式，或者说每个人的决策风格是不同的。根据学者哈瑞恩的观察，大部分人的生涯决策方式可以归纳为以下三种类型：

理性型：合乎逻辑，系统地搜集充分的生涯相关信息，且分析各个选项的利弊得失，按部就班，以做出最佳决定。

直觉型：凭自己在特定情境中的感受或情绪反应，做出直接的决定。这种类型的人做决定全凭感觉，较为冲动，很少能系统地搜集相关信息，但他们能为自己的抉择负责。

依赖型：等待或依赖他人为自己搜集信息且做决定，较为被动和顺从，十分关注他人的意见和期望，从而做出选择。

以上三种生涯决策的方式各有利弊。依赖型最省时、省力，但不见得是最有效、最适合的策略。直觉型的决定是自发性的，在时间急迫的情况下非常有用，缺点是容易受主观意向影响。理性型的决定包含探索个人与环境的需求，优点是针对不同选项分析利弊得失后得出的结果较为合理，但要考虑时间因素，且在前期资料的搜集上需要花费工夫，有错失良机的可能。当然，如果我们能有充分的时间和精力的话，选择理性型的方式进行生涯决策是最好的。

（3）生涯决策的阻碍因素

并不是每个人都可以成功地做出生涯决策，有一些因素会不利于大学生做出决策，具体有以下八个因素：

意志薄弱：指个人的生涯选择容易受外在因素的影响。

行动犹豫：指对自己缺乏信心，充满担心，而迟迟未采取与生涯规划有关的行动。

信息探索：指未能积极去搜集相关产业或职业的信息，或不清楚取得这些信息的渠道。

性格表现：指个性方面的障碍，如被动、没有主见、习惯由他人为自己做决定或抗拒自己做规划等。

方向选择：指对自己曾做过的生涯决策感到怀疑，或是目前有多重选择，不知如何着手。

专业选择：指自己所读的专业并非自己的期待，或认为是不适合自己的。

学习状况：指对自己的学习成果不满意而产生的负面效应。

人际困扰：指在学习上，与周围不良的互动关系所产生的负面效应。

这些生涯决策阻碍因素，有些是自身性格的原因，有些是心理上的问题，还有些则是认识和方法上的不足，如信息探索和方向选择等。大学生在做生涯选择和决策时，要避免武断、草率、绝对这三种倾向，实事求是、综合考虑，才能做出比较有效的生涯选择和决策，为自己定出一个满意的生涯目标。

5．确立你的生涯目标

（1）目标的重要性

“目标”一词最早来源于体育界，最开始它的意思是指赛跑的终点。后来，目标泛指努力或奋斗所要达到的目的。目标对人生有巨大的导向性作用。只有树立明确的目标，才有成功的可能。正如空气对于生命一样，目标对于成功也是绝对重要的。如果没有了空气，那么世界上没有人能够生存；同样，如果没有目标，也没有任何人能够成功。所以大学生对自己想要去的地方，先要有个清楚的范围才行。也就是说，你必须有一个理想，一个关于未来的理想，否则你将平庸走过一生，干不成什么大事。

很多大学生自己都不清楚自己每天在干什么，自然，他们也不清楚在大学生涯里到底要做什么、能做什么。因此，先确定自己的生涯目标是最重要的。

（2）生涯目标的表达方式

目标总是与时间相连的，脱离时间就不能成为目标，生涯目标的时间表达可以有两种方式：一是以年龄为时间参照的表达方式，这一表达方式所用时间只与自己的年龄有关，好处是当事人特别容易进行自我提醒，每一段时间就是一次自我提醒。另外便于进行横向比较，即与同一领域并且与自己条件相近的人进行横向比较。二是以某一起点时间为时间参照的表达方式，人们通常以第一次正式进行生涯规划制订的时间为计划的“元年”，各期计划都以这一年为起始年进行前推，由此产生时限长短不一的规划。这种表达方式的好处是便于分清自己的进步，只要与“元年”的情况进行比较，就可知道自己的进步有多大了。

（3）确立生涯目标的方法

人生要确立一个什么样的生涯目标，这要根据每个人的条件加以设计。每个人的条件不同，生涯目标也一定不同，但确定生涯目标的方法是相同的。下面就大学生确立生涯目标提出三个注意要点：

一是尽可能地高估一级。我们知道对个人潜力的评估是目标设立的最主要依据，大学生制订生涯目标时要尽可能地把目标定得比自己的评估高出一个等级。这样做有两个原因：其一，现有的测量方法不足以非常准确地评估一个人的潜能，而我国的传统教育往往压抑了人的自信心，容易造成低估，拔高目标在某种意义上是为了矫枉过正；其二，目标具有激励作用，适度高一些的目标对人的激励作用也会大一些。

二是适当弹性化。目标弹性化有两个方式：其一是把时间标志为一个点，把目标设定成一个区间；其二是把目标设定为一个点，而把时间标志为一个区间。目标弹性化的内在逻辑是潜力评估的不准确性以及环境的不可控性，就环境而言，每一个人生涯目标的实现都是个人与环境相互作用的结果，而环境是个人所难以控制的。

三是组合化。生涯目标最好采用组合的方式，其内在逻辑是目标自身的多维度，因此只有采用组合化的目标，才能够更全面地反映目标的内涵。目标的组合首先表现为内生涯目标和外生涯目标的组合，在内外生涯目标组合的前提下，可再增加各自目标的维度。

第三节
大学生涯规划方案的实施

一份好的生涯规划方案不在于它形式的完美，而在于它的可执行性和被执行的情况。目标需要行动去实现，方案需要被有效地执行。然而“说总是比做容易”，需要特别提醒同学们的是：重要的是行动，而非方案。

明确生涯规划实施的意义与原则，才可能行动起来，有效地去实施方案。

一、生涯规划实施的意义

生涯规划的实施建立在生涯规划的计划和方案的基础之上，是生涯规划当中的重要步骤，是决定着生涯目标能否实现的重要环节。因此，生涯规划实施有着非常重要的意义。

1. 生涯规划的实施是生涯目标实现的重要保障

生涯规划的方案制订好之后，必须针对计划的具体内容展开生涯规划的实施。倘若仅仅只有生涯规划的计划，而无具体的实施，那么生涯规划将成为一纸空谈，无法实现生涯规划的既定目标。在生涯规划实施的过程中，一方面应从时间上按计划按部就班地进行，另一方面应从质量上保证实施结果达到预期的目标。

2. 生涯规划的实施是生涯规划评估与修订的依据

生涯规划实施过程中，各种主客观原因造成的生涯规划在设计中的偏颇会显现出来，如目标设置不合理、实施方案欠缺可行性、对外部环境认知不充分等，这就需要对原方案进行评估与修订。实践是检验真理的唯一标准，这些问题在生涯方案的设计中并不能完全体现出来，但却很容易在生涯规划实施的过程中充分凸显。因此，生涯规划的实施将为生涯规划的评估与修订提供实践依据。

3. 生涯规划的实施是挖掘个人潜能的有效途径

生涯规划的设计建立在对个人兴趣、能力以及对外部世界的探索基础上，具有很明显的个性特征。在实施过程中遇到的困难和挫折，会使生涯个体从能力及意志力方面承受考验和挑战。生涯个体为了实现生涯目标，突破生涯发展中的瓶颈，能激发潜在能力，增强意志力、执行力和创新力。实施生涯规划就这样在不知不觉中提升了个人的自我能力。

二、生涯规划实施的八条原则

我们在面对一大堆纷繁复杂的生涯目标时，难免心存畏惧。有的人规划还没开始实施就泄气了，也有的人先实现简单的，结果永远也完成不了最难的。因此实施生涯规划首先要明确原则，然后就是要付诸行动。

按图索骥。这一原则要求大学生在对待规划和实际情境之间的互动关系上，不是让规划屈从于实际情境，而是在实际情境中按照生涯规划的要求，利用实际情境中的有利因素，克服实际情境中不利因素的影响，按照规划的步骤和进程行动，这是生涯规划实施的最基本原则。

持久。持久原则需要大学生以更长远的眼光来看待自己的职业生涯。持久原则的重要性不仅仅表现在理清事物本身的客观规律及变化趋势，更为重要的是，它提供了改变当前状况的广阔的回旋余地，使大学生不再拘泥于具体事件的一时成败，从而有机会从根本上解决职业生涯中的难题。

藐视困难。人生往往会在不经意的情况下遇到一些不愿意去面对或是无法面对的困难。但如果不去面对，它就永远横在你的面前，挥之不去。这时候要有藐视一切困难的气魄，为了保证生涯规划的实施，大学生应鼓足勇气去克服生涯发展过程中的困难。

集中力量。人的生命和精力都是有限的，所拥有的资源也是有限的，所以不能每一件事都追求面面俱到。每一段时间专注一件事，或者以一件事为中心，把时间、精力以及资源集中于此，在一点上取得突破，然后扩大战果。掌握了这个原则，才能让自己离开被困的泥沼，从一个局部的胜利到另一个局部的胜利，最终取得全面的胜利。

生存优先。一个人的生涯发展，有可能在某个或某些时期遇到生存危机，尤其是在就业初期。这时，就非常需要大学生有处理好生存和发展关系的智慧和耐心。生存是必需的，只有首先让自己生存下来，才能谈得上追求发展。

争取支持。俗话说得好，“一个好汉三个帮”，大学生在实施自己的生涯规划过程中，不仅需要自己努力，也需要其他人（老师、家长、同学等）的帮助。

目的导向。在一个人的生涯发展过程中，难免会在某些阶段出现突发事件，出现意外。这时就需要灵活地采取一些措施，应急处理，化解危机，有时甚至要退一步，或者绕道行驶。只要处置措施有利于生涯目标的实现，倒退、绕道都没有关系。当然，倒退只是迫不得已的一种妥协，绕道也要讲求“最短原则”。

动态调整。规划建立在对未来高效预测的基础上，但任何预测都不可能完全准确，未来的情境总有意外发生，因此在预测不完全正确的前提下制订的生涯规划本身就可能不合理，在实施时会遇到未曾预见的困难，有一些困难可能是无法克服的，在这样的情况下，根据当时的情境适当地对生涯规划进行微调甚至全面调整，不是偏离生涯规划，而正是为了更好地实施生涯规划。

三、生涯规划的评估

俗话说：“计划赶不上变化。”影响大学生生涯成功的因素很多，有的变化因素是可以预测的，而有的变化因素却是难以预测的。外界环境处于不断发展变化中，尽管从宏观上能基本预测发展的速度、规模，但由这些速度和规模带来的新兴职业、行业等微观层面上的东西却难以把握，这也决定了大学生对自己原有的生涯规划要不断进行新的评估与修正。

1. 生涯规划的评估

在实施生涯规划的过程中，大学生要不断地进行评估，看生涯目标是否达成。如果生涯目标全部达成，则继续实施原来的生涯规划；如果发现生涯目标部分或全部没有达成，则要看自己的生涯规划是否合理。如果答案是肯定的，说明计划合理，是在实施中出现了偏差，需要分析造成偏差的原因，针对原因进行调整；如果答案是否定的，说明规划本身存在缺陷，需要对生涯规划进行调整，即进行生涯规划的再设计。

2. 生涯规划的调整

以自身主观环境为例来说，首先，我们对于外界环境的分析是一种主观对客观的反映过程，受自身认识水平以及环境发展变化等主客观因素的影响，因此这种反映并不一定就符合事物的本来面目。其次，对于自身的认识与分析也是一个不断深化、逐渐正确的过程，所以说，最初确定的生涯目标可以检验大学生的生涯定位与方向是否合适。这样在实施生涯规划的过程中就能自觉地总结经验和教训，评估生涯规划，就可以修正自我认知，并通过评估与修正，纠正最终生涯目标与分阶段目标间的偏差，从而保证生涯规划行之有效。同时通过评估与修正，还可以极大地增强大学生实现生涯目标的信心。

四、重在生涯行动

生涯规划的实施重在生涯行动。目标需要行动去实现，这意味着大学生要为实现自己的梦想切实地开始行动。如果动机不转化成行动，动机终归是动机，目标也只能停留在梦想阶段。

1. 做好行动计划

精心计划、把握生命里的每一分钟。要取得成功，就要每时每刻做最有效率的事情。如果计划安排得当，我们每天甚至每时每刻的目标都很明确，做事情的效率就高。把时间精确化，做每天的计划的时候就要考虑怎样用好每一分钟。把你的时间精确到分钟，你的时间将比精确到小时的人的时间多很多倍。把时间分成一小块、一小块，把任务也分成一小块、一小块，就会使自己常常保持一种紧迫感，不断体验到成功的喜悦，不断地向大目标靠近。请大学生“把握生命里的每一分钟”！

短期计划比长期计划更重要。人生目标、考研目标和一周的目标都是目标，各自有什么不同呢？人生目标是大目标，需要长期计划；考研目标是中期目标，要做中期计划；一周目标是小目标，需要短期计划。长期目标和短期目标具有相对性，即长期目标中必定包含了许多短期目标。相对于人生目标来说，三五年的目标就是短期目标；相对于一个学期的目标来说，最近一周的目标就是短期目标；相对于一个星期的目标来说，今天的目标就是短期目标；相对于一天的目标来说，手头正在做的事情就是短期目标。

尽管长期目标是由短期目标构成的，但是短期目标比长期目标更重要。只有我们实现了一个个短期目标，才能谈得上去实现长期目标。这就好像登山一样，往上爬了一步才能爬后面一步，只是一门心思想着顶峰风景多美好，而不开始爬第一步的人，永远欣赏不到好风光。

2. 过有规律的生活

制订基本作息时间表。在基本作息时间中，把每天重复要做的事预先安排好，然后根据自己的情况安排适当的时间。基本的作息时间表能使大学生的生活很有规律。

成功地度过每一天。一日之计其实在于昨晚。每天晚上临睡前，制订好第二天的计划。只要你还没有到安享晚年的地步，任何时候开始你的生涯规划都不晚。

制作一天的计划的步骤。第一步，将重要的事情列举出来；第二步，安排完成重要事情的时间和顺序；第三步，在间隙时间和空余时间中安排其他事情。注意：不要安排得过于紧张。

一个人若是看不到未来，就把握不住现在；一个人若是把握不住现在，就看不到未来。生涯规划的本质就是看到自己、相信未来，并且把握现在该做的事情。大森林的早上，狮子醒来的第一件事是奔跑，因为只有奔跑得快，才能抓到小鹿，才能保持生命的延续。小鹿醒来的第一件事也是奔跑，因为只有奔跑得快才能生存，才不至于被狮子吃掉。不管你是狮子还是小鹿，都必须奔跑。将你的人生挥洒出来，奔跑起来，奔跑出成功的生涯！

思考题

1. 生涯规划与大学生涯规划有哪些区别？
2. 制订生涯规划时应考虑哪些主要因素？
3. 制订大学生涯规划方案时要注意哪些问题？

心理活动：构思大学生学业生涯规划

目的：通过填写大学生学业生涯规划表，学习做大学生涯规划。

操作：请结合自己的实际情况，调整下面表格，制订出适合自己的大学学业生涯规划方案。

大学生学业生涯规划表

<table>
<tr><td>姓名</td><td></td><td>性别</td><td></td><td>出生
年月</td><td></td><td>政治
面貌</td><td></td></tr>
<tr><td>专业</td><td colspan="3"></td><td>班级</td><td colspan="3"></td></tr>
<tr><td colspan="8">个人简历</td></tr>
<tr><td>求学经历</td><td colspan="7"></td></tr>
<tr><td>在校任职
经历</td><td colspan="7"></td></tr>
<tr><td>校外实习
经历</td><td colspan="7"></td></tr>
<tr><td colspan="8">自我剖析（优势、长处，劣势、不足）</td></tr>
</table>

续表

计划期	计划内容	自评及调整
第一学年	总目标： 实现目标的具体措施和做法： ___年___月___日	___年___月___日
第二学年	总目标： 实现目标的具体措施和做法： ___年___月___日	___年___月___日
第三学年	总目标： 实现目标的具体措施和做法： ___年___月___日	___年___月___日
第四学年	总目标： 实现目标的具体措施和做法： ___年___月___日	___年___月___日

第二章

正确认识自我

人们认为，人是万物之灵，总想究诘宇宙自然的奥妙。然而随着人类社会的发展，人们发现“自我”的存在才是谜中之谜。进入大学的我们处于自我意识发展的重要时期，健全的自我意识是大学生心理健康的重要标志。老子曰：“知人者智，自知者明。胜人者有力，自胜者强。”德国著名作家约翰·保罗也曾说过：“一个人真正伟大之处，就在于他能够认识自己。”那么，怎样正确认识自我呢？今天的“我”从哪里来？“我”又要到哪里去？现在就让我们走进“自我意识”，开启一趟自我发现之旅。

第一节
自我意识探源

“认识你自己”是镌刻在希腊德尔斐的阿波罗神庙入口处的一句话，它是这所伟大建筑内著名的箴言。在三千多年前的古希腊，人们把它当作神谕顶礼膜拜。哲学家苏格拉底也最喜欢引用这句传世名言。后来，这句话成了西方心理学家公认的心理学的源头和历代心理学家为之奋斗的目标。早在两千多年前，中国思想家庄周梦见蝴蝶，醒后却犯了迷糊——“不知周之梦为蝴蝶欤，蝴蝶之梦为周欤”（《庄子·齐物论》），于是提出了“我是谁？谁是我？”这样一个关于自我认识的问题。“知人者智，自知者明”“知己知彼，百战不殆”等，都是关于自我认识的名言。

一、自我意识及其心理健康意义

正确认识自我，首先必须明确自我意识的概念以及它对于心理健康的意义。

1. 自我意识概述

1890年，美国心理学家威廉·詹姆斯（William James）在《心理学原理》中最早把自我意识（self-consciousness）引入心理学领域，并把它安排在重要的位置——“自我是人类心理宇宙的中心”。他还最先认识到自我的二元性，并建议使用不同的术语“主我”（I，指作为环境中主动行为者的我）和“宾我”（me，指作为经验客体的我）来区分自我的这两个方面。

詹姆斯将经验自我的不同组成部分分为物质自我、社会自我、精神自我三类，直接对应于今天我们所讲的自我意识的内容：生理自我、社会自我、心理自我。具体而言，生理自我是对自身生理状态的认识和评价，如对体重、身高、身材、容貌等体像和性别方面的认识，对身体的痛苦、饥饿、疲倦等的感觉；社会自我是对自己与周围关系的认识和评价，如自己在家庭、社会中所处的地位，自己与他人的关系；心理自我是对自身心理状态的认识和评价，如能力、知识、情绪、气质、性格、理想、信念、兴趣、爱好等。因此，自我意识就是个体对自己的身心状况和对自身与别人以及与周围世界关系的认识和评价。

自我意识是一个结构复杂的心理活动系统，从形式上来看，自我意识又具有认知、情绪和意志三种心理要素。一是自我认识，属于认知范畴，主要涉及“我是一个什么样的人”“我为什么是这样的人”等问题，包括自我感觉、自我观念、自我分析、自我批评等。二是自我体验，属于情绪范畴，它以情绪体验的形式表现出人对自己的态度，主要涉及“我是否接受自己”“我是否满意自己”“我是否悦纳自己”等问题，包括自尊、自爱、自卑、自弃、自恃、自傲、责任感、义务感、优越感等。三是自我控制，属于对自我的意志控制，涉及“我怎样克制自己”“我如何改变自己”“我如何成为那种人”等问题，表现为自主、自立、自强、自制、自律、自卫等。以上三者之间的和谐程度以及与客观现实的吻合程度，决定了个体自我意识的健康状况。

如果说，自我意识是个体对自己的心理倾向、人格特征、能力以及自身社会价值的自我认识与评价，那么这只是对自我意识狭义的理解，相当于“自我意识”内容中的“自我认识”部分。广义上而言，自我意识是指一个人对自己的属性、状态、行为、意识活动的认识和体验，以及对自身的情感意志活动和行为进行调节、控制的过程。这才是对自我意识结构的完整诠释。

表2-1　自我意识的内容与结构

	自我认识	自我体验	自我控制
生理自我	对自己身高、体重、性别、外貌、衣着、风度、痛苦、饥饿、疲倦等的认识	占有感、支配感、爱护感等	追求身体的外表，物质欲望的满足等
社会自我	对自己的名望、地位、角色、义务、责任、力量等的认识	责任感、义务感、优越感、成就感、自我效能感等	追求名誉地位，与他人竞争，争取得到他人的认可或好感等

续表

	自我认识	自我体验	自我控制
心理自我	对自己的智力、性格、气质、兴趣、理想、能力、记忆、思维等特点的认识	自信、自豪、自尊、自恃、自傲或自卑、自责、自贱、自弃等	追求信仰，注意行为符合社会规范，要求智慧与能力的发展等

2. 自我意识的心理健康意义

自我意识是人对自己以及对自己同客观世界关系的意识，是一种多维度、多层次的心理系统，是人格调控系统的核心。自我意识是人格的重要组成部分，是使人格各部分整合和统一起来的核心力量。一切社会环境因素对人产生影响，都必须通过自我意识的中介而发挥作用，它在人格的形成和发展中起着不可缺少的重要作用。一方面，自我意识制约着人格的形成发展；另一方面，它在人格的优化中发挥着强大的动力功能。健全自我意识具有促进人格发展，保持心理健康的多重意义。

精神分析理论的代表人物埃里克森（E.H.Erikson，1902）关于人格形成与发展的理论，实质上就是自我意识形成与发展的理论。埃里克森认为，人的自我意识发展持续一生，在人格发展的过程中，逐步形成的自我意识在个人及周围环境的交互作用中起着主导和整合的作用，人在发展的过程中都体验着生物的、生理的和社会的这样一个事件的发展顺序，按一定的成熟程度分阶段进行发展。在每一个心理社会发展阶段中，解决了核心问题之后所产生的人格特质，都包括积极与消极两方面的品质。如果各个阶段都保持向积极品质发展，就算完成了这阶段的任务，逐渐实现了健全的人格；否则就会产生心理社会危机，出现情绪障碍，形成不健全的人格。奥尔伯特（G.W.Allport，1961）在健康的人格特征中也强调了自我意识的重要性 。

无论是东方还是西方的心理学家，在界定心理健康的标准时，都不约而同地将良好的自我意识作为心理健康的重要指标。例如，心理学家马斯洛（A.H.Maslow）就把有充分的自我安全感，能充分了解自己和恰当估计自己的能力作为两条重要的心理健康标准；奥尔伯特认为健全人格应具备的特点包括扩展的自我、自我接纳与安全感；理查德（Richard，1997）博士在总结归纳前人大量的关于心理健康的研究之后，提出心理健康的九条标准，其中1/3以上都是关于自我意识的。我国学者王登峰和林崇德也把“了解自我、悦纳自我”作为心理健康的首要指标。

大学生自我认识、自我评价、自我体验、自我控制程度如何，直接影响着大学生的社会适应、身心健康、成长和发展。因此，大学生具备良好心理素质的最重要的标志之一就是对自我的接受和认可，即有成熟的自我意识和健康的自我形象。研究发现，自我意识越成熟、越完善的大学生，其自我认识、自我评价、自我体验和自我控制越能够协调一致地发挥作用，他们会更加客观地认识学习与生活中遇到的挫折，会更加自我肯定、自我欣赏并能积极地进行自我协调和控制。也就是说，他们表现出较强的自我调节能力，从而维持良好的心理健康状况。相反，自我意识不成熟的大学生，由于对自身片面的认识，无法客观地分析、评价自己以及生活中遇到的负面事件，往往会出现情绪反应过激、缺乏行动的动机等情况，因而他们的心理素质较差，心理健康水平也较低。

二、自我意识的形成与发展

正确认识自我，必须了解自我意识的形成与发展过程以及影响个体自我意识发展的因素。

1. 自我意识的形成与发展过程

个体的自我意识并不是生而有之，而是在个体发展与社会环境的交互作用中逐渐形成和完善的。个体自我意识从产生、发展到相对稳定和成熟，需要二十余年，是从生理自我到社会自我再到心理自我逐渐发展而来的。具体可分为以下三个阶段：

（1）自我意识的萌芽：1 至 3 岁，生理自我发展的开始

生理自我是自我意识最初始的阶段。在儿童一周岁左右，他开始清晰地意识到自己是行为的主体，把自己和自己的动作、动作的对象区分开来。三岁左右，生理自我基本形成，但依然会随着个体生理的逐步发展和成熟不断变化。这个阶段的标志性事件是儿童学会用“我”来指代自己，行为主动性不断增强，许多事情都要求“我自己来”。在这一阶段，儿童按照自己的想法去解释外部世界，并把自己的想法、情感投射到外界事物上去，行为和意识的中心是“自我”，因此也被称为“自我中心期”。

（2）自我意识的形成：3 岁至青春前期，社会自我的形成

从3岁到青春前期是个体接受社会文化影响最深的时期，也是角色学习的时期。个体在家庭、幼儿园、学校中游戏、学习、劳动，通过模仿、练习等方式，慢慢认识到自己是社会的一分子，意识到自己在人际关系和社会关系中的作用和地位，逐渐形成各

种角色观念，如性别角色、家庭角色、学生角色等，并学会调整自己的行为来适应社会的要求，社会规则、社会文化、社会期待不断内化，社会自我逐渐发展起来。在这个阶段，个体最为关注的是外部世界，因此也被称为“客观化时期”。

（3）自我意识的发展：青春期 10 年，心理自我的成熟

从青春期开始，个体开始进入生理和心理的急剧变化期，性意识开始觉醒，抽象思维能力显著提高。青少年开始逐渐脱离对成人的依赖，从成人的管制、监护下独立出来，呈现出自我意识的主动性和独立性，强调自我的价值与理想，并试图建立自我认同（self-identity）。他们开始严肃地思考“我是谁？”“我从哪里来？”“我要往何处去？”这样的命题，心理自我逐渐形成。人的心理经历上述发展时期，自我意识经过分化、矛盾、统一趋于成熟，个体开始清晰地意识到自己的内心世界，开始有明确的价值探索和追求，强烈要求独立，产生了自我塑造、自我教育的紧迫感和实现自我目标的驱动力。可以说，青年的世界观、人生观、价值观的形成与确立正是心理自我成熟的标志。个体在此阶段更加关注自己内心的体验、感受和想法，因此也被称为“主观化时期”。

在生理自我、社会自我和心理自我的发展过程中，三者互相联系、有机组合、完整统一，发展成一个人完善的自我意识，即自我同一性形成，主我和客我、理想我和现实我整合统一。然而，对自我本质的意识，不是意识到个体的生理特性，而是意识到个体的社会特性，意识到个体的社会角色，意识到个体在一定的社会关系和人际关系中的地位和作用，这是自我意识发展到成熟的重要标志。

2. 影响个体自我意识发展的因素

自我意识是神经系统的高度发展和个体与外界的相互作用相结合的产物。自我意识的发生、发展与生理的发展密切相关，然而，生理的成熟和发展只是形成自我意识的前提，自我意识的形成和发展还有赖于个体参与社会生活、与他人之间的相互作用。影响自我意识形成与发展的社会因素有社会经济地位、社会文化环境、家庭、他人的评价、参照群体等。可见，自我意识的形成受到个人的成长经历、生活环境、自我态度、他人评价等诸多因素的影响。并且自我的结构并不是一成不变的，而是随着个体的经验和心理发展而不断地发生变化的。

自我意识发展的信息来源，可以分为以下三个方面：

物理世界：物理世界为我们了解自身提供了手段。如果你想知道自己有多高、有多重、能跑多快，你都可以运用物理世界中的线索来获得相关的知识。来自物理世界的信息，对于生理自我的形成和发展尤其重要。

社会世界：个体若想了解自己是一个什么样的人，常常需要同其他人进行比较，这个过程被称为社会比较。一般来说，我们倾向于和自己相似的人进行比较，这样所获得的信息是最为可靠的。获得自我认识的另一种重要方式是观察其他人对我们的反应，这种过程被称为反射性评价（reflected appraisal）。可以想象一下，当一个同学在台上进行演讲的时候，他注意到台下的其他同学都在聚精会神地听，他就有理由推断出自己是一个有吸引力的人。

心理世界：除了从外界寻求认识自我的线索，我们也可以向内部寻求答案。我们可以通过回忆自己在各种不同场合的情感体验，来了解自己是一个情感丰富的人还是一个冷静理智的人。这种直接考虑自己的态度、情感和动机的过程，被称为内省。但我们并不是总能够意识到自己为什么这么做、这么想。有时候，我们和其他人没有什么不同，只是自己行为的观察者，需要通过逻辑性的分析来解释为什么我们的行为会发生，这个过程被称为自我知觉或归因。比如，我为什么坚持在课余时间去图书馆学习？那是因为我喜欢阅读。我为什么这次考试成绩不太理想？那是因为我这次不够努力。

图2-1　影响自我意识发展的维度

第二节
大学生自我意识的发展状况

大学阶段是个体自我意识急剧增长、迅速发展和趋于完善的重要时期，确立自我认同感是青年期大学生自我意识发展的主要任务。大学生在自我意识发展过程中的问题是由其阶段性特点所决定的。埃里克森的自我同一性理论中关于自我意识形成过程中的规律和特点，对于引导和教育大学生正确处理心理矛盾和冲突，最终实现自我、完善自我、超越自我提供了指导。

青年期大学生的自我意识会经历一系列的发展变化。同学们必须了解这些变化，并明确青年期大学生自我意识发展的任务。

一、大学生自我意识的发展

1. 青年期大学生自我意识的发展变化

青年期一般指个体从十七八岁到三十五岁这一时期。此时期的自我意识开始成熟，进入心理自我阶段，个性逐渐形成。大学阶段是自我意识发展的重要时期，大学生自我意识的发展变化主要表现在以下三个方面：

一是生理的自我。这一阶段的自我意识，是以身体需要为基础的。随着年龄增长、身体发育、阅历丰富以及社会地位的变化，大学生形成了“成人化”的自我意识。“我的容貌是否姣好？风度是否优美？是否具有某种魅力？”大多数人会在这种意识的支配下，朝着美和健康的方向努力。但也有一些人，尤其是那些先天或后天落下残疾或留有某种缺陷的人，则会感到烦恼或自卑。

二是社会的自我。大学生自我实现的需要和愿望会越来越强烈。“我聪明能干吗？”“我是个高尚、有道德的人吗？”“我到底怎样做才能成为一个有用的人？”这些有关自己智力、能力和才干方面的探究，以及有关人格与品质的意识，是这一阶段大学生的显著特点。

三是心理的自我。大学生想象力的丰富、性生理的成熟、逻辑思维能力的发展等，会促使他们的自我意识趋于主观化，并形成自己在社会生活中的地位与威信等自我意识。到了大学的高年级，他们会对自己在社会中所处的位置进行探究，从而寻找到自己的理想位置，探讨人生的意义和价值，形成一定的世界观和人生观、价值观。

这些变化渗透在生活的各个方面，会造成自我概念的混乱和不稳定，埃里克森用“同一性危机”（identity crisis）这个概念来描绘青少年在此期间所经历的挑战。他们必须在过去、现在和未来的自我之间寻找连接点，将关于自己的各种想法（比如新的社会角色、来自各种渠道矛盾的信息）整合到统一和稳定的自我概念当中去，并决定他们是谁以及他们想要成为什么样的人。埃里克森认为，当青少年可以在职业、意识形态（包括宗教信仰、政治倾向和一般性的世界观）、性取向这三个主要的领域做出决定和承诺时，他们就获得了“自我同一性”（self-identity）。对于当代中国的大学生来说，在高考结束后面临的第一个重要挑战，就是“自我同一性”的形成。

大学生自我同一性的形成，是经过整个青年期自我意识的分化、整合过程之后最终实现的。自我意识的整合过程，是从“自我”明显地分化为“客我”和“主我”开始的。这种分化本身意味着大学生自我矛盾的加剧，造成对自我认识的接纳和排斥、肯定和否定的矛盾与冲突。客我和主我的矛盾冲突一旦被激发，将导致大学生难以确立自我形象，也无法形成恰当的自我意识，从而导致自我评价能力低下、自我情感急剧波动和不能适当地自我接纳或出现自我排斥，以及心理上的不适应。然而，通过自我接纳和自我排斥等自我矛盾过程，大学生可以确定自己的存在价值、心理适应状况以及自我意识的发展水平。

2. 青年期大学生自我意识发展的任务

埃里克森提出，自我同一性的确立和防止社会角色的混乱是青年期的发展任务。自我同一性是关于个体是谁、个体的价值和个体的理想是什么的一种稳定的意识。每个人在青年时期都在探索并尝试建立稳定的自我同一性，即自我认同感。埃里克森认为青年期自我同一性的确立是自我分化和整合统一的过程。

自我分化是把整体的我分化为“主我”与“客我”，其目的是达到主我与客我的统一。

“自我”经过一段时期的矛盾冲突，主我和客我便在新的水平上协调一致，即自我的整合与统一。新的整合与统一主要是通过自我接纳和自我排斥等过程实现的。

自我接纳是对自我积极肯定的心理倾向。自我接纳是以积极的态度正确对待自己的优点和缺点，接受自己的长处和短处；以平常心面对自我现实；能根据自己的能力和条件，确定自己的理想目标。自我排斥是对自我消极否定的心理倾向，即否定自己，拒绝接纳自己的心理倾向。自我排斥与自我接纳一样，是自我意识发展过程中不可缺少的心理过程，是个体形成良好的心理品质所必要的心理过程。

经过自我分化，再通过自我接纳和自我排斥等过程，青年期自我的发展便得到进一步深化和提高，在新的水平上达到整合统一，形成自我同一性。大多数青年人都能形成并确立自我同一性。

如果客我和主我之间的矛盾难以协调，青年便难以确立自我形象，也无法形成完善的自我意识。于是，他们在这个过程中会表现出明显的内心冲突，甚至引起自我情感的激烈变化，引发现实的“我”与理想的“我”之间的矛盾冲突，从而导致自我同一性扩散或社会角色混乱，并造成自我同一性危机。学者马西亚（James Marcia）归纳出青年解决自我同一性危机的四种方式：

（1）同一性确立。体验过各种发展危机，经过积极努力，选择了符合自己的社会生活目标和前进的方向，以达到成熟的自我认同。

（2）同一性延续。正处于体验各种同一性危机之中，尚未明确做出对未来的选择，但是正在积极探索的过程中，处于同一性探索阶段。

（3）同一性封闭。在还没有体验同一性困惑的情况下，由权威代替其对未来生活做出选择。这实际上是对权威决定的接纳，属于盲目的认同。

（4）同一性混乱（扩散）。无论是否经历过同一性危机，或是否进行过自我探索，他们并没有对自己的未来生活抱有向往或做出什么选择，他们不追求自己的价值或目标。这也称为角色混乱。

在现实生活中，正是自我意识的分化与矛盾所带来的痛苦促使大学生不断寻求解决方法以求得自我意识的统一，即自我同一性。自我同一主要指主我和客我的统一、自我与环境的统一、理想我与现实我的统一，也表现为自我认识、自我体验、自我控制的和谐统一。按照心理健康的标准，不管以哪种途径建立自我同一性，只要统一后的自我是完整的、协调的、充实的、有力的，就是积极和健康的自我意识。

二、大学生自我意识发展的常见问题

在自我意识的发展成熟期，大学生通过积极的自我观察、自我探索和自我思考对自己有了更深的认识，他们开始从多角度审视自我、调整自我，并向理想自我靠近，建立自我同一性。虽然不断进行着自我意识的调整、整合，但大学生在处理各种自我矛盾时，由于身心尚未发展成熟，他们在经历心理煎熬的过程中，往往面临着因自我意识偏差而产生的诸多情绪和行为问题。

1．过度的自信（自负）与过强的自卑

大学生的自我评价存在的主要问题是走极端，要么评价过高（自负），要么评价过低（自卑）。自信是大学生的优秀品质，有助于大学生的自我实现。但自信过度就会导致自负，缺乏自信就会产生自卑。自负是一种虚假的自信，即相信自己是天才而不再努力。自负是一种自我欺骗，是自卑的另一种表现形式。自负与自卑二者的平衡点是自信，即一个在自信的上限，一个在自信的下限。过度的自信（自负）与过强的自卑都会影响大学生心理的健全和完善，是不容忽视的自我意识问题。

自负的大学生过高地估计自己的价值与能力，表现出很强的优越感，自命不凡，骄傲自大，看不起别人，听不进师长的教诲和同学的意见，回避或否认自己的缺点，人际交往模式和生活态度属于“我好，你不好”型，较难与他人达成妥协和谅解，最终会陷入孤独和郁闷。与自负相反，有的大学生过度自卑。自卑是由于自我认识偏差等形成的自我轻视和自我否定的情绪体验。过度自卑的大学生一般有以下心理缺陷：缺乏稳定的自我形象，喜欢封闭自己，伪装自己；特别敏感，特别容易受挫折；倾向于超脱现实而陷入幻想世界，缺乏社会活动的积极性，有严重的孤独感；缺乏竞争意识，回避那些必须领导他人或服从别人领导以及竞争性强的工作等。

自信心来源于积极的自我肯定和自我悦纳，它不是自欺欺人，而是实事求是。自信心包括个人对于周围环境的价值感、成功感和归属感，也是平衡自我心态的突出表现。提高自信心，本质上就是使人通过改变对不利环境的认识来增强对自我的良好感觉。

2．过分的自我中心与盲目的从众行为

大学生自我意识发展中的第二大问题是：自我意识过强或自我意识太弱所表现出来的过分自我中心或盲目从众行为。

在人的自我意识发展过程中，生理的自我意识阶段就出现了自我中心。新生儿一切以生理自我为中心，为的是获得生理需要的满足。大学生自我意识发展进入心理自我发展高级阶段，若仍然停留在生理自我中心的水平上，就属于心理问题。当大学生的自我中心倾向与个人主义、自私自利等不健康思想和过强的自尊心、唯我独尊等心理特征结合时，就会强化自我中心，变成过分注重和强调自己，忽视他人及与他人关系，形成只顾自己不顾别人的自我意识缺陷。以自我为中心的大学生在追求自我设计、自我完善、自我实现的自我意识发展中，往往只注重个人价值的追求和实现，而忽视其社会意义，从而走上脱离社会自我设计的道路。

与大学生过分地以自我为中心相反，另一种自我意识问题是盲目的从众行为。从众是个体在群体的影响和压力下，放弃自己的意见而采取与大多数人保持一致的自我保护行动，是一种普遍的社会心理现象。比如，学习从众、消费从众、恋爱从众以及择业从众在大学校园相当普遍。缺乏分析，不独立思考地一概服从多数，随大流，是消极的“盲目从众”。盲目的从众行为，反映出部分大学生自我意识弱化，独立性较差，缺乏个体倾向性的世界观、人生观、价值观。具有过强的从众心理的大学生有害怕孤独、缺乏自信等不良心理特征，加之传统的“听话”“服从”教育，会导致大学生在现实生活中丧失自我，缺乏主见，遇到问题束手无策，影响心理健康发展。

3．行为上的低自制力与情绪上的迷茫焦虑

自我控制是自我意识的关键环节，是通过对自己行为、思想和言语的控制，达到自我期望的目标。良好的自制力意味着既善于激励自己勇敢地去执行所做的决定，又善于抑制那些不符合既定目标的愿望、动机、行为和情绪，需要个体将“知”与“行”有机结合。而心智正处于发展阶段的大学生往往缺乏坚强的意志力，自我控制的能力比较弱。很多同学虽然深知“我应该做什么”“我应该成为怎样的人”“我可以选择如何去做”等自我控制的核心内容，但却无法成功地激励自己果断地付诸行动，无法有效地抑制违背理想的行为或情绪。大学生的低自制力主要表现在：无法按照开学制订的学期计划安排规律的作息和自修，往往坚持了一个星期就放弃自我约束和自我监督；无法鞭策自己为阶段目标付出持久的努力，比如有的人想提高英语听说能力，但做不到每天进行早读和听力训练；无法抵御外界的诱惑，例如复习阶段被室友怂恿打网游；无法控制和调适自己的情绪，对挫折耿耿于怀，产生强烈的自卑感；等等。

随着自我意识的发展，大学生的自我理论也在确立和整合。在这一过程中，对于自我理论中的一些核心概念，如“什么是我最重要的特质？”“什么是我未来的目标？”等问题，大学生并没有明确的答案，他们尚未发掘出自己最大的优势，也没来得及进行长远而可行的人生或职业规划。在空闲的时间里，他们思考自己的未来，但往往思而无获，因为大多数大学生心中并没有长期的计划，人生目标也没有完全确定；面对媒体有关职场竞争激烈的新闻报道，他们觉得自己即将迎来的职业生涯充满了太多变数和不确定性，因为他们并没有看到自己超过他人的特质和优势。这样的思考和顾虑充斥在大学生自我意识发展的过程中，让他们感到不安、迷茫和焦虑，对未来没有把握，对自己也没有信心。

从以上的分析中我们可以看到，大学生自我意识发展过程中出现的失误、偏差是心理还不成熟的表现，这是由其身心发展状况和成长背景决定的，并不是某个人的缺点，而是所有大学生或多或少都要亲身经历的，是整个年龄阶段的特征，因而是普遍的、正常的，但也是必须调整的。只有认识到这一点，才有可能去面对它、正视它，并争取解决它，以达到自我真正的统一、强大和健康。

第三节
大学生健全自我意识的培养

一位哲人曾经说过：一个自我意识尚未觉醒的人，不是一个完整意义上的人；一个自我意识不成熟的人，不是一个真正健全的人。那么，进入大学的我们，如何才能从“觉醒”到“成熟”，不断提升自我意识，成为“更好的自己”？我们可以从自我认知、自我悦纳和自我控制三个方面入手。

一、“人贵有自知之明”——正确的自我认知

印度智者吉杜·克里希那穆提说：“你可能很聪明，可能博览群书，并且很会引用他人的说辞，但如果你不认识自己，又如何能超越肤浅的层次呢？”印度谚语还说：“认识你自己，就能认识整个世界。”也就是中国俗语“人贵有自知之明”。全面而正确的自我认知是培养健全自我意识的基础，通常通过以下几种途径建立：

第一种：比较法。比较法是指通过与他人比较而认识自我。他人是自己的镜子，与他人交往是个人获得自我认识的主要来源。在与他人比较中认识自己的优势和不足，从而能够吸取他人所长补自己所短，缩短主观自我与客观自我的差距。通过和人比较认识自己虽然是自我认知的重要方法，但是应该先确立一个合理的参照体系，明确一个合理的立足点。如果比较参照系选择得不恰当，可能还会产生消极的结果。比如，有的大学生在与人比较时关注的是相貌、家世等不能改变的条件，如果认为自己条件不如别人，一开始就置自己于次等地位，自然影响心态和情绪。因此，应立足于行动后能改变的内容才更有意义。

第二种：内省法。“吾日三省吾身”，内省法是通过我与自己的关系来认识自我，通过反省分析来深入了解自己。反省的“镜子”有三面：一是自己眼中的我。个人实际观察到的客观的我，包括身体、容貌、职业、性格、能力等。二是别人眼中的我。通过他人对自己的评价来了解自我，即“镜中我”。“镜中我”是一个隐喻，说的是社会好似一面镜子，人们可以从这面镜子中看到自己。在这面镜子面前，我们尽可能地以别人的眼光来审视自己行为的合体性与合理性。三是自己心中的我。对自己的期许，即理想的我。

第三种：实践检验法。社会实践是人的自我意识产生和发展的重要条件，即可以通过活动的效果来了解自己。一是通过自己的成功经验了解自己。通过自己所取得的成果、成就，从做事的经验中了解自己，也是一种学习。二是通过自己的失败经历认识自我。成败得失，其经验的价值也因人而异。对聪明又善用智慧的人来说，成功或失败的经验都可以促使他们走向成功，因为他们了解自己，有坚强的人格特征，善于学习，因而可以避免重蹈失败的覆辙。三是在自己的成败经验中获得自我意识。正所谓：“不经一事，不长一智。”

在正确认知自我的基础上，大学生还应学会客观评价自己：运用唯物辩证法的思

维方式，坚持一分为二地看待自己；善于发现自己的优点和潜力，正视自己的缺点和不足；多多听取师长和朋辈的评价意见；等等。

二、“天生我材必有用”——积极的自我悦纳

提升自我意识的第二个方面是提升自我体验的水准，重点在于做到积极悦纳客观的自我。积极悦纳自我即要无条件地接受自己的一切，包括自己满意的、不满意的，优势和劣势等方面，要笃信“天生我材必有用”。具体包括三方面：第一，接受自己的全部，无论优点还是缺点，无论成功还是失败；第二，无条件地接受自己，包括接受自己所犯的错误；第三，喜欢自己，欣赏自己，体会自我的独特性，在此基础上体验幸福感、愉快感与满足感，最终达到相信自己存在的价值，认可自己的能力，并在行为上有所表现。

实现积极悦纳自我的途径有三：

一是要正确剖析自我，增强自信。要学会做自己的朋友，以诚实的态度列出自己的优点和缺点。理智客观地对待自己的长处与不足，冷静地看待得与失。承认自己的不完美，不加任何条件地接受自己的全部优点和缺点，既努力扬长，更注意补短，相信自己是有价值的人。

二是要确立能力为本的奋斗目标。能力提高了才有自信的本钱，才能真正自强起来。当前人才的需求标准已由“学历本位”转向“能力本位”。因此大学生在设计自我发展的方向时，首先要考虑的是自己如何才能被社会承认和接受，求得生存和发展。为此大学生在校期间一方面要努力学习文化知识，另一方面要尽可能地参加各种活动，培养自己的能力，这样自信才不会是空中楼阁。

三是要进行内省或归因训练，增强自信。一般来说，把成功归因于能力和努力等可控的因素可以增强自信，信心来源于实力。把失败归因于自我努力不够，以后积极努力便可避免失败，增强自信，最终才可能取得成功，进而积极悦纳自我。

总的来说，大学生悦纳自我还要从社会的总体要求来思考。我们国家提倡“在全社会弘扬劳动精神、奋斗精神、奉献精神、创造精神、勤俭节约精神”，即全体人民要弘扬“五种精神”。同学们在提升自我悦纳的过程中，要以此作为提升的核心指引，并经常反思自己做得怎么样。这样提升自我意识，你不仅会积极地悦纳自我，而且还一定会被整个社会所悦纳。

三、“做更好的自己”——有效的自我控制

自我控制是主动定向改造自我的过程，也是个体对待自己态度的具体化过程。培养与健全自我意识的根本途径是进行有效的自我控制。如何达到有效的自我控制，元认知监控不失为一种科学的管理策略。

元认知监控是主体在进行认知活动的过程中，将自己正在进行的认知活动作为意识对象，不断地对其进行积极、自觉的监视、控制和调节。在准确了解自我意识的过程中，元认知监控主要有以下几方面的作用：一是在元认知知识和元认知体验的基础上制订计划，有目的、有步骤地提高自我意识的认知能力和水平；二是实行控制，及时评价、反馈认知活动进行的各种情况，发现认知活动中存在的不足，并据此及时修正、调整认知策略；三是检查结果；四是采取补救措施。

知识窗：元认知（metacognition）

美国儿童心理学家弗拉威尔（J.H.Flavell，1976）曾指出，元认知通常被广泛地定义为任何以认知过程和结果为对象的知识或是任何调节认知过程的认知活动，即对认知的认知。元认知的实质是人对认知活动的自我意识和自我调节。能够达到元认知层次的自我意识是人的意识的最高形式。它以主体及其活动为意识的对象，因而对人的认识活动起着监控作用。

关于元认知的结构包括三方面的内容：一是元认知知识，即个体关于自己或他人的认识活动、过程、结果以及与之有关的知识；二是元认知体验，即伴随着认知活动而产生的认知体验或情感体验；三是元认知监控，即个体在认知活动进行的过程中，对自己的认知活动积极进行监控，并相应地对其进行调节，以达到预定的目标。

元认知知识、元认知体验和元认知监控三者是相互联系、相互影响和相互制约的。元认知知识有助于人们在实际的认知活动中对活动进行有效的监控，指导人们自觉地、有效地选择、评价、修正或放弃认知的任务、目标和策略。同样，它也能引起有关自身、任务、目的的各种各样的元认知体验，帮助人们理解

这些元认知体验的意义和它们在行为方面的含义。元认知体验对元认知知识和元认知监控具有非常重要的作用。通过各种元认知体验，人们可以补充、删除或修改原有的元认知知识，即通过同化和顺应机制来发展元认知知识。而元认知体验有助于人们修改或放弃旧的目标，确定新的目标，有助于激活认知策略和元认知策略。元认知监控一方面是通过元认知知识、元认知体验、认知目标与行动（策略）之间的相互作用而进行的，另一方面人们的元认知知识又大多来源于人们对认知活动进行监控、调节的实际过程。善于对认知活动进行自觉或不自觉监控的人，自然会有更多的元认知体验和经验，从而具有更多的元认知知识，这就是说，认知活动中元认知监控水平制约着人们的元认知知识的获得与水平。至于元认知体验，它总是与认知活动相伴随，离不开人们对认知活动的监控过程。总之，这三个方面是相互依赖、相互影响、相互制约的，三者的有机结合便构成了一个统一整体——元认知。

元认知监控包括监控认知活动、预测结果、评价某个尝试的有效性、计划下一步动作、选择策略，确定适当的时机、修改或变换策略以克服所遇到的困难，等等。概括起来，包括以下三个方面：

（1）计划，即根据认知活动的特定目标，在一项认知活动之前计划各种活动，预测结果、选择策略，想象出解决问题的各种方法，并预估其有效性。

（2）监视，即在认知活动进行的实际过程中，根据认知目标及时评价、反馈认知活动的结果与不足，正确估计自己完成认知目标的程度；根据有效性标准评价各种认知行动、策略的效果。

（3）调节，即根据对认知活动结果的检查，如发现问题，则采取相应的补救措施，根据对认知策略的效果的检查，及时修正、调整认知策略。

一般来说，元认知监控与认知目标、认知课题和情境等因素密切相关。

处于青年期的大学生，他们自我的发展与社会的发展之间往往存在很多矛盾。在改变不了周围环境的情况下，只能理智地选择对自我进行调整。因此，根据大学生自我意识发展的特点，设计、输入正确的元认知知识，使其头脑中获得一套相对发达的元认知系统；通过培养大学生元认知的调控能力，对其生理素质、心理素质、社会文化素质及其相互关系进行调控，实现人与环境的良性互动，使其自我意识获得良好的发展，最终形成和谐积极的完美人格。

人本主义心理学认为，人具有一种本能，这种本能总是促使人朝自我完善和自我实现的方向发展。正像歌曲《改变自己》的歌词所写：“一点点改变有很大的差别，你我的力量也能改变世界……我可以改变世界，改变自己，改变隔膜，改变小气，要一直努力努力，永不放弃，才可以改变世界，come on改变自己。”只要你渴望改变，追求更好的自己，永远都不会晚，永远都有可能！因此，充分实现自己的人生价值，“做更好的自己”，不断超越自我，应成为大学生健康发展的座右铭。

职业心理之窗

护士的自我悦纳

南丁格尔说：护士必须要有一颗同情心和一双愿意工作的手。一个具有同情心和高度责任感的护士才能给病人带来爱与关怀。但随着护理工作强度的不断增加，人们对护理工作的要求更高、病人维权意识提升、医患关系紧张以及护士本身的原因，使得护士成为职业倦怠高发人群。而当这种职业倦怠在工作中蔓延，护士就会对病人失去兴趣，渐渐地影响到工作效能。具体表现为工作热情下降，情绪波动大，脾气暴躁、易怒，医患关系紧张。悦纳自我的人会积极地化解现实与理想间的差异造成的内心冲突。护士应该努力培养积极的自我意识，正确认识自我价值，调整职业心态。

可以从以下几个方面着手：首先，积极悦纳自我。每个人的内心都希望自己的生活成功且有意义，但随着经历的增多和成长，我们看到了自己的平凡和生活的平淡。无条件地接受自己，接受自己的优点和缺点、成功与失败，降低对工作“意义感”的期待，学会从成功与平凡的冲突中获得和解，我们就能在实现梦想的过程中接受自己的平凡。其次，合理宣泄情绪。向你信任的人倾诉，分享你工作中的感受。或者把你工作中的挫折记录下来，释放消极情绪。再次，养成健康的生活习惯。坚持锻炼，保证充足的睡眠，用健康的奖励取代情绪化的饮食，比如当你取得一个好的结果时，可以给自己泡一杯茶，可以听一本给你带来愉悦的有声书，可以用健康的蛋白质开启全新的一天。

思考题

1. 自我意识与心理健康有何关系？
2. 联系实际，谈谈当前大学生自我意识发展中存在哪些问题，如何解决。
3. 结合目前你想具备但还未具备的品质，谈谈你打算怎样完善自我。

心理活动：我是谁

目的：了解你自己。

操作：

用心地完成下面的各项练习，它们会帮助你更好地认识自我、悦纳自我。

1. 写出20个我是一个怎样的人

（1）我是一个________________________。

（2）我是一个________________________。

（3）我是一个________________________。

（4）我是一个________________________。

（5）我是一个________________________。

（6）我是一个________________________。

（7）我是一个________________________。

（8）我是一个________________________。

（9）我是一个________________________。

（10）我是一个________________________。

（11）我是一个________________________。

（12）我是一个________________________。

（13）我是一个________________________。

（14）我是一个________________________。

（15）我是一个________________________。

（16）我是一个________________________。

（17）我是一个________________________。

（18）我是一个________________________________。

（19）我是一个________________________________。

（20）我是一个________________________________。

2. 将以上陈述的20项内容作下列归类

（1）身体状况（属于你的体貌特征，如年龄、身体、体型等）

编号：____。

（2）情绪状况（你常有的情绪情感，如乐观开朗、烦恼沮丧等）

编号：____。

（3）才智状况（你的智力、能力情况，如聪明、灵活、能干、迟钝等）

编号：____。

（4）社会关系状况（与他人的关系、对他人常持有的态度和原则，如乐于助人、爱交朋友、坦诚的、孤独的等）

编号：____。

3. 认识自我标签

（1）评估自己的陈述是积极的还是消极的。在列出的每句话的后面加上加号（+）或减号（-）。加号表示"这句话表达了对自己肯定、满意的态度"，减号的意义则相反，表示"这句话表达了对自己否定、不满意的态度"。

（2）看看自己的加号数量多还是减号数量多。如果加号的数量多于减号的数量，说明自我接纳状况良好；相反，减号的数量多于加号的数量，则说明你不能很好地接纳自己，自信程度较低。这时需要自我探索一番：你是否过低地评价了自己？是什么原因使你这样？有没有改善的可能？

第三章

塑造健全人格

我们经常听到这样的话："性格决定命运，细节决定成败，态度决定一切。"其中"态度"是性格的核心，"细节"是性格的行为方式。其实，大学生的诸多心理问题都是由性格亦即人格方面的原因造成的，与其对待人生、对待社会的态度紧密相关。大学生要想具有健康的心理，就必须具有健全的人格。了解人格形成的基础、人格健全的基本要求、人格偏差的基本类型、个体人格与社会人格的有机联系以及怎样才能培养健全的人格等，对大学生的发展有着非同寻常的意义。

第一节
人格及大学生的人格特点

当你进入大学，开始大学生活，有时静下心来回想起高中最要好的朋友时，脑海里立刻浮现出这个好友的容貌神态，他的脾气和性格特点以及某些独特的行为表现。这个朋友给你的整体印象就叫作“人格”。通俗地讲，所谓“人格”就是一个人的外貌、气质（脾气）和性格给他人的整体印象。当然，还包括一些未必表现在外的思想和心理的隐秘的东西。

“人格”这个词，在我们日常生活中运用得很广，常常听说某某人人格高尚，某某人人格卑劣。这种人格的定义是从道德的观点出发给予人的一种评价，只能代表心理学中人格的一部分含义。此外，法学中的“人格”一词，亦有其特指的含义。

“人格”一词来源于拉丁文persona，原意为戏剧演员所戴的“面具”——用以表明剧中人物的身份。把“面具”指义为人格，实际上说明人既有表现于外的给人印象的特点，也有些外部未必表现的东西。在有些著述中，人格又称为“个性”，但实际上二者是有区别的，“人格”包含了个体中所具有的共性和个性，“个性”则主要指人格中个体突出的特征或个别性明显的方面。

有关人格的定义，国内比较有影响力的表述是个体特有的特质模式及行为倾向的统一体。通俗地说，就是个体所具有的气质、稳定的态度和行为模式的统一体。其中有与群体相一致的部分，也有个体特有的部分。人格是共同性与差别性的统一，即个体人格与社会人格（个体人格的社会性因素）的统一。如果说某人“个性很强”，就是指个体特有的那部分人格特点很突出或是很特别。

总之，心理学中的人格，是指一个人的气质特征、稳定的态度和行为模式等心理特征的总和。这个“总和”不一定均等地表现出来，可能某一方面的表现很突出，就成为个体的“个性特征”。

作为一名大学生，了解和把握人格的特性是非常重要的。人格的特性主要表现如下：

1. 独特性。个体人格是在遗传、环境、教育及经历等因素的交互作用下形成的。人与人没有完全一样的人格特点。所谓“人心不同，各如其面”，这就是人格的独特性。但是，人格的独特性并不意味着人与人之间的个性毫无相同之处。在人格形成与发展中，也有社会因素的作用，包括人与人之间在心理、行为上相同的方面，如每个民族、阶级和集团的人都有其共同的心理特点。从这个方面而言，它是个体人格与社会人格的统一体。

2. 稳定性。个体偶然表现出来的心理倾向和心理特征并不能体现他的人格。俗话说，“江山易改，本性难移”，这里的“本性”就是指人格。当然，随着生理成熟和环境变化，人格也有可能产生或多或少的变化，这是人格可塑性的一面，正因为人格具有可塑性，才能培养和发展人格。人格是稳定性与可塑性的统一。

3. 统合性。人格是由多种成分构成的一个有机整体，具有内在统一的一致性，它受自我意识的调控。人格统合性是心理健康最重要的指标。当一个人的人格结构在各方面彼此和谐统一时，他的人格就是健全的；否则，可能会出现适应困难，形成人格偏差甚至人格障碍。

4. 功能性。人格决定一个人的生活方式，甚至决定一个人的命运，因而是人生成败的根源之一。当面对挫折与失败时，坚强者能发愤拼搏，懦弱者会一蹶不振，这就是人格功能的表现。

据此我们可以认为，人格是个体在适应环境的过程中所表现出来的系统的独特的反应方式，它由个体在遗传、环境、教育和经历等因素交互作用下形成，并具有很大的稳定性。

一、气质、性格与行为模式

“气质”指人的心理活动的动力特征。气质是遗传的，是神经系统的生理功能。它主要表现在心理过程的强度、速度、稳定性、灵活性及指向性上。个体情绪体验的强弱，意志努力的大小程度，感知或思维的快慢，注意力集中时间的长短及转移的难易，以及心理活动是倾向于外部事物还是倾向于自身内部，等等，都是气质的表现。

“性格”是人对现实的态度和行为方式中比较稳定的心理特征，是后天形成的。诸如诚实或虚伪，勤劳或懒惰，自信或自卑，勇敢或怯懦，果断或优柔寡断等都属于性格特征。每一个人都有这样或那样的性格特征，有些是和他人相似的，有些是个人独有的，有些是积极的，有些是消极的。一个人的各种个性特征交织在一起，就构成了他的性格。

“行为模式”是个体行为活动发生、进行和完成的某种固有方式。稳定的行为模式叫作习惯，性格往往通过行为模式来表现。人的外貌也是行为模式的一部分，长相和穿着打扮成为个体人格最表面的成分。在当代社会，人们越来越注重自己的外貌，讲究穿着打扮，各种各样的“潮人”可以说是层出不穷。这是社会的一种进步。但如果只追求人的外在表现而忽视人格的内在修炼，则难免会舍本逐末。

1. 气质是性格的基础

气质与性格是紧密相连的。气质是性格的基础，是遗传的，是很稳定且难以改变的。性格是后天形成的，是稳定的，但相对气质而言则容易改变一些，虽然改变的难度仍然较大。

在现实生活中我们常会看到，有的人生来好动，有的人生来好静；有的人脾气温和，有的人性情暴躁；有的人动作麻利，有的人行动缓慢；等等。以上的区别就是心理学所称的气质区别。

现代心理学把气质定义为表现在人们心理活动和行为方面的典型的、稳定的动力特征。它具有这样几个特征：

第一，气质是个体心理活动和行为的外部动力特点，主要表现在心理活动的强度、速度、稳定性、灵活性、指向性等方面。

第二，气质作为人的心理活动的动力特征，它与人的心理活动的内容、动机无关，即气质特点一般不受个人活动的目的、动机和内容的影响，具有较强的稳定性。

第三，气质受先天生物学因素影响较大，即先天因素在气质中占主要地位。气质较多地受神经系统类型的影响。

第四，气质具有相对可塑性。气质虽然具有先天性，但并不意味着它完全不发生变化。在生活环境和教育条件的影响下，在性格的影响下，气质可能发生某种程度的改变。

人的气质是有明显差异的，这些差异属于气质类型的差异。人们对气质类型的划分有不同的见解，因而形成不同的气质理论。最早提出并被后人广泛应用的是希波克拉底对气质的分类。古希腊医生希波克拉底最早提出气质概念并把人的气质分为四类：胆汁质、多血质、黏液质、抑郁质。四种基本气质类型在情绪和行为方式以及心理活动方面有不同的典型表现。

胆汁质。这类人反应速度快，情感和行为产生得迅速，有很明显的外部表现。性情开朗、热情、坦率，但脾气暴躁，好争论。易于冲动但不持久。精力旺盛，经常以极大的热情从事工作，但时常缺乏耐心。思维具有一定的灵活性，但处理问题时具有不求甚解的倾向。意志坚强、果断勇敢，注意力稳定而集中，但难于转移。行动利落敏捷，说话速度快且声音洪亮。

多血质。这类人行动具有高反应性，情感和行为发生变化快但较为温和，易于产生情感，但体验不深，善于结交朋友，容易适应新的环境。语言表达力和感染力较强，表现活泼，表情生动，有明显的外倾性特点。机智灵敏，思维灵活，但常表现出对问题不求甚解的倾向。注意力与兴趣易于转移，不稳定。在意志力方面缺乏忍耐性，毅力不强。

黏液质。这类人反应性低，情感和行为迟缓、稳定，缺乏灵活性。情绪不易产生也不易外露，很少产生激情，遇到不愉快的事也不动声色。注意力稳定持久，但难于转移。思维灵活性较差，但比较细致，喜欢沉思。在意志力方面具有忍耐性，对自己的行为有较大的自制力。态度稳重，沉默寡言，办事谨慎细致，不鲁莽，但行为和情绪都表现出内倾性。

抑郁质。这类人有高感受性，情感和行为都相当缓慢柔弱，情感容易产生，体验深刻，隐晦而不外露，易多愁善感。富于想象，聪明且观察力敏锐，善于观察他人观察不到的细微事物，敏感性高，思维深刻。在意志力方面常表现出胆小怕事、优柔寡断的特点，受到挫折后常心神不安，但对力所能及的工作表现出坚忍的精神。具有明显的内倾性特点。

此外还有德国精神病学家克雷奇默（E.Kretschmer）提出的“体型说”，美国生理学家柏尔曼（Berman）提出的“激素说”，日本学者古川竹二提出的“血型说”，美国心理学家巴斯（A.H.Bass）提出的“活动特性说”及俄国生理学家巴甫洛夫提出的“高级神经活动类型说”等气质理论。

气质对人的影响，在个体心理发展早期阶段表现明显，虽然随年龄增长而略有变化，但基本上是稳定的。气质贯穿在心理活动和行为方式中，对人的各种活动都有一定的影响。

关于气质对人的发展的影响，我们要明确以下几个方面：

第一，气质本身没有好坏之分。它表现了人的神经系统的某种特性，只表明一个人心理活动的动力特征，不涉及心理活动的方向和内容。每种气质类型都有积极的和消极的方面。个体在任何一种气质的基础上，既可以发展良好的性格特征和优异的才能，也可能发展不良的性格特征。

第二，气质不决定个体活动的社会价值和成就的高低。气质虽然对性格与能力等有一定的影响，但不能决定人的社会价值与成就的高低。事实上，在社会活动家、科学家、作家等卓越的人物中，可见各种气质类型的典型代表。任何一种气质类型的人都有可能发挥自己的才能，对社会作出贡献。

第三，气质影响人的活动方式与效率。在各种实践领域中，气质虽不起决定作用，但它对人的工作方式有影响，并在一定程度上影响人的工作效率，因此在职业的选择上，考虑气质因素是十分重要的。

气质特征为一个人从事某种工作或职业提供了可能性和有利条件。气质与职业活动的关系表现在两方面：一方面要使自己的气质特征适应工作的客观要求；另一方面在选择人才和安排工作时，要考虑个人的气质特征。

气质与性格的区别主要表现在下列三个方面：

第一，从起源上看，气质是先天的，一般对个体发展的早期阶段有直接影响，主要表现为神经类型的自然表现。性格是后天的，是人在实践活动中与社会环境相互作用的产物，反映了人的社会性。

第二，从可塑性来看，气质的变化较慢，可塑性小。性格的可塑性较大，环境对性格的塑造作用是明显的，性格的改变相对容易。

第三，气质是人行为的动力特征，与行为内容无关，因而气质无好坏善恶之分。性格主要是人行为的内容，表现为个体与社会环境的关系，因而性格有好坏善恶之分。

气质与性格是相互影响的，主要表现为：

气质对性格的影响。气质赋予每个个体的活动以一定的形象。例如，同样是“骄傲”的性格特点，胆汁质的人可能直接说大话，甚至口出狂言，让人一听就知道他骄傲；而多血质的人很可能把别人表扬一通，最后露出略比别人高明一点，骄傲得很委婉；黏液质的人骄傲起来则可能不露声色。

性格对气质的影响。性格在一定条件下可以改造某些气质特征。譬如，胆汁质和多血质的人适合当外科医生，但前者易轻率，后者缺耐心。如果经过专业的学习与训练，他们都有可能成为合格的外科医生。在实际工作中，这两种不同气质特征都可能经过努力而改变。所以，在气质基础上形成什么样的性格特征，很大程度上取决于性格当中的意志作用。

2. 性格是人稳定的态度和行为方式

性格是人对现实的态度和行为方式中比较稳定的心理特征的总和。性格是个体在社会实践活动中所形成的对人、对事、对自己的态度以及与之相适应的习惯化了的行为方式。“性格”一词从来就有道德评价的意义。因为，一个人的为人，他做什么和怎么做，必然会直接或间接地影响到他人，所以也必然会得到一定的道德评价。

性格表现在个体对现实的态度和在一定场合下采取的行动中，是最能表现个性差异的心理特征。所以说，性格是人格或个性中具有核心意义的部分。

性格具有非常复杂的结构，它包含着许多特征，这些特征大体可以概括为以下四个方面：

第一，对现实和对自己的态度的性格特征。包括对他人、集体和社会，对劳动和工作以及对自己的态度的特征，如忠实、坦率、勤劳、谦逊、自私、狡诈、自信、自满、自豪或自卑等。

第二，性格的意志特征。包括对行为目标明确程度、对行为自觉控制水平的特征，以及在紧急或困难的情况下表现出来的意志特征等，如有目的性、纪律性、主动性，以及镇定、果断、勇敢等。

第三，性格的情绪特征。包括情绪对人的行为活动的感染程度和支配程度，以及情绪受意志控制的程度，如有的人热情，有的人冷漠等；也包括情绪的稳定性、持久性方面的性格特征，如情绪的稳定或起伏波动等；还包括主导心境方面的性格特征，如有的人经常精神饱满、欢乐愉快，是乐观主义者，有的人抑郁消沉、多愁善感，是悲观主义者等。

第四，性格的理智特征。包括表现在感知方面的特征，如倾向于采取整体或分析的观察方式，感知的速度和精确性等；表现在思维方面的特征，如思维的敏捷性、独创性、深刻性和逻辑性等。

尽管人们的性格各不相同，但许多心理学家在长期研究的基础上力图给性格加以分类。瑞士心理学家荣格根据活力倾向于人自身或外部环境，把性格分成两大类：外倾和内倾。具体可分为八种类型，即外倾思维型、内倾思维型、外倾情感型、内倾情感型、外倾感觉型、内倾感觉型、外倾直觉型、内倾直觉型等。

另一种观点是按心理功能来划分性格类型。它根据智力、情感和意志三种功能在人身上分布的特点，把性格分为理智型、情绪型和意志型。理智型性格的人，通常以理智衡量周围发生的事，并以理智支配自己的行为，他们的智力机能相对于情绪型和意志型的来说占有优势；情绪型性格的人，行为易受情绪的左右，他们的心理机制中情感占优势；意志型性格的人，具有明确的行动目的和较强的自制能力，他们的意志明显比理智型性格的人和情绪型性格的人占优势。

除此之外，还有一些其他分类，如生物学的类型论，文化–社会学的类型论，等等。

知识窗：中国古代的金、木、水、火、土“五行人格”

中国现存较早的医学典籍《黄帝内经》中的“五行人格”，是结合了古代的五行哲学思想和中医医理，并依据日常社会生活做出的人格类型归纳。“五行人格”之间是相生相克，相互依存，可以转化的。“五行人格”至今在我国民间仍有较为广泛的影响。

金形人。有英雄豪杰之气概，仗义疏财，讲究礼义廉耻，性格好强，刚愎自用。特征：行动稳重，外表严肃，刚毅果决，内心热情，待人耿直，重情重义，办事认真，秉公持正；比较保守，心高气傲，脾气古怪，不容易接近。

木形人。有仁慈宽厚、心地善良、公正刚直、性格倔强、质朴清高的特点。特征：执着不服输，善于思考，脚踏实地，处世正经，一丝不苟，谨言慎行，坚强有骨气；主观性和自尊心强，清高自信，孤僻，容易紧张，易产生压抑和郁闷之气。

水形人。多忧多虑，足智多谋，好思索，坐不住，易变动，性情容易急躁。特征：好动健谈，行动敏捷，灵活多变，能刚能柔，软中有硬，以柔克刚，刚柔相济，语言亲和；易恐，自以为是，心思郁结，脾气多犟，易出祸端。

火形人。有待人彬彬有礼，有谦让之风，神采奕奕，性急而聪明的特点。特征：性情刚烈，易动感情，性急如火，热情爽快，待人耿直，善交朋友，尊老爱幼，见义勇为；缺乏冷静，说话太急，语音激昂，言语荒诞，有始无终。

土形人。有言行一致、说一不二、忠孝至诚、严守信誉的特点。特征：有韧劲和耐力，做事坚持不懈，对人和善友好，不喜争名逐利，待人忠厚老实，人缘好；性情慵懒，开拓进取心不是很强，喜静不爱动，容易失去良机。

人的性格是后天形成的。个体在自己性格的形成过程中不是消极被动的，随着年龄的增长，逐渐扩大与社会的交往，在社会的影响下，青少年会对不同的性格有所评价，并从模仿逐渐过渡到某种程度的追求。青年人走向社会，为了适应日益广阔的生活领域，就需要对自己的性格有所认识，并主动改变自己的某些性格特征。培养优良的性格，是教育的一个重要组成部分，具有重大的社会意义。

性格与行为模式的关系：一般来说，性格与行为模式是相对应的关系，即怎样的性格就表现为怎样的行为模式。但在人的社会生活中却不一定都是这样的，如果个体生活的环境与他的性格相冲突，有的人很可能选择表现为环境要求的行为模式，从而把自己的性格掩盖起来或因此而改变自己的性格，如有些肩负特殊使命（如间谍）或有特殊目的的人。如果个体的行为模式与环境要求差距过大，就会产生适应不良的问题。在这种情况下，是改变自己还是改变环境，是个体不得不面临的痛苦的选择，因为习惯的力量是十分强大的。而这正是让许多人感到十分纠结的问题，尤其是社会经验不足的青少年群体。

3. 性格与人的发展

性格的形成与发展主要受后天环境的影响，带有价值观的成分。性格一旦形成，就具有相对的稳定性，并在很大程度上影响着一个人的命运。正是由于性格对命运的重要影响，所以要改善自己的生存状态，成功地规划好自己的人生，不仅仅要提高自己的实力，如学历、专业能力，更重要的是要改造自己的性格。因为要改变现状，就得改变自己；要改变自己，先得改变我们对于外界的观念。观念是态度与行为的根本，观念决定行为，行为形成习惯，而习惯左右着我们的成败。成功其实是习惯使然。人本主义心理学家马斯洛说：你的心若改变，态度就会改变，态度改变则习惯改变，习惯改变则性格改变，性格改变则人生改变。

每个人都形成了各自的行为模式或者说习惯，习惯从本质上反映了一个人的内涵和素质，而成功者恰恰就是在人生的历程中，不断反思自己，不断摒弃个人习惯中的一个个缺点，不断总结提高自身水平，所以才能一步步走向成功。因此，要想完善自己的人格，就必须由内而外地全面造就自己。现代社会竞争激烈，越来越强调职业生涯设计，无论做一个什么样的人，都要做好自己的人生规划。

美国心理学家特尔曼从1921年开始对1528名智力超常儿童进行了几十年的追踪研

究，其研究结果表明：性格与成就的关系大于智力与成就的关系。特尔曼对800个男性中成就最大的20%与成就最小的20%的人进行了比较研究，发现这两组人在智力方面没有什么差异，而最显著的差异在于他们的性格。成就最大的这组人的性格特征是：有理想、谨慎、有进取心、自信和不屈不挠，在最后完成任务的坚持性等方面，也明显高于成就最小的那一组人。

有专家分析国内100名优秀企业家的性格特点后发现，无论是创业型企业家还是守业型企业家，在性格上，几乎都倾向于坚强、果断、坚毅、开朗。坚强的性格能使企业家经受住挫折和打击，果断的性格增强了企业家决策的胆略和魄力，坚毅的性格保证了企业家实现既定目标的坚韧性，开朗的性格扩展了企业家的感染力。因此，坚强、果断、坚毅、开朗是企业家的性格，只有具备了这些性格的人，才有可能成为真正的企业家。

行为科学研究得出结论：习惯构成性格。一个人一天的行为中大约只有5%是属于非习惯性的，而95%的行为都是习惯性的。即便是创新，最终也可以演变成习惯性的创新，由此，足见习惯的力量。一切的想法、做法，最终都必须归结为一种习惯，这样才会为人的成功提供持续的力量。另一个研究结论是：对于一般行为来说，21天以上的重复会形成习惯；90天的重复，会形成稳定的习惯。即同一个动作，重复21天就会形成习惯性动作。同理，同一个想法，重复21天，或重复验证21次，就会变成习惯性的想法。所以，一个观念如果被验证了21次以上，它十有八九已经变成了你的信念。

二、个体人格与社会人格

个体人格与社会人格二者在个体身上是不能分割的，是个体在人格结构中的两个侧面。具体来说，社会人格就是个体人格中所具有的社会性，是与大多数人相似的为他人所认可和接纳的人格特质；而个体人格是个体所表现的独特的人格特质，或称之为“这个人”的“个性特征”。一言以蔽之，个体人格与社会人格就是一个人人格的“个性”与“共性”（社会性）这两个侧面。

著名心理学家卡特尔（R.B.Cattell）对人格特质进行分析，提出了人格可以分为“个别特质”和“共同特质”，即人格特质具有个体性和社会性。著名哲学家、心理学家弗洛姆（E.Fromm）对人格的社会性有经典的表述：团体的每一个分子都共有的一些人格结构，我们可以称此种人格为“社会人格”。个体人格是指个人所具有的全部特征。而社会人格则仅包括一部分特征，这些特征是一个团体中多数分子的人格结构之基本核心。在一指定的社会秩序中，要诱导人类的精力，使其变为一种有生产性的力量，我们便得研究社会人格。由此可见，社会人格对个体和社会的双重发展是多么重要，所以大学生的人格培养要同时注重人格两方面的协调发展。

1．个体人格与心理健康

国内外的研究表明，健全的人格是各种人格特征的完美结合，表现出以下几方面的特点：

（1）内部心理和谐发展。人格健全者的需要和动机、兴趣和爱好、智慧和才能、人生观和价值观、理想和信念、性格和气质都向健康的方向发展。他们的内心协调一致，言行统一，能正确认识和评价自己的所作所为是否符合客观需求、是否符合社会道德准则，能及时调整个体与外部世界的关系。如果一个人失去他的人格内在统一性，就会出现认知扭曲、情绪失控、行为变态等问题。

（2）能够正确处理人际关系，发展友谊。这样的人在人际交往中显示出自尊和他尊、理解和信任、同情等优良品质。那些嫉妒心很强的人，很难想象他们能在互惠的基础上与人合作；傲慢自大的人，也绝不会虚心地倾听别人的意见。人格健全者，在日常交往中既不随波逐流，也不孤芳自赏，能够使自己的行为与朋友、同事、同学协调一致。

（3）能把自己的智慧和能力有效地运用到能获得成功的工作和事业上去。他们在学习、工作中被强烈的创造动机和热情所推动，这些与他们的能力有效地结合起来，从而使他们勇于创造，善于创造，经常有所发现，有所发明，有所建树。成功又为他们带来满足和喜悦，并形成新的动机和兴趣，使他们能够得到良性发展。

人格健全或心理健康的标准众多，影响最为广泛的有奥尔伯特的“成熟者”模型、马斯洛的“自我实现者”模型，以及科斯塔和麦克雷的“五因素人格”模型。这里简单介绍“五因素人格”模型（“大五人格”）。

国际上经过半个世纪的努力研究，在20世纪末对“五因素人格”模型五个维度的认识逐渐趋向一致，各维度的描述性特质归纳如下：

（1）外倾性：正面表现为健谈，好表现，面部表情丰富，并喜欢做出各种姿势；果断，好交友，活泼，富有幽默感；容易激动，好刺激，趋向于好动，乐观。负面表现为沉默寡言，呆滞。

（2）宜人性：正面表现为善于为别人着想，似乎总是在与别人互动；富于同情心，直率，体贴人。负面表现为充满敌对情绪，不友好，不信任任何人，缺乏同情心。

（3）责任感：正面表现为行为规范，可靠，有能力，有责任心；似乎总是能把事情做好，处处让人感到满意。负面表现为行为不规范，粗心，做事效率低，不可靠。

（4）情绪性：正面表现为情绪理性化，冷静，脾气温和，有满足感，与人相处愉快。负面表现为自我防卫，担忧；情绪容易波动，易产生负面情绪，还易产生非理性的想法，难以控制冲动，在压力状况下抗压能力比他人差。

（5）开放性：正面表现为对新鲜事物感兴趣，尤其是对知识、各种艺术形式和非传统观念的赞赏；勤于思考，善于想象，知识丰富，富于创造性。负面表现为自我封闭，循规蹈矩，喜欢固定的生活和工作模式，不善于创造性思考。

2．社会人格与人的发展

个体人格特质中要有机地融入社会人格的要素，要有明确的社会人格意识，大学生需要注意以下几点：

（1）在大学生个体人格的培育过程中，有一种普遍的现象，即大多数人只是从自我人格出发，而忽视了与社会人格要求的有机联系。这种“闭门思过”或“闭门造车”式的“人格修养”的结果是不适应社会发展对个体人格的要求的。人格是个体的人与社会互动的产物，是人在社会生活实践过程中对自我人格心理反思的结果。个体人格必须与社会人格常模经常对照，根据社会要求对自己的人格缺陷或人格偏差不断加以改进和矫正，才能具有真正意义上的健全人格。不然，自认为自己的人格是正常的，而走入社会后，就会发现矛盾重重。许多大学生的人格心理矛盾就是这种主观与客观的差距造成的。在心理健康教育过程中，必须自始至终强调社会人格的观念，经常分析社会人格常模，然后将个体人格与其进行比较分析。

（2）社会人格是发展变化的。在20世纪下半叶尤其是改革开放以来，中国社会人格发生了巨大变化，我们在把个体人格与社会人格进行联系比较的过程中，也必须“与时俱进”，才能紧扣社会人格的主脉络。今天，在新时代新阶段，大学生要“立志做有理想、敢担当、能吃苦、肯奋斗的新时代好青年，让青春在全面建设社会主义现代化国家的火热实践中绽放绚丽之花”。

（3）社会是复杂的，社会人格也是复杂的。社会进步了，但历史上不良社会人格的残余仍会积淀于现实社会之中。大学生由于社会实践经验还很有限，如果不加以仔细甄别，那么在个体人格与社会人格的“接轨”过程中，其效果与理想人格可能会恰恰相反。这是要引起大学生高度注意的。

三、当代大学生的人格特征

大学生处于人格的“再造期”或“夹生饭”阶段，处于人格发展的一个非常重要的时期，虽然大学生中人格障碍者所占比例极小，但是，作为一个正在成长中的特殊青年群体，大学生在人格上还是有一些明显的偏差的。了解这一时期大学生的人格特征，是非常必要的。

1. 当代大学生的人格优势特征

大学生的人格优势特征是相对而言的，即其中有着矛盾的方面，对这些人格特征，教育者应该引导而不是压制甚至扭曲，这是高校的教育工作者需要特别注意的问题。

（1）乐于表现自我，自我意识很强

大多数当代大学生是独生子女，成长过程中的心理定式理所当然地使他们有着以自我为中心，乐于表现自己、证明自己，愿意展示自己的才华和才能的行为模式。由于这种心理定式，他们习惯于把自己当成“中心”，而较少考虑到环境和他人对自己的要求。

（2）思想开放独立，人格高扬且“叛逆”

当代大学生有着强烈的独立意识，新时代的他们眼界开阔，敢问、敢说、敢闯。社会经济的高速发展和资讯的高速传播使他们成熟得更早，知道得更多，对事物都有独立的看法和想法。他们觉得自己已经具备了独立自主的能力和初步的社会处事能力，不希望父母、老师来为自己包办一切。同前辈相比，他们有着自我人格高扬的特点，同时也明显表现出新时代大学生“叛逆”的人格特征。

（3）追求自我设计，注重心理发展

社会改革需要当代大学生自我设计发展方向和前途，使得他们把追求自我成就放在了非常重要的位置，他们需要认真考虑有关个体发展的各个方面，深入全面地了解自我的长处与不足。因此，他们关注自己的心理发展和人格健全，主动积极地寻求专业人员的心理辅导，努力发掘自己的心理潜能，以便使自我得到最佳发展。这已成为各类高校中非常普遍的现象，也使得心理学近些年来在高校流行起来，心理辅导开展得如火如荼，但仍然远远不能满足大学生的需求。在中国教育发展史上，这是一个前所未有的极好的现象。

2. 当代大学生的人格缺陷与不足

由于当代大学生的人格优势特征表现出的双面性，他们的人格也存在着某些方面的缺陷与不足。

（1）人格独立性较差

中国的大学生，从小学直到大学毕业，经济上绝大多数依赖家庭，且由于客观上需要长期适应“应试教育”的生活模式，所以虽然他们表面上表现得人格高扬，但实际上他们的人格独立性仍然是较差的。近年来，随着观念的转变，越来越多的大学生通过“打工”“家教”“勤工助学”等活动在经济上逐渐达到一定程度的独立，人格独立性有所提升。这是一个可喜的变化。

（2）社会人格发展明显滞后

十几年的校园学习生活，使大学生无法较深入地融入社会，因而对社会的认识与感受比较肤浅。这就是近些年来某些用人单位不愿意接受刚从大学校园毕业的大学生，而想要有一定年限工作经验的人的根本原因。

（3）开拓与创新的精神不足

这首先与中国的传统教育方式有关。中国的传统教育重“灌输”而不重“探究”，重“接受”而不重“发现”，重“共性”而不重“个性”。这种教育方式容易扼杀学生的首创精神。尽管随着教育体制改革的深入，情况有了很大改善，但仍不容乐观。

（4）在社会变革进程中困惑较多

中国的大学生由于面临社会变革所带来的各种变化，如文化的多元化、价值观念的多元化、较多的选择机会（如自主择业而不是组织安排），也就具有了较多的困惑。近些年来，大学生罹患精神疾病的实例不断增多，恰好是这一现象的印证。

第二节
人格偏差的类型与表现

心理健康与人格障碍或人格偏差的关系是复杂的，神经症如焦虑症、抑郁症、强迫症、恐惧症等对心理健康的影响是非常明显而直接的。其直接原因是神经症是“自知的”，当事人具有强烈的求医求治的要求；但人格偏差大多是“不自知的”，即使别人指出问题，往往自己也不愿承认，且人格偏差矫正的难度也很大。所以，人格偏差对心理健康的影响对于大学生来说是一个非常重要的问题，值得每一个大学生认真对待。

一、大学生常见的人格偏差

处于青年早期的大学生，其中一部分有人格偏差是很正常的，但对此必须引起高度重视。如果对人格偏差熟视无睹，最终形成人格障碍的可能性就会大大增强，将会对这部分大学生的未来发展造成不可估量的影响。

1. 人格偏差的含义

人格偏差是个体的人格适应有问题，偏离常态的一种人格状态，是负面心理发展到一定程度的结果。大学生年龄在二十左右，属于正在受教育的特殊群体并处在“人格再造期”，而且其人格问题也没有医学标准的人格障碍那么典型，因此把大学生的人格问题视为人格偏差较为妥当。当然，极少数典型的人格障碍者除外。

俗话说：“金无足赤，人无完人。”几乎所有的人都存在着某种程度的人格偏差，但这种偏差只要不影响生活、工作和社会交往，都可以看作是正常的。大学生要认定自己有人格偏差，至少要满足以下几个条件：①在思维、情绪或行为模式方面，至少在某一方面与群体有显著差异，这种差异是经常可见的。②在人际关系上明显不和谐，且经常发生冲突或是异常冷淡。③感觉自己的学习、生活或是发展受到莫名的影响，经常有令人不愉快的感受且又没有明显的事由。

2．大学生主要的人格偏差及表现

大学生主要的人格偏差及表现如下：

（1）自卑引起的人格退缩或自负引起的人格膨胀

前者表现为：对自己有不满、鄙视、否定的情感。总觉得自己不行，把弱点无限放大。怀疑别人看不起自己，在任何场合都不敢表现自己。做什么事总是瞻前顾后，生怕出现坏的结果。胆小，不敢与人交往。自我意识弱化。有的好幻想。对社会有莫名的恐惧感。

后者表现为：总觉得自己相当不错，才华横溢、才能出众或是太靓太帅，周围的人都在崇拜、倾慕自己。盛气凌人，总是指望他人为自己服务，而自己又不愿意付出。感觉自己鹤立鸡群，高傲、看不起别人。人际关系恶劣，但总认为是别人对自己羡慕嫉妒恨。自我中心突出，自恋情结明显。

（2）社会疏离与过度社会化

前者表现为：性情孤僻，有的是想与人交往但由于胆怯而不敢交往，有的是主观上不愿意与人交往。在公共场合中有恐惧心理，想躲得越远越好。总担忧别人在关注自己，而自己的表现又会让人看不起。忧郁、紧张、恐惧的心情总是挥之不去，心情恶劣是常态。

后者表现为：年纪轻轻就以“过来人”自居，有玩世不恭的态度，认为人生苦短，不如及早行乐。生活方式上总想开风气之先，装扮新潮。社会交往过度。对社会上的新怪东西趋之若鹜，追逐心态强烈。在学校违纪违规成为常态，对批评教育甚至处罚毫不在乎。

（3）过度焦虑或看破红尘

前者表现为：对人对事心理警觉度高，总是处于担忧和紧张之中。休息睡眠少，睡眠质量差。对前途总是处于莫名的担忧之中，对社会、对自我的感觉都不好。心理敏感度高，好幻想、易做白日梦。容易纠缠于琐事与细节，心胸难以打开。总感觉“墨菲定律”如影随形。忧愁是常态。

后者表现为：对人生有悲观态度或是宿命论观念，觉得人生几十年“就那么回事”。严重者悲观厌世，无拼搏奋斗之志，有得过且过之意。有的幻想命中能巧遇贵人，福从天降，不劳而获。情感冷淡，对人对事缺乏热情，更无激情。

（4）自我中心或过分依赖

前者表现为：从小形成了凡事只为自己着想的心态，从不考虑别人或团体。精于计算，显得自私。总是用自己的标准去衡量别人，以己之心度人之腹。有的自视甚高且防范心重，缺乏热情，没有知心朋友甚至根本没有朋友。人际关系冷淡，总觉得别人根本不了解自己。没有感恩之心。苦恼愤懑是常态。

后者表现为：无主见，让别人为自己做大多数的重要决定。无独立性，很难单独进行自己的计划或做自己该做的事。人际交往或做事情总是很被动，自我评价较低。害怕孤独，总想依附强者，而当这种关系终结时，感到很悲伤，因而易受伤害，总感觉“伤不起”。

（5）冲动暴躁或麻木不仁

前者表现为：遇到冲突就爆粗口甚至亮拳头，不考虑后果。思维直接，为人直率，因而很容易伤害别人。思维狭隘，很少考虑过程和全局。处事简单，不瞻前顾后，容易出问题。人际关系表面上很好，实际上缺乏知心朋友。

后者表现为：由于自小的环境因素或生活经历，缺乏情感表达的途径和形式，社会情感尤其缺乏。对人对事冷漠，面部毫无表情甚至让周围的人感到害怕。内心也想与人交往，但总感觉别人都在排斥和看不起自己，长期苦恼。独来独往，形影相吊。

（6）急躁马虎与拖沓延误

前者表现为：遇到任务或事情，图快不图质量，甚至马虎敷衍。心里放不得事，性子急。说话不经脑子思考，甚至信口开河。表面似热心、积极，实则责任心不强。做事无计划，反思能力差。容易出现差错。

后者表现为：面对生活或工作中必须做的事情、必须解决的问题，心理上总是有意无意地回避，不主动及时地去处理事情，不果断地去解决问题，成为一种牢固的心理习惯和行为习惯。每做一件事就拖延，而且在拖延中有心理负担，感到痛苦和着急。有的高校曾做过相关调查，发现半数以上的大学生认为自己“存在拖延的症状”。

还有其他的人格偏差，不在此一一列举。

人格偏差可能是单一存在的，也可能是交叉的或混合的，如“人格退缩+社会疏离”“自我中心+人格膨胀”等；或是某种偏差表现多一些，某种少一些。要具体分析其表现特征。

矫正人格偏差没有固定的良方，因为每个学生的经历、家庭、教育环境和所受的社会影响都有差异，导致人格偏差的原因可能是各种各样的。因此，认为自己有“疑似人格偏差”的学生，除了自我对照分析之外，找心理咨询老师寻求帮助，是大有裨益的。

二、大学生人格偏差的成因

了解大学生人格偏差产生的原因，有利于人格偏差的矫正。

人格偏差的成因是多方面的，是生理、心理、社会文化或个体主观等诸多因素共同作用的结果。

1. 生理因素

有一些证据表明，正常人格部分是遗传的，但对人格偏差部分还没有取得满意的遗传证据。脑发育因素这个方面对大学生而言主要是冲动性人格偏差，严重者需要到医院进行生理检查。

2. 心理因素

在人格发育过程中，儿童早期的环境和家庭教育被认为是非常重要的因素。如单亲家庭、父母过分放纵或过分严厉，对儿童人格的发展有直接的不良影响。父母亲的不良人格会在儿童发育过程中使儿童获得与一般社会标准不符的行为模式。此外，在学校受教育期间教育环境是否正常，对人格能否正常发展有着异常关键的意义。在大学的心理咨询中发现，相当多的人格偏差是在中小学期间开始形成的。

3. 社会文化因素

如家庭在社会中的地位、家庭的经济状况、个人生活成长的社会文化环境、所接受的大众传媒的影响以及受教育的机会与条件等。现在，社会文化因素对人格形成的影响越来越受到人们的重视。

4. 个体主观因素

大学生在分析人格偏差形成过程中，特别要注意：外部归因与内部归因都是人格偏差的形成条件，不能只着眼于外部归因，把责任推给社会或家庭，应着重于内部归因，主要从自我方面挖掘根源，才能找到解决人格偏差的“钥匙”。

第三节 大学生人格培养的途径和方法

大学生正处于“人格再造期”，要抓住这个有利时期，在正确的理论指导下，深入全面地了解自我，了解社会，把握自我与社会适应要求的差距，不断完善自己的人格，使自己的人格适应社会要求。升华价值观是培养健全人格的基础和核心，改进思维方式是培养健全人格的必要途径，而积极行动并持之以恒才能真正收到实效。

一、基本思路与方法

大学生人格培养要理清基本思路，并掌握人格偏差矫正的基本方法。

1. 基本思路

对人格问题的诊断必须十分审慎，切勿轻率，要特别注重以下几点：

（1）不能用医学标准的人格障碍来贴标签、对号入座，一般不要认定为典型的人格障碍，可称为人格偏差或性格偏差。而人格偏差是大多数人或多或少都会有的。

（2）大学生的人格偏差是发展过程中出现的问题，是可以矫正的，不宜刻板看待。人格偏差或性格偏差可追溯至少儿时代，追根溯源有利于人格问题的解决。

（3）所谓人格偏差是相对的，只要未影响正常的学习、工作和生活，就不宜归为“人格问题”，而是追求人格进一步完善的问题。

（4）不宜把由认知方面的问题如道德观、价值观和人生观而产生的心理冲突统统归结为人格问题，也不能把人格问题反过来统统归结为认知问题，尽管几乎所有的人格偏差都与主体的认知密切相关。

2. 基本方法

对大学生人格偏差矫正的基本方法是：

（1）要认识到自己的人格有偏差。由于人格问题往往是不自知的，所以，此点最难。

（2）深入分析人格偏差的形成过程，找准问题的根源。

（3）从人格的个体性和社会性两方面进行人格的全面分析，看哪方面是主要问题。从这些年的情况来看，大学生人格的社会性严重缺乏是最典型的人格偏差。当然，个体之间有差异，所以应具体情况具体分析。

（4）解决问题要从态度和行为两方面同时入手。目前，在心理学领域和职场用人方面，“五因素人格”模型是经常被运用的，它具有个体人格和社会人格的主要要素。大学生人格偏差的行为矫正可按照“五因素人格”模型的要素进行操作。（参见本章后的“心理活动”）

（5）需要特别强调的是，人格偏差的形成有一个相当长的过程，所以人格的矫正也需要较长的时间。只要有长期坚持的信心和坚韧的毅力，是可以达到预期的目标的。

二、升华价值观

对于价值观与心理健康的关系，在心理咨询领域，国内目前有两种不同的观点：一派主张在心理咨询过程中要“保持价值观中立”，另一派则主张“价值观介入”。但无论如何，在大学生的心理健康教育过程中是需要价值观介入的，而且通过价值观的升华来培养大学生的健全人格还应是工作的重心。原因很简单，大学生的心理健康教育是人的全面发展教育的一部分，它与医学心理咨询的工作是有一定区别的。在当今多元价值观并存的社会中，大学生的价值观出现摇摆不定、模糊不清的现象是经常可见的。所以，心理健康教育工作不能对价值观问题“袖手旁观”，关键是如何让大学生树立当代社会提倡的核心价值观和采用什么样的方式与方法来正确引导和升华大学生的价值观。

问题的关键是，在中国改革开放的大潮中，社会价值多元化甚至有些方面会泥沙俱下，给青少年价值观的形成造成诸多困惑。年轻人如没有正确的核心价值观作为精神支柱，稍有不慎就有可能步入歧途，给个人和社会造成损失。最要紧的是大学生需要了解、认同和内化社会主义核心价值观。“社会主义核心价值观是凝聚人心、汇聚民力的强大力量。”要“用社会主义核心价值观铸魂育人”。如国家层面的价值目标：富强、民主、文明、和谐；社会层面的价值取向：自由、平等、公正、法治；个人层面的价值准则：爱国、敬业、诚信、友善。人格的核心是态度及价值观，培养大学生健全人格的目的就是要形成社会要求的对国家的态度（价值观）、对社会的态度（价值观）和对个人的态度（价值观）。我们要坚定“四个自信”，即中国特色社会主义道路自信、理论自信、制度自信、文化自信。从民族心理或社会人格的层面解读，即我们要有民族的人格自信，它是中华民族的精神支柱。大学生要认识到，民族人格或社会人格也是社会生产力的重要因素，是推动社会发展的精神动力。社会人格是由无数个个体人格组成的，每个大学生都是其中的一分子，那么个体人格的社会意义是显而易见的——个体人格塑造的价值体现着社会价值，对于大学生来说，这也是一种社会责任。

1．了解升华价值观在培养健全人格中的意义

社会判断一个大学生人格是否健全，主要是看他是否已经成长为一个具有成熟的社会意识、社会观点、社会态度和道德立场的社会人，他的性格是否符合大多数人的行为模式。从以下几方面可以了解升华价值观在培养健全人格中的意义。

（1）价值观是人格健全的核心因素。人格的核心是性格，性格的核心是态度，态度的核心是价值观。因此，升华价值观在培养健全人格中的重要性怎么强调都不为过。

（2）价值观的确立与稳定是人格健全的基本标志。判断一个人的人格是否健全，主要看他是否已经成长为一个具有成熟的社会意识、社会观点、社会态度和道德立场的社会人，即看他是不是已经有了明显而稳定的社会定向和道德定向，并依此去行动。只有当一个人形成和确立了稳定的价值观，并在此基础上确定了明确的社会和道德定向时，我们才能说他的人格是较为健全的。

（3）个体表现出来的稳定的行为模式是性格最明显的标志。价值观的确立与稳定的行为模式是人格健全的外部表现。个体的行为模式或生活方式最能体现他的人格特质。个人已确立和稳定了的价值观决定他做什么或不做什么、追求什么或不追求什么，因而直接支配和调节着他的行为模式。可以这样说，一个人有什么样的价值观，就会有什么样的行为模式。正是由于个体价值观的形成与确立，才能更好地调整自己的行为模式，使之更加完善和稳固。

（4）个体价值观的确立与稳定是人格成熟的重要标志。个体的人格在整个生命历程中都在发展，它是一个不断完善的过程。价值观不仅在人格的形成过程中有重要意义，而且在人格的继续发展和完善中也有重要作用。

大学生要全面深入地了解社会主流价值观的内涵而不是停留在概念上，要用大量的社会事实把概念与现实进行多方面的紧密联系，使概念形象化、具体化。每一个概念都要尽可能地与历史的、现实的事实建立内在联系，还要与个体的态度体系建立联系和进行比较，从而了解自己的价值观体系形成过程中有什么、缺什么，哪些对、哪些错。久而久之，就能做到自动地自我辨析、自我矫正，这样才会终身受益。

2．检查价值观在人格培养中的各项功能

（1）检查个体价值观的定向功能。价值观决定了一个人的行为取向和追求目标，从而也决定了他的发展方向。人们总是追求符合自己价值观的东西，摒弃违背自己价值观的东西，也总是做自己认为有价值的事，不做自己认为无价值的事，因此检查自己的价值观是否符合社会的主流价值观就显得尤为重要。

（2）检查个体价值观的解释功能。价值观是对外部世界的一种内在解释系统。个体在认识、评价事物和关系时，不仅会从外界事物本身的属性出发，往往还会从自己的价值观出发，受其指导和调节。一个人的认识和思想也许不符合外界事物的规律，但却往往符合他的价值观。有时候，人还会仅仅从自己的价值观出发，有意无意地歪曲客观事实和外部规律。一个人对事物的认识和理解是否正确，与他的价值观是否正确有很大关系。所以检查自己价值观的解释功能是人们要经常做的一件事情。

（3）检查个体价值观的过滤功能。个体在现实生活中无时无刻不面临着选择，以确定接受什么样的影响。在人的选择活动中，价值观起着重要的过滤作用。符合个体价值观的外部影响容易被接受，而违背个体价值观的外部影响则较难被接受，甚至会遭到抵制和反抗。价值观就好像人的心理体系中的一个过滤器，周围现实生活的各种影响，都要经过它的筛选和过滤，才能对人发生作用，它保证了人的选择性。所以检查自己价值观的过滤功能，也是人们经常要做的一件事情。

（4）检查个体价值观的调节功能。无论什么人都自觉或不自觉地以他的价值观来规范和约束自己的社会行为和活动方式。价值观作为人本质的稳定的态度体系，并不一定都能为个人所意识到，有的人能够以一整套理论表明他的价值观，并自觉地依之去行动，但不少人并不能向人们表明他的价值观，或者根本就不知道自己有什么样的价值观，但是他们却不自觉地按自己的价值观去行动了，他们的行为实际上就体现了他们的价值观。因此不

管是有意识的还是无意识的，人的行为和活动总是受其价值观调节的。所以检查自己价值观的调节功能是否处于觉醒状态、是否真正有效，也是不可忽视的。

（5）检查个体价值观的操作功能。大学生的价值观要具体化。大学生还没有正式走入社会，也没有正式进入职场，所以价值观就有可能空洞或不切实际。要升华自己的价值观，就一定要明确社会要求大学生具备哪些方面的素养，自己将从事的职业有什么社会价值和个人价值。这就是价值观的具体化或操作功能。只有实现了价值观的具体化和可操作性，才能说真正实现了价值观的升华。

（6）检查和防范个体价值观的反向功能。人有什么样的价值观，他就会倾向于把自己塑造成什么样的人格。如果从极端个人主义出发，一味地强调个人的自由和利益，单纯从个人的自由和利益出发进行价值选择，就会发展出不健康的、软弱无力的、低劣的人格品质，甚至误入歧途。历史上和现实生活中，这样的例子并不少见。所以防范个体价值观的反向功能，也是人们不得不经常进行的一个工作。

大学生要用自己的行为来"检查"价值观的各项功能。长期从事心理健康教育工作的人都有同感，就是相当多的大学生"心理问题"解决的症结所在都是"知易行难"，且缺乏坚持性和意志力。大学生要注重在价值观认同的基础上，通过自我的实际行动来达到内化社会主流价值观的目标，而且要长期坚持下去，才能真正达到形成健全人格的长远目标。

三、改进思维方式

大学生的思维方式与其人格偏差是有紧密关联的，如偏执型人格退缩、人格膨胀，被动攻击型过度焦虑、"看破红尘"，依赖型和心境恶劣型自我中心等人格偏差，与当事人的思维方式有着紧密联系。改进思维方式和心理策略，有利于大学生健全人格的形成。

人格障碍或人格偏差的矫正，迄今为止仍然是国际难题。其根本问题就是神经症是自知的，有躯体症状，当事人有求治要求；而人格障碍或人格偏差没有躯体症状，是不自知的，对此如果没有深入的认识，就谈不上主动进行矫正。一般来说，通过学习心理卫生知识并进行认真分析，是完全可以达到自知程度的。大学生通过对自己人格的全面分析，可以知晓个体人格心理哪些方面是好的，应该继续发扬，哪些方面是不好的，应该设法加以改进。对大学生长期心理健康教育的实践经验表明，通过改进思维方式和心理策略来矫治人格偏差，收效快，效果好。那么，大学生如何改进自己的思维方式呢？

1．正确认识自己

欲正确认识自己，首先思路得改。思路决定出路。大学生要勇于解剖自己。大多数人有一个不良的习惯，就是自我感觉良好（或相反），不考虑如何改变自己。不断地扬弃自己才是自信的表现，这是一种优秀的人格品质，也是培养健全人格的必备品格。大学生要认识到自己并不是“天之骄子”，当然更不是社会的弃儿。每一个人都是平常而平凡的人。从日常生活的大量观察中可知，凡自认为不平凡的人就会有不正常的表现。当然，自卑的人也会不正常。自负与自卑形成了人格偏差两极的不同表现特征。每个人都有自己的长处，也有自己的短处，要善于发挥所长而补其所短。不因所长而自负，不因所短而自卑，就会充满自信，人格也就会较为正常。

2．客观面对现实

现实社会异常复杂，真善美与假恶丑、公平公正与诸多不合理的现象同在。如果纯粹用理想的观点来看待社会现实，就会充满烦恼、沮丧和愤懑，就会怨天尤人，就会在日常生活中表现出许多不正常反应。对社会认识过度理想化或持敌对态度的人易产生人格偏差，因为这些人的思维方式与社会中大多数人是不一样的。大学生仍处于理想化时期，面对社会百态，既要坚持正义，又要实事求是。持比较客观的态度，才会心理平衡，自然也会人格正常。

3．增强事业心

有抱负、有事业心的人人格一般比较正常。因为这些人整天忙于学习和工作，没有时间去关注别人对自己的评价与态度，因而也就没有时间去自寻烦恼。而那些没什么抱负的人由于心理能量过剩，自然而然会关注很多无关信息，对别人关于自己的评价和态度异常敏感，久而久之就会对外部刺激做出过度反应，最终形成人格偏差。

事业与成就都必须经历一个较长的过程。正常人会把大部分精力投入这个过程之中，但有些人完全不是这样，他们不注重过程，只关注结果，还自以为“看破红尘”，既懒于奋进又愤愤不平。那些看透社会或看破红尘的人常与社会格格不入，必然导致人格不正常。大学生如果把主要精力放在学习和对未来事业追求的过程之中，那么对自己每一小步前进都会感到由衷的喜悦，就会不断有成就感。努力奋进，顺其自然，人格自然会趋于健全。

4. 避免过分计较、过度分析

过分计较利害得失的人易人格不正常，因为此类人纯粹是以自我为中心的。因此大学生不可患得患失。有拿得起、放得下的宽阔胸襟和气魄，自然就会心态平和，人格正常。过多地进行自我心理分析的人也易心理不正常。普通人的专业心理知识非常有限，如果过多地进行自我心理分析，只会导致钻牛角尖，往往空耗时间而于事无补。正确的方法是一旦认定方向、确定策略之后，就要付诸行动并持之以恒。

总之，有抱负、有追求、热爱生活、热爱社会并且积极行动的人，其人格都比较正常。

四、培养良好习惯

改变行为模式、培养良好习惯是培养健全人格最为直接的路线。培养良好的行为习惯要注重以下几个方面：

1. 有解剖自己的勇气

许多大学生心理咨询案例表明，欲健全自己的人格，必须有一个端正的态度，敢于分析自我，善于分析自我（在专家指导下），敢于直面自我人格的真实面目。由于人格问题往往是“不自知”的，那就需要多观察多比较，多方面听取别人对自己的评价，逐渐加深对自我的认识，才能了解自己人格的“真面目”，为培育健全的人格创造前提条件。

2. 有社会适应的观念

大学生在校期间，要通过各种途径了解社会。社会是复杂多变的，适应方式也应当随机应变。适应方式的贫乏与反应的单一性，“以不变应万变”，自作主张，行为完全自控而不接受他控，自我调节能力差，这些表现正是人格偏差的一种特点。社会本身有其健康、健全与合理的一面，也有其病态与不合理的一面。社会本身是五颜六色的，社会不制造人格偏差，只为人格的形成与发展提供可选择的方式。因此可以说，一个人是人格健全还是人格障碍或人格偏差，实际上是人的发展的一种选择。社会适应的观念会使大学生较快地具有良好的社会人格特质。

3．有坚持不懈的精神

正确认识自己的人格问题之后，就要靠坚强的意志力来克服和矫正自己的人格偏差。健全人格的养成需要一个较长的过程。坚持不懈，必有喜人的收获；浅尝辄止，可能收效甚微，甚至落入周而复始的“人格怪圈”。

大学生的人格改进，重在在实践中探索，必须使自己行动起来，在社会互动中发现自己的人格偏差或人格缺陷，在社会互动中检验人格改进的成效，在社会互动中使自己的人格逐步走向健全。

职业心理之窗

营销人员需具备的良好性格

性格决定着职业的发展，职业也对性格有一定的要求。有人说，真正的营销是先营销人，再营销东西，营销人员良好的性格能弥补某些能力的不足。

营销人员应当具备哪些性格特点呢？一是热情。营销人员在营销活动中待人接物要始终保持热烈的情绪。热情会使人感到亲切、自然，从而缩短双方的情感距离。二是开朗。表现为坦率、爽直。具有这种性格的人，能主动积极地与他人交往，并能在交往中吸取营养，增长见识，培养友谊。三是温和。愿意与人商量，能接受他人的意见，使人感到亲切，容易和他人建立亲近的关系。四是坚忍。工作失败、遭人轻视等挫折，经常会打击到营销人员，而坚忍的性格恰是营销人员有效的抗体，其强弱决定了一个人对自己做出的决定能否贯彻到底。五是耐心。既要做一个耐心的倾听者，对别人讲的话表示兴趣和关切，又要做一个耐心的说服者，使别人愉快地接受你的想法而没有丝毫被强迫的感觉。六是宽容。在营销过程中，营销人员要允许不同观点的存在，如果别人无意间侵害了你的利益，要宽容。这样，别人就会感到你是个有气度的人，从而愿意与你交往。七是大方。营销人员需要代表企业与社会各界联络沟通，参加各类社交活动，所以一定要讲究姿态和风度，做到举止大方，稳重而端庄。只有如此，才能让人感到你所代表的企业可靠和成熟。八是幽默。努力使自己的言谈风趣、幽默，能够让人们觉得因为有了你而兴奋、快乐，并能让人们从你身上得到启发和鼓励。

思考题

1. 谈谈个体人格与社会人格的区别和联系。
2. 何谓健全人格？健全人格具有哪些特点？
3. 试论价值观与培养健全人格的关系。
4. 如何矫正人格偏差，培养健全人格？

心理活动：人格特质分析

目的：分析自己的人格特质、优缺点，并提出改进方法。

操作：你可以根据下列五大人格因素，找到对应的优缺点，列出条目，然后逐项提出有针对性的发扬优点、改进不足的具体方法。这样坚持下去，你的人格将会不断完善。

1. 外倾性

正向：热情的、爱表现的、健谈的、善社交的、精力旺盛的、开朗的、坦率的、果断的。

负向：保守的、害羞的、退缩的、缄默的、孤独的、不合群的。

2. 宜人性

正向：富有同情心的、和蔼的、有感情的、热心的、慷慨的、值得信任的、助人为乐的、友好的。

负向：挑剔的、冷漠的、不友善的、好争辩的、多疑的、刻薄的、易怒的。

3. 责任感

正向：负责任的、有计划的、有效率的、可依赖的、认真的、刻苦的、细心的。

负向：粗心的、无秩序的、无计划的、浮躁的、马虎的、懒惰的。

4. 情绪性

正向：稳定的、冷静的、满足的、不情绪化的、平静的、有安全感的、自在的。

负向：紧张的、情绪化的、忧虑的、敏感的、冲动的、不稳定的、沮丧的。

5. 开放性

正向：兴趣广泛的、有想象力和独创性的、有洞察力的、聪明的、智力高的。

负向：平庸的、兴趣狭窄的、狭隘的、刻板的、创造性差的、缺乏好奇心的。

第四章

学会学习与创造

学习是伴随人类生活始终的一项活动，正是因为有了学习，人类才在物种的进化中获得得天独厚的优势，实现自身生命的不断超越。学习不仅是个体生存和发展的需要，也是社会文明和社会发展的重要标志。古往今来，许多思想家、教育家高度重视学习，他们不仅躬身实践，而且致力于学习问题的研究，积累了相当丰富的研究成果。这些成果对大学生学会学习，在学习中培育创造力，具有重要的启迪和指导作用。

中国共产党二十大报告提出“必须坚持守正创新”和“必须坚持问题导向”，强调国家“加快实施创新驱动发展战略”和“深入实施人才强国战略”。可见，中国式现代化建设迫切需要各级各类专业人才，迫切需要大学生具有自主创新创造意识，提升创新创造力。

第一节
学习与大学生的学习

作为一个大学生，我们已经在学校进行了十几年的学习，“学习”是我们再熟悉不过的一个词语。那么学习的含义是什么？大学生的学习又有哪些特点呢？

一、什么是学习

只有更深入地理解学习的含义，才能帮助我们在更高层次上进行学习，并获得更高的学习效率。

1. 学习的定义

在以下几种情境中，你认为哪些是学习？

A. 婴儿跟母亲学说话。

B. 大学生在课堂学习后，学会解一道化学题。

C. 一个学生逃课受到老师批评，认识并改正了错误。

D. 其他同学因为该同学逃课受到老师批评，而没有出现逃课现象。

也许你认为只有大学生在课堂学习后，学会解一道化学题是学习，其实从广义上来说，上述四种情形都是学习。学习有广义和狭义两种定义，从广义上来说，学习是人类乃至动物适应环境的必要条件。我们生活在不断变化的环境中，必须不断调节，适应新的环境才能有效生存与发展。可以说，学习是人类最重要的活动之一。

广义的学习，是指个体在一定情境下，由于反复的经验而产生的行为或行为潜能的比较持久的变化。它包括以下四方面内涵：

（1）学习是一种后天习得性行为，由经验和实践引起。如鸭子会水、母鸡孵蛋、婴儿吮奶这些都是本能而不是学习，但老鼠走迷宫、猴子骑自行车、人学习说话等都是学习。

（2）学习所引起的行为和行为潜能的变化是相对较持久的。药物、疲劳、疾病可能引起人行为和行为潜能的变化，如运动员服用兴奋剂，短时间内增强体能，一段时间后会消失，这不是学习而是舞弊。而学习，如游泳、骑车、解答化学题等，一旦学会了就会经久不忘。

（3）学习是由反复经验引起的，是在个体和环境的交互作用过程中产生的。如青春期嗓音的变化就不是学习所得，而学生因逃课受到老师批评而认识并改正错误则是学习。

（4）学习所引起的行为变化，有的是外显的，有的是潜在的，没有变化就没有学习。如学生听课后会解答化学题了，行为有了变化，说明学习发生了。但有很多大学生认为听课就是学习，事实并非如此。如有学生听了课却不会解题，说明他还没有发生学习，所以我们需要认识到听课不等于学习，对照一下自己的情况，有多少情况是听了课却没有学习呢？另外，学习带来的行为改变有时是隐性的、潜在的，也就是“行为潜能”的改变，这是一种内隐学习，能为我们以后的学习奠定基础。

我们一般讲的学习是指狭义的学习。

狭义的学习，是学生在教师的指导下，有目的、有计划、有组织、有系统地掌握前人的知识、技能，发展智力和能力，培养个性和思想品德的过程。狭义的学习常常指的是学生的学习，它有两个明显特点：

（1）学生以学习前人的间接经验而非直接经验为主，这样可以通过学习接受人类经过千百次实践获得的认识成果，从而避免人类认识活动中的许多曲折和错误，可以“站在巨人的肩膀上”省时、高效、高起点地学习。

（2）学生的学习是在教师指导下有目的、有计划、有组织地进行的，是一种系统而高效率的学习。

2. 学习的分类

根据学习内容的不同，可以将学习分为如下三种类型：

（1）知识学习：是通过一系列心智活动，在头脑中建立相应的知识结构。知识学习要解决的是认识问题，即解决知与不知、知之深浅的问题。

（2）技能学习：是指通过学习形成合乎法则的活动方式，有心智技能（如各种学习策略、解题思路等）和操作技能（如专业操作技能）两种。技能学习比知识学习复杂得多，它不仅包括认识问题，还包括实际解决问题；不仅要知道做什么、怎么做，还要能够有实际行动。技能学习要解决的是会不会做的问题。

（3）社会规范学习：是指把外在行为要求转化为主体内在行为需要的内化过程。这种学习是人类所独有的，它包括认识、情感体验与行动执行等成分，并在实践中不断发展。

二、大学生学习的特征

大学生学习具有职业定向性、途径多样性、主观能动性、研究探索性等特征。

1. 职业定向性

这是大学生学习与中学生学习的明显不同，中学是基础教育阶段，不分专业；而大学是专业教育阶段，大学生入校前和入校后根据个人兴趣、特长及就业前景选择专业。专业之间在课程设置、教学内容、教学安排及培养目标上存在较大差异，学生一旦选定专业，确立了主攻方向，就必须对专业知识有深入的了解和把握，以适应高级专门人才之要求，为将来走上工作岗位，适应社会需要打好基础。

2. 途径多样性

大学生学习途径多种多样，除课堂外，还可参加专题讨论、社会实践、参观考察、文献查阅、见习实习、毕业设计、协会活动等。多彩的教学和教辅活动为拓宽大学生知识面、发展技能提供了良好条件。

3. 主观能动性

这是大学学习与中学学习又一明显不同。大学生的学习强调主动性，自主支配的时间较多，在教学以外的时间，授课教师、班主任、辅导员一般不对学生学什么、怎么学作具体规定，学生可根据自己的需要、兴趣、特点自主安排，可以充分利用教室、阅览室、图书馆、实验室等资源和场地。这也需要学生有高度的学习自觉性和主观能动性，所谓“师傅领进门，修行在个人”就是这个意思。

4. 研究探索性

大学生的学习具有研究、探索的性质。大学课堂已由阐述既定结论，逐步转变为介绍各学派理论的争论、最新学术动态等，大学生的学习方式从死记硬背向汇聚众家之长、确立个人见解的方面转变，通过撰写学术论文及调查报告等，大学生已逐步培养和提升了科研素养，有的高年级学生还参加了教师的科研项目，取得了一定科研成果。

第二节
大学生学会学习

对大学生来说，学习是天职，是大学校园永恒的中心话题。大学生学会学习，首先要明确为什么要学会学习，其次要学会调适学习中常见的心理问题，还必须不断提高学习能力，并注重潜能的开发。

一、大学生学会学习的必要性

《学会生存：教育世界的今天和明天》中有这样一句话："我们可以说，人永远不会变成一个完人，他的生存是一个无止境的完善过程和学习过程。人和其他生物的不同点主要就是由于他的未完成性。事实上，他必须从环境中不断地学习那些自然和本能所没有赋予他的生存技术。为了求生存和求发展，他不得不继续学习。"而且，"我们再也不能一劳永逸地获取知识了，而需要终身学习如何去建立一个不断演进的知识体系——'学会生存'"。

1. 学会学习是终身学习时代的需要

21世纪是一个要求人"终身学习"的时代，所谓终身学习，是通过一个不断的支持过程来发挥人类的潜能，它激励并使人们有权利去获得他们终身所需要的全部知识、价值、技能与理解，并在任何任务、情况和环境中有信心创造性地、愉快地去应用它们。终身学习有四个支柱内容：学会认知，学会做事，学会生存，学会发展。归根结底到一点，还是要完成自我认识与圆满人生的目标。

终身学习时代，要求人由传统的“学会知识”转变为“学会学习”，一次性的学校教育满足人一辈子的知识需求的时代已一去不复返了。学会学习是未来最具价值的能力，学会学习对以学习为核心任务的大学生来说是一个十分重要的话题。学会学习是自我主管的学习，它是一种帮助你从事终身学习的技巧。

2. 学会学习是“互联网+”时代知识新特性的要求

当代大学生作为数字公民，成长与生活于“互联网+”时代，随着“互联网+”知识传播和生成的速度之迅速，我们已经从传统的“有限知识”时代进入“无限知识”时代。在这个“互联网+”的“无限知识”时代里，教育呈现出“建立链接、共建共享、取长补短、深度融合以及具身服务，满足个性所需，促进个性化发展”的基本特征。“互联网+”时代的知识也呈现出新特性：一是链接化，知识论证从“长形式”到“网形式”。过去学习是“1—2—3—4”的“长形式”，没有学会前面的知识就无法学懂后面更高深的知识。而今天的大学生已经具备了较为扎实的基础知识，今天的知识学习已经转变为万物互联的“网形式”学习。二是去中心化，知识生产从专家到平民。在“互联网+”时代，知识的生产已经从权威和专家下降到平民，每一个人都可以是一个新闻电台，每个人都可以是一个信息资源发布站，知识权威与中心某种程度上被消解了。三是社群化。“互联网+”时代下，知识的认可已经从权威认可或自己认可，转变为由众多受众即他人来认可。总而言之，“互联网+”时代的知识新特性，使教育权威基本被消解。在海量网络信息资源面前，大学生尤其需要学会学习，具备良好的网络素养，强大的自主学习意识，信息搜索、甄别、评判、筛选能力，以及利用互联网学习时的自制能力。

二、大学生常见学习心理障碍与调适

学会学习必须学会调适学习心理障碍。下面针对大学生常见的学习心理问题做一些分析和探讨，并提出有针对性的建议，让大学生能做到“我的学习我做主”。

1. 学习动力缺乏与调适

案例：小枫是一名大三学生，入校时成绩在班上居于前列。但小枫生性好玩，中学时老师和父母管得紧，成绩还不错。进入大学后，大学的宽松环境让贪玩而缺乏目标的小枫陷入了网络成瘾的泥潭。虽然老师和同学尽力教育帮助，小枫内心也想改变，但行动上仍然是经常逃课，精神消沉萎靡，作息严重不规律，每天挂在网络上十几个小时，健康都受到了损害，到大三时已有六门功课不及格。家长只好放下工作，来学校监督儿子准备期末考试。小枫非常自责、内疚，他认为是因为进入大学后没有明确的奋斗目标所以学习动力不足，另外缺乏自律也是一个重要原因。

学习动力缺乏的表现：

（1）厌倦学习、逃避学习。基础教育阶段长时间的高强度学习，让学生进入大学后有一种“船到码头车到站”的感觉，厌倦学习，没有动力。

（2）成就欲望低，无抱负和理想。这类学生无求知欲和上进心，没有压力，没有紧迫感。部分学生入大学前的学习与生活都是由老师与父母所掌控，自己没有规划与追求，进入大学宽松的环境中，无所适从，变得无所事事。

（3）学习动机功利化。大学生本应该为了追求真理而探索钻研、刻苦学习，但有的人读大学仅仅是为了未来的一份工作，功利目的在大学生的学习动机中并不鲜见。

（4）无明确的学习目标。有些学生以考上一所大学为追求目标，进入大学后就没有了人生规划与发展方向。学习无计划，过一天是一天，做一天和尚撞一天钟。

学习动力缺乏的原因：

（1）“高考后遗症”。在基础教育阶段，无论是学校还是家长，基本以高考指挥棒来评价学习的效果。学生在高考指挥棒的指挥下，“书山有路勤为径，学海无涯苦作舟”，长时间浸泡在题海之中，很少有学生能发自内心地体会到学习的乐趣。进入大学后，部分大学生觉得自己已经累了十几年了，大学也考上了，想休息、娱乐了，因此缺乏持久的学习动力。

（2）目标定位不清。部分大学生不明白“我是谁”，不清楚在大学期间“我需要什么”，缺乏大学规划与生涯规划，只好瞎打瞎撞。另外，还有学习动机不正确，社会责任感不强，自我意识不成熟，自我效能感缺乏，学习方法不当，没有明确学习目标等原因。

（3）新的“读书无用论”影响。社会上还是存在部分不够尊重知识、不够尊重知识分子的氛围，知识分子的社会地位和经济地位尚未彻底改善。这影响到部分家长和大学生轻视大学学业，认为读了大学跟中学毕业早日打工挣钱没有实质性差别，新的“读书无用论”使他们缺乏持久的学习动力。

（4）学校原因。由于入校后学校给学生做专业规划、专业发展方向教育方面力度不够，学生不了解所学专业，更不了解所学专业以后的发展前景。此外，有些专业，在培养方面学用脱节，课程设置不合理，教学内容陈旧，方法单一，教学效果不佳；教学管理不严，教学条件跟不上等，也使大学生学习动力不足。

学习动力的有效激发，可以通过以下几种方式：

（1）明确大学学习目标

大学生首先要问自己一个问题："我为什么上大学？"以前或多或少是在父母与老师的安排与期望下考入了大学，进入大学后应当为自己的人生奠定一个坚实的专业基础，还要把自己的学业发展与国家的第二个百年奋斗目标实现的大业联系起来，学习就会有更为持久的动力。只有学生很清晰"这是我的大学""国家的发展需要我有一个精彩的大学"时，学习才会保持正确的方向和保有不竭的动力。当然，学习目标的设置也应恰当，过低或过高都不行。一般来说，那些具体的、短期内能实现的、难度中等的目标可以有效激发学习的积极性。在学习中可以有长远目标或总体目标，但在具体的学习中可以将长远目标或总体目标分成多个具体或近期的子目标，每完成一个子目标就会获得一种成就感或成功感，随着成功机会的增多，自信心也随之提高，学习的积极性就会被激发并保持。

（2）培养学习兴趣

我们常说"知之者不如好之者，好之者不如乐之者"。培养学习兴趣，需要大学生多读、多听、多看、多动手、多参与。多读与专业相关的书籍、报纸、杂志，把握学术动态；多听学术报告会，了解学术动态和本学科当前最新研究成果；多看一些学术成就展览，以激发兴趣；多动手参加实验活动，亲自动手操作，在操作中将理论联系实际，增长技能；积极参加学校各种科技文化活动，包括各种小发明、小创造活动，有条件的还可参与教师的科研项目，锻炼科研能力。大学生要基于对科学知识与技术的学习、研究和创新，基于对真理的追求、对知识的好奇等内在动机进行学习研究，而不是完全基于获得学历证书、获得外在奖励等外在动机来进行学习研究。只有这样，学习才能拥有持久而深远的动力。

（3）进行积极归因

归因理论告诉我们，当我们把一件事情的成功归因为我非常努力、把失败归因为我努力不够，而不是把成功归因为我很聪明或者运气很好，也不是把失败归因为我不够聪明以及运气差，这样就可以让大学生认识到学习的成败是掌握在自己手中的，学习的好坏取决于自己努力的程度。德韦克（Carol Dweck，1973）曾对一些数学成绩差又缺乏自信的学生进行归因训练。在训练中，让学生解答数学题，当他们成功时，告诉他们这是努力的结果；而当他们失败时，告诉他们这是因为努力不够。经过一段时间的训练，学生不仅学习努力，而且增强了学习信心，提高了成绩。另外，香克（D.Schunk，1984）的研究发现，在归因训练中，一方面让学生感觉到自己努力不够，把失败的原因归结为努力因素；另一方面及时反馈学生努力的结果，能让学生感觉到自己的努力是有效的。这样能让他们从无助感中解脱出来，通过坚忍不拔的努力获得学业成就。当学生在学习上遭遇困难时，引导学生从努力程度、学习方法、学习态度等方面找原因，有针对性地进行改进，这样可以让学生感受到学习的成败是掌握在自己手中的。

（4）增强自我效能感

自我效能感是指一个人感到自己能否胜任和有效地完成某一任务的感觉。学习者的自我效能感是学习者对自己能否成功完成某一任务能力的主观判断，这种主观判断是随着学习者在学习中获得成功概率的增长而增长的。如果一个学习者能从简单任务开始，不断积累小成功，并逐渐增加任务难度，就会提高对自己能力的判断。当自我效能感增强了，有了充分的自信心后，即使遇到一些挑战性的任务或遇到暂时的失败或挫折，我们也能保持积极进取的学习状态。况且自我效能感还可以迁移，在某一学科获得的自我效能感的增强，在许多条件下也可以迁移到其他学科。

2．学习效率低下与调适

案例：小乔是一名大三学生，进入大学以来学习一直很努力，除了吃饭、睡觉以外，几乎所有时间都在学习，成绩也不错。最近临近期末考试，他突然感觉十分疲劳，连拿笔都觉得手很沉，脑子也不太好使了，常感觉心慌、气短，食欲变差，睡眠也受到严重干扰。学习时他总是提醒自己要专心、提高效率，可就是无法集中注意力，记忆力下降，思维混乱，反应迟钝了很多，为此他感到疲惫、烦躁，一点小事就会引发脾气。

大学生学习效率低下的最重要表现是学习疲劳，以上是学习疲劳的一个案例。学习疲劳是指学习者由于学习过度或学习方法不当而产生的学习效率逐渐降低，并伴有渴望停止学习的现象。学习疲劳包括生理疲劳和心理疲劳，一般来说，生理疲劳相对心理疲劳要容易恢复一些，但大学生的学习疲劳以心理疲劳最为常见。

（1）生理疲劳

生理疲劳是指生理机能上的失调，包括肌肉疲劳和神经疲劳。极度的生理疲劳可能造成肌体受损及神经功能紊乱。案例中的小乔拿笔都觉得手很沉，以及食欲变差，睡眠受到严重干扰等就是典型表现。出现上述现象的原因是大学生学习内容过多、学习时间过长、学习材料性质安排不当以及对学习内容缺乏兴趣。总之，学习过度会导致学习疲劳的产生。

（2）心理疲劳

心理疲劳是指学习者主观上感觉疲劳，表现为对学习感觉疲倦，情绪紧张、不安、烦闷、易怒，精神涣散、注意力不集中，导致学习积极性和学习效率大大减退，甚至造成学习困难。

导致大学生学习效率低下的原因是多方面的，主要有以下几种：

（1）自学能力欠缺

小学、中学单纯应考的学习模式，使相当一部分学生习惯了在老师和家长的安排下按部就班地学习，其自主学习能力和解决问题的能力没有得到有效训练。当他们进入大学后，大学强调的不只是知识学习，更强调思维训练和自学能力与问题解决能力，他们会感觉束手无策而高度焦虑，只好以多年来形成的苦读习惯应对大学的学习任务，从而导致疲劳战术和学习效率低下。

（2）时间管理能力有限

大学的学习科目涉及公共课和专业课，还涉及知识学习、技能训练和综合能力培养，所以妥善、高效管理好时间是提高学习效率、避免学习疲劳的重要前提。有些大学生在这方面的独立性和管理能力非常有限，导致学习效率低下。

（3）用脑方法不当

学习疲劳的出现不完全是件坏事，疲劳是大脑皮质一种保护性抑制，它对我们的大脑有保护作用，这种保护性抑制让我们的大脑不会被过量外界信息所伤害。如果我们到了如此疲劳状态还不注意休息，仍强迫大脑继续保持兴奋，长此以往，会导致大脑的兴奋与抑制过程失调，甚至导致神经衰弱。其实，面对学习疲劳，案例中的小乔只要加以注意，适度休息，并参加一些体育活动，增加一些放松方式进行调节，合理安排学习时间，学习疲劳问题就能解决。

学生学习效率低下的改善方法有以下几种：

（1）学会科学用脑

有些大学生在学习过程中没有掌握科学用脑的原则，过度使用或过于松懈的用脑方式，会使大脑过于疲惫或过于松懈，严重影响学习效率。科学用脑对大学生高效率的学习是非常重要的。

首先，人脑具有特殊的多元网络结构，它由1400亿个脑细胞组成。这些脑细胞相互之间通过生物电联系，构成数以亿计的节点，这些节点就是可以储存信息的生理单元，人一生中大约可以储存10000000亿个信息单位，相当于美国国会图书馆总藏书量的50倍，约为5000万册图书的信息总量。从生理学角度看，人脑虽然只占体重的1/50，却要耗费整个人体血液中1/4的氧气；人脑完全浸泡在血液中，拥有心脏泵出血液的1/5，它在运动中消耗的是人有限的体力和精力，需要时间才能得以补偿和恢复。脑科学研究发现，人在放松状态下，大脑能够诱发出α脑波，在这种状态下，人的身心能力耗费最少，相对的脑部所获得的能量较高，运作就会更加快速、顺畅。现代科学积极倡导α脑波为人们学习与思考的最佳脑波状态，道理便在于此。

其次，大脑两半球功能不同。大脑左半球和逻辑思维有关，主管智力活动中的计算、语言逻辑、分析、书写及其他类似活动；右半球和形象思维有关，主管想象、色彩、音乐、幻想等活动。如果大学生学习时长时间只运用一侧大脑半球，就很容易导致疲劳。所以，根据大脑两半球的分工来交替使用大脑，可以有效延缓大脑疲劳。

此外，大脑功能的兴奋与抑制交替。正是由于人脑构造的有限性，决定了人的高级神经系统活动的基本规律是兴奋和抑制的相互转换。大脑兴奋时必然伴有能量的消耗，从而使大脑皮质抑制，这时大脑处于“休息”状态，进行能量的补充和储备，为下一个兴奋做准备。遵循这一规律就要求大学生科学用脑，从而使学习有张有弛，有节有序，也更有效。

知识窗：睡眠与学习

最近很多研究显示，睡眠远比人们原来所认为的更加重要。特别是，睡眠有助于学习和学习后的记忆保持。睡眠有助于学习的观点被研究者当作儿戏争论了好多年。不过，最近的神经科学研究显示，至少对于某些学习来说，睡眠是有帮助的。例如，睡眠能够帮助学习者巩固程序性记忆，从而提高技能学习的效率，如练习体操和弹钢琴等。

在最近的一项研究中，研究者要求被试按照一定的顺序反复按键盘上的字母。其中一组被试早上进行练习，练习停止后的12个小时进行检查，结果显示的成绩跟12个小时前的成绩没有差异。另一组被试晚上练习，结束后睡12个小时，早上进行检查，结果发现成绩比12个小时以前提高了20%。然后，又过了12个小时，对第二组被试再进行检查，发现成绩跟12个小时前没有差异。这些研究表明，睡眠，而不是时间，促进了学习。

除了晚上的睡眠以外，中午的打盹儿对学习也有好处。一项研究要求被试练习一项程序性记忆的任务，共有四组练习，需要一天时间。结果发现，如果四组练习连续进行，被试的成绩会越来越差。如果在第二组练习结束后，给被试半个小时打盹儿，那么剩下两组练习的成绩就不会继续下滑了。如果给被试一个小时打盹儿，那么在剩下的练习中，被试的成绩还会有所提高。这表明，大脑在一定的时间范围内只能接受一定数量的信息，并需要时间进行巩固和加工，然后才能接受和加工新的信息。这些发现也印证了俗语“磨刀不误砍柴工”的道理。

资料来源：彭聃龄，《普通心理学》，北京师范大学出版社2019年版

（2）进行有效的时间管理

时间管理对每个人来说，都是一个重要的人生课题。对于大学生来说，由于学习、工作中活动都很多，若时间安排不好，常常顾此失彼，会变得被动和对自己不满，心中时常充满焦虑。所以我们必须学会管理好自己的时间。怎样较好地管理自己的时间呢?使用时间馅饼图，可以协助我们整理自己的时间分配情况，并在此基础上合理安排学习时间。

时间馅饼图

操作：请根据你的思考先绘制一张最理想的时间馅饼图（以一周为单位），而后尽量回忆在过去的一周中参加的各项活动，包括花在各项工作、学习、社交、兴趣爱好、身体锻炼、休闲活动等上面的时间，然后根据每项活动所投入时间的多少按照百分比分配在下面这张实际的时间馅饼图中。

图4–1　最理想的时间馅饼图

图4–2　实际的时间馅饼图

时间管理的一个重要原则：你应当将时间用在实现自己的近期目标和长远目标上。完成时间馅饼图的绘制后，请思考下面的问题：

A. 对照一下自己做的那张时间馅饼图，看看你是否将自己的时间用来实现自己定下的大学目标。

B. 最理想的时间馅饼图的分配与你目前实际的时间分配状况之间有何区别？是什么造成了这种情况？能不能进行改变？如何进行改变？

3．学习动机过强与调适

学习动机是指个体发动或维持其学习活动，并使其朝一定目标进行的内部动力。它是影响学生学习的一种重要的非认知变量。学习动机对学习具有激活作用、指向作用和维持作用。虽然学习动机对学习起激活、指向和维持作用，但并不意味着学习动机强度越大，学习效果就越好。心理学研究认为，学习动机过强，不论是内部的抱负和期望过高，还是外部的奖惩诱因过强，都会使学生专注于自己的抱负和外部的奖惩，而不是专注于学习，实际上阻碍了学习。

学习动机过强的表现如下：

（1）成就动机过强：急于取得成就并超过他人。部分大学生的学习是以战胜竞争对手为乐趣，并非以在真理探索道路上有所前进而快乐。

（2）奖惩动机过强：对奖惩考虑过多，往往是被动学习，以考试为中心，紧紧围绕老师转，上课小心翼翼记笔记，下课认认真真对笔记，考试前辛辛苦苦背笔记。这类学生往往考分较高，但大多学得呆板，应变能力差。所以我们应摆脱封闭式学习方法，拓宽思路。

（3）学习强度过大：每天学习时间过长，不善于休息，常处于过度疲劳状态。

由上可见，学习动机过强并不一定带来好的学习效果，“过犹不及”，太强的学习动机反而会造成学习效果不理想。

学习动机过强的主要原因：一是对自己能力认识不足，估计过高，抱负超出自己的实际水平。二是自尊心过强，过分看重荣誉。三是补偿心理。这类大学生除学习外，大多无其他特长。四是性格原因。这类大学生一般性格内向，沉默寡言，不善交际。

学习动机过强的自我调节如下：

（1）遵循耶基斯－多德森定律

一般情况下，动机越强烈，工作积极性越高，潜能发挥得越好，效率也越高；与此相反，动机的强度越低，效率也越差。因此，工作效率是随着动机的增强而提高的。是否我们的动机强度越高效果就会越好呢？心理学家耶基斯（R. M.Yerkes）和多德森（J.D.Dodson）研究发现，动机强度与工作效率之间并不是线性关系，而是倒U形的曲线关系。中等强度的动机会带来最好的学习效果，因而是最佳动机水平。学习动机强度过低，学生对学习的态度冷淡、涣散而懈怠，学习效果当然不好；反之，学习动机强度过高，学生心情过分紧张，无法集中注意力，会导致知觉范围变窄，思维活动呆板，学习效果也不会好。可见，动机的最佳水平不是固定的，而是依据任务的不同性质会有所改变。在完成简单的任务中，动机强度高，效率可达到最佳水平；在完成难易适中的任务中，中度的动机强度效率最高；在完成困难或复杂的任务中，动机强度较低，工作效率最佳。（见图4–3）

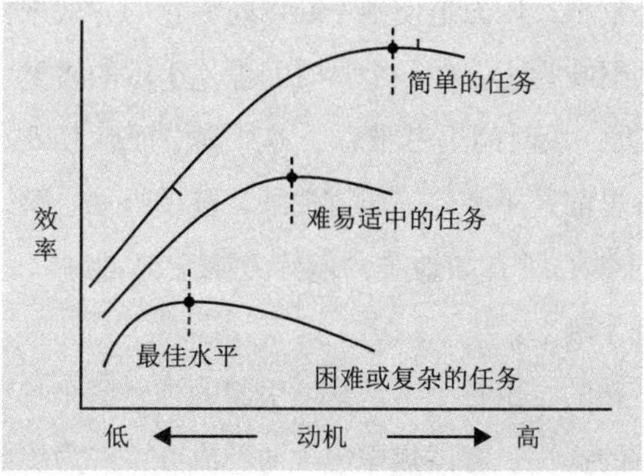

图4–3　耶基斯–多德森定律图

（2）适当参加竞争

心理学研究发现，竞赛是激发学生学习动机的有效手段。心理学家切普曼（Chapman）和费德（Felde）做了对比实验：把被试分成两组，一组为竞赛组，一组为非竞赛组。而后进行数学练习，共训练10天，每天10分钟。竞赛组每天的成绩都被登记在统计表上，作为诱因，而非竞赛组则只做练习，不登记成绩。实验结果：竞赛组的成绩明显高于非竞赛组。这说明在教学中适当开展竞赛活动，对于激发学习动机是必要的，而且有利于提高学生的学习积极性，培养学习兴趣，有利于智力开发。当然，我们也要注意：过于频繁的竞赛活动会导致人过度紧张，加重学习负担，反而影响学习效果。

（3）认知内驱力统领学习

认知内驱力又叫作认知的动机，是以求知作为目标，以了解、理解要解决的知识为目的的求知欲望。这种内驱力不是指向各种奖励，而是指向学习任务，因而在学习中具有稳定性、持久性、内驱性。内驱力包括好奇心和求知欲两方面因素。好奇心是求知欲的先导，求知欲是好奇心的升华。当大学生的学习以求知、求真为动力时，其作用是深远而持久的，用认知内驱力来统领大学生的学习，其动机不会因一时兴起而动机过强，也可以避免三分钟热度过后的动机太弱或动机缺乏，它能让大学生在追求真理的道路上坚持不懈。

4. 考试焦虑与调适

案例1：小敏，大三女生，在复习准备考研中感觉压力很大。临近考试了，她很想复习但又根本无法静心复习，压力迫使她不断以吃零食的方式来排解，她每晚吃很多饼干、甜食等，直至吃到呕吐为止。在一个月时间里，小敏的体重增加了7.5千克。

案例2：小宇，在同一段时间里考雅思、考某资格证、考研，天天都在学习，疲劳和紧张得不得了。考雅思前，小宇几乎通宵失眠，整夜听见心跳，考听力时有几个题因为紧张听蒙了，自我感觉心跳有如地震。但等考试全部考完以后怎么听也听不到心跳了，还连睡了17个小时才醒来。

考试焦虑是一种特殊的、由整个考试情境引起的神经紧张状态。考试焦虑也是一种对考试的恐惧，对考试的担忧。考试焦虑包含两种成分：一为忧虑性，一为情绪性。忧虑性包含较多的认知成分，情绪性主要指与之相伴随的情绪体验及身体反应。

心理学有关的研究认为，考试焦虑反应是后天“习得”的，它与早期的经验有关。过去的经历和体验作为不良情感记忆被保留下来，并通过认知过程的定式思维加工引起应试者情绪的波动，这种波动的最直接结果是导致注意力分散和记忆力减退，严重干扰了逻辑思维过程。这种心理上的紊乱，使应试者不能集中于考试的内容，整个考试情境将变得富有威胁性，应试者将不得不把注意的中心转移到对基本情感的保护上来。处于这样一种被动防卫状态下，人的知觉变得狭窄，思想慌乱，无所适从，不能连贯地分析问题，容易产生极端的念头。所有这些最终集中为自我评价的过度消极，自我怀疑和自卑感，夸大自己的无能和失败，从而对考试顾虑重重，失去信心，形成严重的考试焦虑症。

具有高度考试焦虑的学生在考前出现明显的生理心理反应，如：过分担忧、恐惧、失眠健忘、食欲减退、腹泻等症状；在临考时心慌气短、呼吸急促、手足出汗、发抖、频频上厕所、思维迟缓、判断力下降、大脑一片空白；还有的学生在考场上出现视动障碍，如：看不清题目、看错题目、丢题落题、动作僵硬、手不听使唤、出现笔误等。

考试焦虑形成的原因有如下几种：

（1）客观因素

来自教师、家长和社会的压力，考试的重要性、难易程度、竞争程度等。部分大学生过度关注重大考试，如大学英语四级、六级考试，计算机等级考试，雅思托福考试，研究生入学考试等，会产生巨大心理压力。

（2）主观因素

个性：神经类型属于弱型的人，如敏感，易焦虑，过于内向，缺乏安全感和自信心，做事追求完美等，易产生考试焦虑。

过去经历：如果把过去考试失败归结为自己不聪明、能力差，即自我效能感差，面临考试时就会紧张焦虑。

复习准备情况：复习准备不足，对考试没有把握。80%的人的考试焦虑是由复习准备不充分引起的。

对考试的看法：成绩不好等于不聪明、没优势、没本事，等于被人看不起，对不起父母；考试好是改写人生的唯一途径。这样的观念很容易带来大的考试压力。

考试焦虑是可以克服的，我们可以通过认知矫正、行为矫正和运用恰当的应试策略来克服考试焦虑。

（1）认知矫正

考试焦虑有比较明确的焦虑对象，而认知评价活动在产生焦虑过程中扮演了重要角色。通过理智分析的方式找到导致考试焦虑的核心思维来予以认知和改变，可在一定程度上减轻或控制焦虑，这种方法叫作理智战胜情绪疗法。

理智战胜情绪疗法的关键在于，首先能对自己的情绪有较好的认知，其次要能找到影响自己情绪的最核心的棘手思维，然后在找证据时能尽量穷尽导致棘手思维、负面情绪的支持性证据，在不断找寻到不支持自己产生负面情绪的证据，也就是能不断找到让自己快乐起来的证据时，心情就会在这个分析过程后得到很大的改善。在使用理智战胜情绪疗法时，一定要用纸笔把内容写下来，通过可视化方式协助自己理清混乱的情绪与思维，这有利于用理智战胜情绪。（如表4-1）

表4-1 理智战胜情绪疗法记录表

初始情绪	棘手思维	支持证据	不支持证据	情绪
紧张90分 抑郁85分 烦躁80分	我怕考不好，因为我会觉得很失败	A.最近一个月我复习效率很低 B.这次摸底考试我退步了三个名次 C.我近来吃饭、睡觉都不太好等	A.我到目前为止已经把要考的科目全部复习了两遍，对考试较有把握 B.我的基础较为扎实，以往考试一直发挥稳定 C.复习考试的难度比实际考试的难度偏大，我的得分仍较高 D.尽管我最近一个月没怎么复习，但我的成绩还是不错的 E.我是一个有爆发力的人，离考试还有一些时间，我可以考前冲刺等	紧张60分 抑郁45分 烦躁40分

（2）行为矫正

当我们遭遇考试焦虑时，可以采用系统脱敏的方法来进行行为矫正，以减轻焦虑。系统脱敏是将放松训练与条件反射原理结合运用的一种行为疗法。基本方法是：当患者出现焦虑和恐惧反应时，同时引起一个与之对抗的肌肉放松反应，以使患者原来的不良反应强度减弱，即交互抑制。将交互抑制按等级排列，从弱到强，渐次实施，直至最终消除患者的不良反应，即系统脱敏。

做考试焦虑的系统脱敏训练时，首先要对考试焦虑的程度做一个焦虑等级划分：A.任课老师宣布，两周内将进行考试；B. 临考前10天，我开始为考试做准备；C. 现在距离考试还有3天，我复习得还不够；D. 明天就要考试了，今晚我觉得准备得还不充分；E. 我正在去考场的路上；F. 监考老师到了，我正坐在考场上，很紧张；G. 我拿到了考卷，开始做题之前，我把卷子仔细看了一遍；H. 我被一道试题难住了；I. 我看见有人在我之前答完题，交上卷子，我担心我做不完试卷。

治疗时，先要考试焦虑的同学做放松训练，待全部放松程序完成后，让他按假定焦虑等级依次想象，若不紧张，肌肉呈松弛状态，便可转入下一个情形。若感到紧张，就做一次放松训练。依次类推，直至不感到紧张为止。

（3）应试策略

第一，考前准备。

首先是考前时间管理。制订适合自己的复习计划和合适的分数目标，有策略地复习。时间管理的心理意义在于可以消除心理上的不确定性，获得安全感。要记住：事情多不是问题，乱才是问题。

其次是考前失眠问题。可运用森田疗法——顺其自然，为所当为。考前人人都会紧张、焦虑，而且相当多的人考前一晚都睡不好，但这并不会影响考试太多，所以并不是特别倒霉，也没有太与众不同。

再次是考前紧张不起来的处理。主要是因为考生经过较长时期的苦读，在生理和心理上都有些疲惫，大脑接收的信息过多和负荷过重，造成了一种保护性的抑制。这时要注意适度的休息和锻炼；交换一下复习的形式，避免单调机械的刺激产生的厌烦心理；还可进行心理承受能力的训练。

第二，考试中的应对策略。

首先，应微笑面对。面带微笑，可以给自己带来积极暗示。

其次，应把握正确的答题原则。“四先四后，一快一慢”，即先做易题后做难题，先做熟悉题后做生疏题，先做有把握题后做没把握题，先做相同类型题后做相异类型题；审题要慢，做题要快。

再次，应有效应对考场上的心理性噪声。有些学生总爱在考后抱怨，周围各种声音干扰了他们的思路，其实这是一种心理性噪声。心理性噪声，你越注意它越受干扰，也就会越感到不安。

第三，考后总结。

首先应考完一门彻底了却一门，不对答案。其次应了解主观感觉考砸一两门是正常情况，而事实上未必如此。

三、大学生学习能力培养

大学生不仅需要学会应对常见的学习心理问题，更需要学会学习，学会高效率地学习，提升学习能力。学习能力是学生在学习过程中获得知识从而开发智力的一种综合技能，需要不断培养自主学习能力、调适网络学习心理和注重潜能开发。

1. 培养自主学习能力

联合国教科文组织自1945年成立以来，发布了三份著名的教育报告：1972年的富尔报告《学会生存：教育世界的今天和明天》、1996年的德洛尔报告《教育：财富蕴藏其中》、2015年的《反思教育：向“全球共同核心利益”的理念转变》。目的在于“确保全纳、公平的优质教育，促进全民终身学习”。终身学习包括正规的学习（formal learning）、非正规学习（non-formal learning）和非正式学习（informal learning），它强调学习与生活的有机结合。学习活动发生在家庭、学校和社区等个人生活的所有场景中，并且贯穿人的整个一生。换言之，学习不再是教育者从外部强加给学生的，而是从学生本人的需要出发的。大学生作为互联网时代的数字公民，终身学习已经成为他们生命的必然。所以，在大学期间，培养大学生的自主学习能力，才能保障大学生终身学习过程中的可持续发展。“全世界在争论着这样一个问题：学习应该学什么？在我们看来，最重要的应当是两个‘科目’：学习怎样学习和学习怎样思考。”教育家叶圣陶先生也说过：教是为了不教。“不教”目标的实现就取决于学生的自主学习能力之高低。

大学生自主学习体现了如下特征：其一，从他律、灌输式学习转变为自律、建构式学习；其二，从传统的单一客体转变为主客体合一模式；其三，从被动学习转变为主动学习。

大学生要开展自主学习，可以从如下几方面下功夫：

（1）更新学习观念。传统“传道、授业、解惑”教育背景下的学习，让学生只能成为人类有限知识的继承者，却严重缺乏独立思考、自主探索的创新能力。在无限知识时代，大学生应当更新学习观念：所有学习的落脚点在于解决问题，真正的学习体现在发现问题、分析问题和解决问题的能力中。

（2）合理规划与自主设计学习。自主学习不是冲动性的短期行为，而是需要长期坚持的行为。自主学习包含了计划、目标、方法、执行、反馈、补救与总结等过程，自主学习规划是否合理决定了自主学习的成败。自主学习有助于打破一刀切的教学模式，促进大学生主动规划自己的学习目标与进程。

（3）保持最佳学习状态。什么是最佳学习状态呢？学者们发现它包含如下关键因素：能调动你所有感官的授课方式；创造性和批判性的思考有助于“内在的信息处理”；用游戏和幽默小品表演来“激活”脑力，加强对材料的掌握；大量的练习机会；经常的练习和复习；庆祝每一个成功。这就是基于现代认知科学革命成果——具身认知基础上的具身学习。最佳学习状态实质上是一种学习的情绪，即大学生在自主学习时，抱着适度的好奇心，在轻松而高效的最有利于学习的 α 脑波状态下进行学习，学习才会是高效的。这种最佳学习状态的表现是：当呼吸、心跳和脑波都同步且流畅时，身体是放松的，非常适合头脑注意力的集中与新信息的接收。

（4）多元评价模式。自主学习在 21 世纪的网络时代具有全面性、终身性、个性化与技术化等特点，当然，大学生自主学习效果的评价与量化是有难度的，评价过程中难免会有主观色彩，所以对自主学习的评价要体现客观性、全面性与个性化原则，进行多元评价。

我们可以对大学生进行如下自主学习能力提升的训练：

自主学习计划

目标设定：________________________________

行动计划：

　　第一步：________________________________

　　第二步：________________________________

　　第三步：________________________________

学习障碍预估：________________________________

自我监控策略：________________________________

如何自我监控？我做得怎样？

援助策略：

我需要什么援助？我需要被援助到什么程度？谁能给予我援助？

检查与补救：

我的学习方法、学习进度如何？我是否需要做出调整？如何补救以达到预定的学习目标？

做出承诺：

我是否愿意付出所有努力去达成预定学习目标？

自我评估与督促：

对于预定目标，我必须达到多少？已经达到多少？如何完成剩下的既定目标？

2. 调适网络学习心理

作为数字原住民的当代大学生，通过网络进行线上学习是学习中的一个重要部分。网络打破了传统教育的时空限制，为大学生带来了大量优质教育资源，创造了便捷的、全新的学习环境。网络学习在给大学生的学习带来很多有利因素的同时，也带来了一些困扰。

（1）大学生网络学习的积极影响

第一，便捷的信息获取途径，有利于大学生培养自主学习能力。传统课堂教学多以教师教授、学生被动接受方式进行学习，这样学生容易形成依赖性，对自主学习能力的锻炼有限。网络空间除了容纳海量的信息资源，还拥有开放的互动空间、轻松的交流模式等。大学生能方便、快捷地查找信息资源，对信息进行分析、判断和运用，大大激发了他们的自主学习动力和探索欲望。

第二，多样的信息呈现方式，有利于激发大学生的学习兴趣。网络空间的信息传播，打破了传统的信息由权威认可的方式，而转变为由平民认可，很符合大学生的信息接受习惯。链接化的信息呈现方式，以及信息呈现方式的多样、生动、活泼，有利于信息的碰撞，易于产生全新的未知问题，这些都有利于激发大学生的学习兴趣。

第三，多元视角的信息资源，有利于大学生创新思维的训练。网络信息资源的丰富全面和多元视角的呈现，让每一个有求知欲的大学生都能充分获取自己想要获取的信息资源，而不受时空、学术立场的限制，网络空间对同一个问题的多元视角呈现、多种观点的碰撞，可以大大激发大学生的求知欲、探索欲和创造欲，有利于大学生创新思维的训练和创造能力的提升。

（2）大学生网络学习的心理困扰

大学生进行网络学习，非常强调学习的自主性、自觉性和自制力，因为网络空间信息海量，信息呈现方式极具吸引力、刺激性和体验性，如果大学生没有明确的学习目标和足够的自制力，很容易被淹没在信息海洋中，而无法达成好的学习效果。

第一，网络学习归属感的缺失容易导致学习后劲不足。人是社会性动物，都有归属的需要。大学生在学习过程中，习惯了师生同处在教室里进行学习，容易获得归属感和学业成就感。而网络空间的泛在性，虽然让大学生在网络中享受了自由，却同时带来了分离性和疏离感。如果大学生在网络学习中缺乏时间管理技能、学习技巧，势必带来心理上的放纵感、孤独感与疏离感；加之缺乏同学们在校园中的学习竞争心理环境，可能导致大学生网络学习后劲不足。

第二，网络学习定位感迷茫容易导致学习目标难以达成。网络学习定位感，是指学习者在网络空间进行学习时对自己的系统位置、心理位置的理解，以及对获取信息资源所必需的学习策略与活动的理解。大学生在网络学习中定位感的迷茫，会导致无序混沌的学习状态，直接影响学习信心与效率。网络学习定位感迷茫的原因：一是网络认知负荷超重，超多的信息给大学生带来过重的认知负荷；二是网络学习资源和课程的设计，还存在部分不太适合大学生的学习心理，容易带来迷茫与混乱；三是网络空间交流的高度自由会带来网络学习定位感的弱化，部分自制力不强的大学生可能沉迷网络而忽视了学习目标的达成。

第三，网络学习的学习策略缺乏容易导致学生学习自我效能感不高。学习策略是学习者在学习活动中有效的学习规划、方法、技巧和调控方式。学习策略包括认知策略、元认知策略和资源管理策略。大学生网络学习的学习策略包括对自己网络认知活动的自我认识、自我体验和自我监控。研究表明：学习策略与学习成绩之间存在密切关系，能选择合适学习策略的学生学习成绩更好。然而，研究显示，大学生的网络学习策略不够完善，学习元认知监控能力较弱，网络学习的计划性、准备性、方法性、监督性不足，导致部分学生网络学习效能感不足，影响学习效果。

（3）大学生网络学习的心理困扰的调适对策

第一，端正网络学习态度，增强网络学习自主性。网络学习的信息超载、信息呈现方式的多样性和趣味性，很容易使大学生沉迷网络而无法完成学习任务。这就需要大学生端正网络学习态度，明确学习目的，增强学习自主性，在网络空间中进行能动的自主学习。要加强大学生的网络主体意识教育，使其时刻保持警醒，通过强大的“自我”对网络学习中的“自失”有“自觉”的反思，努力做到“我的学习我做主”。此外，还要完善大学生的网络学习策略与提升元认知能力，对网络学习状况进行监控、反思、调节和管理，提升网络学习能力。

第二，提升网络学习素养，进行网络探究性和合作性学习。首先，大学生需要通过教育与训练，提升网络学习素养，认识到网络只是助益我们学习的一个方式和途径。正确认识网络，充分利用网络信息丰富和交流便捷的优势，借助网络进行学习。其次，要防止各种不健康信息的侵蚀，避免网络依赖和网络成瘾。再次，通过提升学生的网络学习能力，鼓励学生以发展网络学习共同体的形式进行探究性与合作性学习。通过同伴合作解决问题等，形成网络空间学习的交流与互动、竞争与合作，建立网络学习归属感，从而避免学生的自我封闭、疏离感的产生。最后，大学生需要有问题意识，善于在网络学习中发现问题、提出问题、带着探索欲望解决问题，使学习更有目的性和针对性。

第三，提升网络学习能力，增强学习效能感。大学生要在网络学习中自制、高效和有成就，首先，需要提升网络信息选择能力。大学生的网络学习需要善于利用网络获得最大化、最优化学习空间，提升信息甄别、搜索、评判的能力。其次，要善于把学习的长期目标分解为短期目标，把长期目标和短期目标进行有效结合，步步为营，小步子获得成功体验，树立网络学习信心。再次，要善于利用老师和同学的资源，对自己的网络学习进行监督、检查和协作，提升学习效能感。当然，好的网络学习环境、好的社会环境都有利于大学生网络学习效果的提升。

3．潜能开发

潜能是人潜在的能力，也是人类原本具备却忘了使用的能力，它深藏在我们的深层意识当中，也就是我们的潜意识中。

人的大脑分为左脑和右脑，左脑主管逻辑推理、判断、语言等，右脑负责处理图像、情感、节奏、音乐等创造性活动。左脑只承载人有生以来的资讯和信息，不过却以DNA的形式继承并潜藏起来，所以科学家认为右脑能量是左脑的10万倍。随着年龄的增长，左脑不断地接受限制性的信念、程式化的思维模式、僵化的思想观念，而右脑却长期处于“待业”状态。由于左脑的“训练”和“感受”，人们逐渐成为一个“半脑人”，大部分人几乎不怎么用右脑去“体验”和“感受”，而只会用左脑去“思考”。

要是能整合左、右脑的优势，让它们“各司其职”“各尽其责”，有效地合作，达到完美的“全脑运作”状态，定能使人的学习力倍增，并获得无尽的快乐。

潜能开发策略如下：

（1）正确自我评估

潜能是代表一个人潜在的、尚未完全表现出来的能力倾向，它是个人发展的一种内在特质，是由智能、个性、兴趣、动机或价值观等多种因素构成的一个有机整体。个人潜能既包括一些天赋，又包括一些后天学习的经验，最终形成个人的一种独特风格。年龄不同，组成的主要因素也不同。对于幼儿来说，智能和个性这些天赋的成分较多；对于高中生、大学生或职业人士来说，不仅包括智能和个性等被后天发展的天赋，还包括个人的兴趣、动机或价值观这些主要是后天形成的因素。

认识和评价自我潜能必须全面、客观、深刻，既要看到自己的优势和长处，也要知晓自己的弱点和短处。因为“当局者迷，旁观者清”，可以参考父母、朋友、师长、专业咨询机构等第三者的意见，力争对自己有一个全面的认识。

（2）制定可行目标

潜能开发的一个重要前提是要有清晰、具体、现实而富有挑战的目标。有人做过这样一个实验：把一群跳高跳过1米的学生随机地分为两组，进行训练。告诉一组一定要跳过1.1米，而告诉另一组尽量跳得高一点。训练的结果是：被告知要跳过1.1米这一组的成绩好于没有具体目标的那一组。这个实验说明，光有跳得更高的愿望还不够，还必须有明确、具体的目标，才更能激发出人的斗志。

制定目标可帮助我们获得成功，并且，由于成功是通过我们的努力获得的，它便具有了真正的价值和意义。我们会极力保护自己的劳动成果并使其扩大，把它建立在更加坚实的基础上。如果你希望你的愿望能够实现，那么就将你的愿望拆分成一个个具体的、可行的、可以测量或评估的目标。摆脱外界干扰，找一个安静的地方，认真思考你的目标，并拿出纸和笔，把它们写下来并加以实行。

（3）培养意志力

意志，是指决定达到某种目的而产生的心理状态，常以语言或行动表现出来。它是一种有意识地、自觉地控制和调节自己行动，克服困难，以期实现目标的心理过程。在影响学习的非智力因素方面，意志是重要的因素之一，这是因为学习往往需要付出主观努力，克服困难和阻碍，排除干扰和消极影响。任何人的成功都离不开坚强的意志，

“宝剑锋从磨砺出，梅花香自苦寒来”。意志力的培养，要注意以下几点：

首先分清楚“想要”和“决心要”。在谈到个人愿望的时候，我们会有很多美好的憧憬，对自己有许多美好的期望，“我想要……”“我希望……”，但“想要”并不代表你能得到它，事业的成功、社会地位、荣誉、成就……有谁不希望得到？但你能得到吗？你愿意为之付出多少努力？“想要”只是说明你对它有兴趣，但如果你不愿意付出努力，遇到困难就退缩，你就很难得到它。想要成功，就必须有决心，把“想要”转化为“决心要”。

其次要下定成功的决心。日本有句谚语：决心要成功的人，已经成功了一半。决心对我们的生活如此重要，我们有必要把下决心作为成功的习惯来培养。当我们面临一件有挑战的事情时，要对自己说：“我决心把它做好。”这种习惯一旦形成，对提高学习、工作效率很有帮助。

再次要自我激励。美国心理学家大卫·麦克利兰曾广泛研究过人的激励，尤其是关于企业家的成就激励。他发现，尽管几乎每个人都认为自己有“做出成就的动机”，但是在美国大约只有10%的人受到成就欲的激励。自我激励的高成就者有三个主要特点：一是高成就者喜欢设置自己的目标；二是高成就者在选择目标时会避免过分的难度；三是高成就者喜欢能立即给予反馈的任务。自我激励的方法包括：树立远景目标，离开舒适区，把握好情绪，增强紧迫感，敢于尝试，立足现在。

第三节
在学习中尝试创造

创新是一个民族进步的灵魂，是一个国家兴旺发达的不竭动力。大学生创造力的培养对于增强民族自主创新能力有着深远的社会意义。英国哲学家怀特海说：中学阶段，学生伏案学习；大学阶段，大学生需要站起来四面观望。培养和鼓励大学生在学习中尝试创造，就是要培养大学生的创新意识和创新思维。

一、什么是创造和创造力

关于创造和创造力，心理学界存在一些争议，我们来了解它们的定义。

1. 创造

《辞海》中对创造的解释是：创造是指做出前所未有的事情。美国学者帕内斯（S.J.Parners）认为：创造是产生具有独特性和价值性成果的行为。日本学者伊东俊太郎则认为：创造是解决新问题、进行新组合、发现新思想、发展新理论的活动。

2. 创造力

对于创造力，不同的学者也有不同的定义，学者们多从创造过程、创造主体和创造产物三个视角来定义创造力。大多数学者从创造力的结果入手将创造力定义为：人们根据一定的目的，运用已知的信息，产生出某种新颖、独特、有社会或个人价值的产物的能力。此处的“产物”是指以某种形式存在的思维成果。也就是说，创造力是一种能力，是个体产生新异的和合适的思想和产品的能力。其中，新颖性和价值性是创造力的两个最主要特征，即这种新的思维成果必须是新的原创性行为，必须是恰当的、有价值的。如充气轮胎、热水瓶、电灯、电话、电视机、计算机、飞机、潜艇、雷达以及鲁班发明的锯都是创造性成果，都是发明创造者创造力的表现。

有学者认为创造力是发散思维的功能，认为发散思维决定人的创造力高低。甚至有学者干脆把创造力等同于发散思维能力。但事实上，创造力有着更为复杂的心理结构，它是包含着多种智慧品质的综合能力。每个人都有创造的潜质，创造力是智力、年龄、创造动机、创造方法和有关知识的函数，创造力与许多因素有关。

二、创造力的影响因素

创造力的核心和基础是创造性思维。创造力受哪些因素影响呢？不同的学者有不同的观点。如创造心理学发展的早期，穆尼认为创造与创造者（person）、创造过程（prosess）、创造产品（product）与环境（place）有关。美国心理学家艾曼贝尔认为，个体的创造力包括三个成分：领域技能、创造性技能和工作动机。美国心理学家吉尔福特则把创造力分解为六个主要成分：敏感性、流畅性、灵活性、独创性、再定义和洞察性。

1. 创造力的多因素理论

显然，心理学家都认为创造力是受多方面因素影响的。心理学家斯滕伯格和洛巴特在总结他人研究成果的基础上，提出了“创造力的多因素理论”。他们认为个体创造力的充分发挥，与以下六个方面因素密切相关：

第一，智力。这是影响创造力发挥的必要条件，没有一定的智力水平，创造力是难以发挥的。

第二，知识。这是创造力发挥的基础，有关的知识经验和知识体系，可以为创造性工作提供进行思维加工的信息，一般而言，知识越丰富，创造力越强。

第三，认知风格。斯滕伯格和洛巴特认为认知风格有三种：立法式认知风格，持此风格者，乐于建立自己的规则和善于解决一些未预订的问题；执行式认知风格，持此风格者，偏向于用现场的规则解决有固定结构的问题；司法式风格，持此风格者，喜欢用判断、分析和批判倾向评判事物，乐于评价规则与程序。创造力强的个体一般持有立法式认知风格。

第四，人格特征。高创造力的个体常常具有以下人格特征：对模糊具有容忍力、爱冒险、有毅力和坚持性、成长的愿望较强、自尊心也较强，这些都有助于创造。

第五，动机。它是驱使个体从事创造性活动的原动力，适度的创新动机对创造很重要。

第六，环境。环境可以激发一个人的创造力，也可以抑制一个人创造力的发挥。

这六个因素对大学生创造力是综合起作用的，这六个因素必须经过有效聚合才能激发出高创造力。

2. 创造力与知识和智力的关系

（1）创造力与知识的关系

知识是创造的原材料，创造是知识的重新组合。经验表明，知识经验与人的创造活动相关，但是包括正相关和负相关。正相关是知识经验促进创造，而负相关则是干扰或阻碍创造。所以说，知识虽然是创造力的基础，但并不是说有了知识就一定具备较高的创造力。比如经验主义者、教条主义者头脑里的知识很丰富，但他们思维刻板、头脑僵化、循规蹈矩，思维缺乏发散性和变通性，知识反而限制了其创造力的发挥。另外，有些人在个别领域知识经验丰富，但严重偏科、知识结构不完备，知识无法相互渗透，也会导致知识无法灵活运用，也无法创造。然而，一般来说，知识经验与创造力是呈正相关的。知识越丰富、结构越合理，越有利于经验改组或重建，有利于创造。然而也存在某种条件下，知识越丰富对人的创造性束缚越大的情况，最低限度的知识或经验，反而可以产生最大限度的创造。有记者曾经采访画家黄永玉，问他作为画家，这辈子最大的感悟是什么。黄永玉说："我这辈子最大的幸运，是没有在美术学院上过大学。"可见，对于创新来说，知识是一个方面，但有创新意识，思维灵活变通，敢于突破定式思维，可能会激发更大的创造力。

（2）创造力与智力的关系

很多人认为，创造力是智力的重要组成部分，而且是智力的最高层次。事实上，心理学家研究发现，创造力与智力之间的关系，并不是人们想象的智力越高，创造力越高。推孟、吉尔福特和托兰斯等心理学家经过大量研究发现，创造力与智力的关系是相互独立的、在一定条件下有相关的非线性关系。这种关系如图4–4：

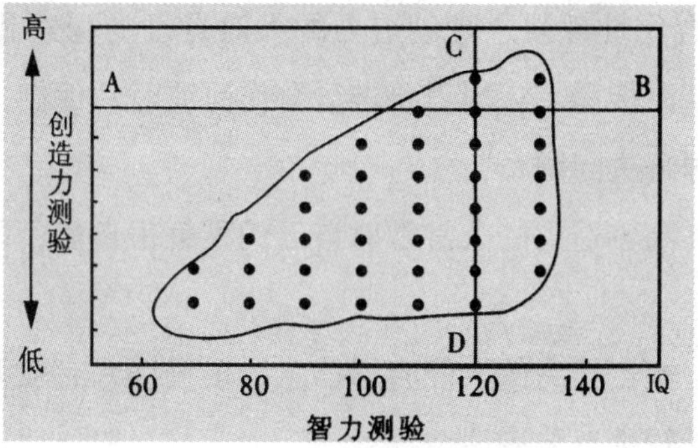

图4–4　创造力与智力的关系

这种非线性关系说明：第一，低智力者不太可能有创造力；第二，高智商可能有高创造力，也可能表现为低创造力；第三，低创造力者可能智商高，也可能智商低；第四，高创造力者多有高于一般水平的智商。

有一些研究试图评估创造力与智力的关系。如有人研究了12～16岁的德国学生，测量其智商（IQ）与发散思维的关系，发现IQ与发散思维的相关为0.54，表明IQ高的学生其发散思维能力也强。对美国大学生的研究也得出了类似结论。然而，也有学者提出：智力在某种程度上使创造力能够施展，但并不能促进创造力。

也就是说，一定水平的智商使个体有机会具有创造性，但个体可能并未充分利用这一机会，因为人格等其他因素也会对创造力产生影响。所以说，智力是创造的必要条件，不是充分条件。在学校教育中，大学生的智力开发并不等于创造力培养，大学生除了要重视智力的开发，还要重视创造人格的培养。

3. 创造力与人格的关系

心理学家普遍研究发现，创造人格对创造性的影响极其巨大，一般认为创造力与智力相比较的话，创造力比智力更依赖于人格因素的影响。因此，对大学生创造性的培养过程，某种程度上就是良好人格的培养过程。大量研究表明，在个人的各种特质中，责任心、自信心、独立性、宽容性、坚韧性和合作精神对创造是最为重要的。高创造力的人不会是思维偏执狭隘、容易刻板和从众的人，他们一般具有如下人格特质，大学生可以在日常生活中有意识地培养自己的相关人格特质。

第一，好奇心强。高创造力的人总是愿意走入“未知的领域”，兴趣广泛，对未知世界充满好奇，愿意探索和钻研。

第二，独立性与合作性都强。高创造力的人对自己的探索和研究具有责任心，愿意独立探索，坐得住“冷板凳”；当需要进行合作研究时，他们又能与人合作，谦逊好学，善于利用各种资源解决问题。

第三，自信心强。高创造力的人常常对自己的见解很自信，敢于探索，敢于挑战权威，不墨守成规。

第四，宽容性强。高创造力的人能容忍信息的模糊性，有较大的主动性和较少的禁止性，对新事物的接受较少有防御性。

第五，具有坚韧性。高创造力的人愿意投入精力进行长久的知识储备，他们在创造过程中存在内在动机模式，这种深远的动力使他们即使面对复杂的压力也能摆脱传统和禁锢，面对风险与挑战能持之以恒。

第六，对未来有高期望。高创造力的人对自己的智力成果抱有高期望，延迟满足能力强。他们能从所创造的事物和过程中获得快乐与满足，大大满足成就感。

此外，谈到创造力与人格的关系，我们还需要澄清一个观点。很多人对创造者有一个刻板印象：高创造性者总是生活在疯狂的边缘，所谓“天才与疯子只有一步之遥”。这种思想是有渊源的，最早可以追溯到柏拉图时期，当时人们认为伟大的创造力和疯狂有内在的联系。近代的克雷佩林（Kraepelin）也认为，患有“躁狂–抑郁”双相障碍的人，在其不正常的阶段会有思维自由流动的过程，这会促进创造力的产生。比如大家熟知的凡·高，在拥有高创作成就的同时，也在疯癫状态下割掉了自己的一只耳朵。还有学者认为，很多艺术和人类的伟大作品都与癫狂之类的情绪紊乱有关。甚至有学者认为，某些形式的心理疾病（例如双相障碍）和创造力之间至少存在着弱相关。然而，相关并不表示因果关系。这可能是由于某些形式的心理疾病使得人们变得更加具有创造力，也有可能是希望变得更具有创造力的努力增加了个体患心理疾病的可能性。另外，还有可能是个体脑部的某些特征使得他们具有更高的创造力，同时更容易患心理疾病。总之，这两个现象之间很可能并不存在因果关系。同学们要培养自己的创造力，还需要培养良好的人格特征，敢于创新，努力实践。

三、创造思维的培养和训练

对大学生进行创造思维的培养和训练，首先必须清醒地认识这是以中国式现代化实现中华民族伟大复兴的需要。同时还应探讨在课堂上如何进行创造思维培养、创造思维培养的一般方法，以及创造思维培养的具体方法，为大学生创造思维的培养提供一些具体思路。

1. 中国式现代化呼唤创新人才

党的二十大报告强调了“教育、科技、人才是全面建设社会主义现代化国家的基础性、战略性支撑”。中国式现代化呼唤创新人才，要“加快建设教育强国、科技强国、人才强国，坚持为党育人、为国育才，全面提高人才自主培养质量，着力造就拔尖创新人才，聚天下英才而用之”。因此，要加快实施创新驱动发展战略。二十大报告提出：“坚持面向世界科技前沿、面向经济主战场、面向国家重大需求、面向人民生命健康，加快实现高水平科技自立自强。”我们需要基于国家战略，大力进行高校新文科、新理科、新工科等探索创新，努力培养综合素质高、学科贯通性好的优秀高级专门人才，大力倡导原创性项目攻关，自主研发关键核心技术，鼓励自由探索，支持原创，增强自主创新能力。同时，国家还强调要深入实施人才强国战略。“培养造就大批德才兼备的高素质人才，是国家和民族长远发展大计。”要“加快建设国家战略人才力量，努力培养造就更多大师、战略科学家、一流科技领军人才和创新团队、青年科技人才、卓越工程师、大国工匠、高技能人才”。

大学生是国家未来的栋梁，是年轻知识精英中的中坚力量，对他们独立思维能力、批判思维水平、勇于破立的意识、坚持探索和不轻易言败的创新创造精神的培育，是我们在大学生的学习能力培育和创新创造精神培育中不可忽略的部分。

2. 课堂上创造思维的培养

环境因素在一个人创造思维的发展中发挥着重要的作用。我们来看看在课堂上如何培养大学生的创造思维。

（1）明确培养大学生创造力是有价值的

中国大学生经历了十几年围绕高考指挥棒的教育之后，受训练较多的是“求同思维”“聚合思维”，“求异思维”和“发散思维”训练不足。中国传统文化中“人怕出名猪怕壮”“木秀于林，风必摧之”等思想，导致一些学生不敢创造。有些大学生会认为创造是大学者的事情，与自己无关，没有创造意识和创新愿望，这是我们首先要纠正的。在课堂学习中，老师要努力营造民主宽松的课堂学习环境，告诉大学生我们重视和鼓励创造性思维和行为，鼓励有新意的观点和反应，欣赏有根据的创意观点，这将有可能培养大学生的创造力。

（2）思维活动过程中集中注意力于内部奖赏

引导大学生在思维活动过程中集中注意力于内部奖赏，而不是外部奖赏。研究表明：当大学生学习喜欢的东西时，他们更有创造性，并为他们做的事情由衷地感到自豪。课堂上，教师可以通过降低分数和评估的重要性，引导大学生将注意力集中到创造性努力所带来的内在满足上，通过培养大学生的好奇心和求知欲，大大提高大学生的创造力。如：我们可以告诉大学生，让大家不要过度担心成绩，只要你能基于合适的基础知识，合适的材料、工艺，提出别出心裁又具有价值的观点、方法就可以。最为重要的是你开动了脑筋，进行了全新的方法或理论探索，这将有助于你的创新思维发展。

（3）促进大学生掌握扎实的学科知识体系

大学生对所学专业知识和相关知识掌握得很全面、很深刻时，他们在相关领域的创造力更可能出现。因为创造是需要大量知识做基础的，不然就是无源之水、无本之木。

（4）设计能激发思考的问题

设计适合大学生思考水平的、能激发思考的问题，会更有利于发展大学生的创造力。我们需要给大学生设计较为高级、需要综合运用知识和技能的问题，如果能结合社会实践问题，结合大学生的知识基础提出结构不良问题，会更容易使大学生对问题充满兴趣、进行创造性的思考。同时，鼓励大学生积极开展创造性活动，鼓励大学生探索解决实际问题，将有利于其创造力的培养。

（5）为大学生提供进行冒险所需要的自由、安全和时间

高创造力的人常常比较爱冒险，敢于冒险。如果大学生不敢冒险，害怕失败，害怕评价与批评，他们可能就无法进行创造。所以学校和老师需要在一定程度上鼓励大学生敢于冒险，而不对他们的冒险表现进行评价。另外，老师要告诉大学生，在创新过程中出现错误和失败是非常正常的现象，是需要被接纳和允许的，这也是通向成功的必经过程，只是一个暂时现象。另外，创新是一个探索过程，大学生需要时间去提出假设和验证假设，需要发散思维。所以，要促进大学生创造力的发展，需要给他们时间，给他们摸索的过程。因为大学生往往是在某个领域有了长久的摸索和积累之后，才可能有所创新。

3. 创造力培养的一些建议

托兰斯曾总结了约30项有关创造力的研究，提出了培养创造力的几点建议：

（1）为创造力提供大量机会。给大学生安排新颖的工作，提出只有运用创造性思维才能解决的问题，促进创造性思维的大量使用。

（2）重视独特的问题、想法和解决办法。教师需要关注大学生提出的独特问题、思路和见解，尤其要保护大学生创造性解决问题的意识。教师可以通过发散式提问，训练大学生思维的流畅性。

（3）向大学生证明他们的想法是有价值的。教师要倾听、考虑、重视大学生的观点，鼓励大学生多与老师和同学交流思想。

（4）营造一种非评价的、安全的氛围。教师在课堂上公开地评价，容易给大学生带来被评判、被比较的紧张感，可能会阻碍大学生创造性的发挥。

（5）避免同伴的评头论足即评论性评价。鼓励同学之间互相提出不同意见，而不是评论性评价和指出缺点，鼓励提出创造性和建设性的补充意见。

（6）提供感受环境刺激的经验。让大学生通过视听嗅味肤觉等多感官通道参与到学习和创造中，通过具身认知来助益创造性思考。

（7）避免提供限制思维的例子或模式。教师要避免总是给大学生提供正确的解决办

法、完全正确的例子或完美无缺的成熟的思考模型，这样很容易让大学生形成心理定式和产生思维惰性，面对“正确的”解决方案，他们就不太敢进行调整和创新了。应鼓励大学生摆脱惯性思维，发展变通性思维。

（8）偶尔根据能力分组。能力水平均衡的大学生小组，相较于能力水平参差不齐的小组，在创造性活动中会少很多混乱和产生更多合作创新行为。

（9）允许实践和课程安排的灵活性。因为创造性活动需要大量搜集文献资料、需要大量时间检验或验证假设。创造源于闲暇，创造需要时间，所以教师在给大学生安排任务时，要给他们留出足够的创造时间，以利于大学生在碰撞中产生创造性成果。

4. 创造思维培养的具体方法

（1）头脑风暴法

奥斯本（Osborn）提出了“头脑风暴法”，意思是用暴风雨似的思潮撞击问题，产生类似“集思广益”的创造性解决问题的效果。通过向所有学生提出一个困难问题，而后以座谈会形式组织学生对问题进行讨论，相互启发，提出有价值、有创意又实用的解决办法。使用头脑风暴法有一个基本原则：要把提出观点的过程从评价中分离出来，因为评价很容易抑制创造性。如果一定要做评价、讨论甚至批评，也必须在所有可能的解决方案或建议都被提出后才能进行这个环节。

约翰·贝尔（John Bear）给出了头脑风暴法的四个原则。一是推迟判断。二是避免说观点是谁的。当有人感觉到某个解决问题的观点是他提出的时，可能会妨碍创造性思维产生。而当他所提出的观点遭到别人的评价与批评时，可能会激起当事人的防御，从而导致不愿意别人去修改他的观点，而陷入固执己见的泥潭。三是任何时候都可以利用其他观点。要允许所有参与讨论的成员借用其他成员已经提出的观点成分，这样做有利于其提出更优的创造性解决方案。四是鼓励疯狂的观点。因为这些标新立异的观点可以成为其他成员创新思维的诱导线索，可以促进其他成员在此独特想法上进行调整和改进，从而产生更加适合现实的解决方案。大家在这样的头脑风暴中，有效训练了发散性思维。无论是个人还是群体，都可以在头脑风暴中获益。

（2）展开性思维训练

可以从多个侧面、多个视角对大学生进行展开性思维训练，如以材料、结构、形态、组合、功能、方法、关系和因果等方面作为“展开点”，进行思维的灵活、新颖性训练，培养创新思维。以功能展开性思维训练为例，如：你能说出一张报纸的用途吗？用途越多越好。大学生可能给出的答案有：阅读信息、了解新闻时事，给大学生发表习作、发表成果，折成一把扇子扇风，包裹物品，遮挡光线，做成报纸环保时装，折成绳子状扎口袋，做灯芯，引火或点燃取暖，卷起来做望远镜，叠纸飞机，叠起来做苍蝇拍打苍蝇，做抹布擦油污或脏东西，垫座，染色后做纸花，折起来垫平桌子脚，给白炽灯做灯罩，做戏剧表演的道具，卖废品，等等。

（3）缺点列举法

人类因为对以前的物品或方法有不满意、不方便的感受而产生了创新改进的想法，从而诞生了越来越多的创新产品和技术。如：你能说说因为传统键盘手机有哪些缺点与不足，而要发明创造出智能手机来进行替代吗？学生可能列出的缺点有：键盘手机只能打电话、发短信，不能进行视听的实时传输；键盘手机无法联网充当一台小型计算机使用；不能收发邮件；不能玩微信；不能上QQ；不能刷抖音；不能看视频；不能使用微信或支付宝扫码支付；不能使用手机银行；不能炒股；不能网购；不能点外卖；不能打车；不能导航；等等。

（4）希望点列举法

有人幽默地说，世界上很多发明创造，往往是为了让人类变得更懒、更会享受而产生的。如人们懒得爬楼而创造了电梯，懒得洗衣而创造了洗衣机，懒得扫地而创造了扫地机器人，懒得洗碗而创造了洗碗机，等等。人们对美好生活的向往，往往会成为发明创造的巨大原动力。希望点列举法就是把对某个事物的希望点列出来。如：能否设计一个人工智能产品，做到把录下的语音即时翻译成文字和多种语言进行传输？有学生可能会这样思考：语音一出来，希望屏幕上就能立即投影出中文文字，即把语音转化为文字呈现，可以省去很多打字整理的时间；除了翻译为中文以文字呈现，还希望能翻译成英语、法语、德语、日语等进行语音呈现和文字呈现；除了能把普通话语音转换为文字呈现，还要能把湖南话、四川话、东北话、闽南语、粤语等各种方言转化为文字呈现，并且能把汉语的各种方言转化为英语、法语、德语、日语等；此外，还希望能把外语语音转化为中文语音和中文文字进行即时呈现等。

（5）联想训练

就是在见到一个事物形象、语词或动作时，会联想到另外的形象、语词或动作。研究发现，基于大学生的现有知识经验基础，进行活跃的联想能力训练，有助于创造力的发展。在两个看似不相关的词语之间，再写出两个或三个与前后词意有联系的词语，这样可以有效训练联想能力和创造思维。如：“鸟—书”中，可以加入两三个有联系的词语，如：鸟—（树）—（亭子）—（人）—书。同学们也可以自己训练，在如下两个词语之间分别写出两三个与前后词有联系的词语：“钢笔—月亮”“书桌—电费”“铁—月饼”等。

关于创造力训练的思路与方法是多样的，这里仅列出几种方法供同学们参考。最为重要的是大学生要有创新意识和创新勇气，敢于挑战权威，敢于创新，更好地促进创新能力的发展。

职业心理之窗

教师的学习永远在路上

百年大计，教育为本。教育大计，教师为本。习近平总书记非常重视教师工作，并认为“教师是人类灵魂的工程师，是人类文明的传承者，承载着传播知识、传播思想、传播真理，塑造灵魂、塑造生命、塑造新人的时代重任”。因此，要成为一名新时代的好教师，学习永远在路上，学会学习和终身学习必不可少。

在职业生涯发展过程中，教师很容易出现学习动力不足、职业倦怠、过分重视专业知识的学习而忽略德育、学习中遇到困难难以解决、孤军奋战等问题。教师的学习心理调适主要包括以下六个方面：第一，学无止境，树立终身学习的理念，提升学习意识，保持学习兴趣，保持内在的学习动机。第二，在学习过程中，学会科学的学习方法，愉快地学习，如：注意劳逸结合，从实践中学习，从而收获学习中的快乐与幸福。第三，重视德育，不断提升个人修养，将教书与育人相统一，既要重视本专业知识的学习，也要注意言传身教，实现全方位和全过程育人。第四，做好教师职业发展规划，突破职业发展的瓶颈期，防止职业倦怠。第五，建立学习和科研团队，在团队中互帮互助，提升学习效率。第六，强化社会支持系统，多与家人、同行、朋友沟通，收获亲情和友谊。

思考题

1. 什么是学习？大学生学习的特征是什么？如何有效激发学习动力？
2. 考试焦虑的调控策略有哪些？
3. 大学生如何进行网络学习心理调适？
4. 创造力与人格有什么关系？培养大学生的创造思维有哪些方法？

心理活动：展开性思维训练

目的：通过展开性思维训练培养大学生的创造性思维。

操作：

尽可能多地写出下列物品的用途（如玻璃杯、小刀、火柴盒、废旧的牙膏管、用完的易拉罐、台灯等）。

第五章

有效管理情绪

情绪仿佛是一条蜿蜒起伏的河流，穿越我们的生命。我们会经历各种河段，轻松的、欢愉的、欣喜若狂的、忧郁的、焦躁的、波涛汹涌的……大学生正处于青年期，情绪波动较大，情感体验复杂而丰富。因此，体察自己的情绪，了解什么是健康和积极的情绪，知道不良情绪的影响，学会通过合理宣泄、调整认知等方法调控情绪，对我们的学习、生活大有裨益。正如古人所说：笑一笑，十年少；愁一愁，白了头。

第一节
情绪与情绪健康

要认识和驾驭情绪，首先要了解情绪的含义与构成、情绪的基本状态与类型以及什么样的情绪才是积极健康的情绪。

一、情绪的含义与构成

什么是情绪？人们的情绪是如何产生的？情绪又是由哪些因素构成的呢？

1. 情绪的含义

情绪是人对客观事物是否符合自己的需要而产生的主观态度的体验。在我们经历得失、顺逆、荣辱、美丑等各种情境时，会感受到不同的情绪。当客观事物或情境符合主体需要和愿望时，就能产生积极、肯定的情绪。如喜欢看书的人得到了一本好书会感到满意，他乡遇故知会感到欣喜，遇到情投意合的伴侣会感到幸福等。当客观事物或情境不符合主体需要和愿望时，就会产生消极、否定的情绪，如失去亲人会引起悲痛，无端遭到攻击会产生愤怒，工作学习失误会出现内疚和苦恼等。由此可见，情绪是人脑对客观事物的反映，但它反映的不是客观事物本身，而是客观事物与人的需要之间的关系。情绪具有独特的喜、怒、哀、惧等基本的主观体验及外部的行为表现，并伴有内脏器官、内分泌腺或神经系统的生理变化。

2. 情绪的构成

情绪是由个人独特的主观体验、外部表现和生理唤醒三种成分组成的。

心灵的感受——主观体验。主观体验是个体对不同情绪和情感状态的自我感受。每种情绪都有不同的主观体验，它们代表了人们不同的感受，构成了情绪和情感的心理内容。例如，大学生通过努力赢得比赛时欣喜得热泪盈眶，感受到由衷的满足、快乐、自信和自豪；在突如其来的地震、海啸等自然灾难面前，人们感到惊惧；在失去至爱的亲人时，人们感到无比悲伤与哀痛；等等。这些都是人们对情绪的主观体验。“人非草木，孰能无情”，人类精神世界的丰富，正在于它包含了神奇丰富、多姿多彩的情绪体验。可以说，没有情绪体验的生活，将是一种没有色彩的、黯淡无光的生活。

情绪的镜像——外部表现。人的主观体验总是表现出相应的表情模式，例如，愉快时脸上带笑甚至手舞足蹈，悲伤时眉头紧锁甚至流泪不止。情绪与情感的外部表现就称为表情，它是在情绪和情感状态发生时身体各部分的动作量化形式，包括面部表情、姿态表情和语调表情。面部表情是所有面部肌肉变化所组成的模式，如高兴时眉头平展、面颊上提、嘴角上翘。面部表情模式能精细地表达不同性质的情绪和情感，因此是鉴别情绪的主要依据。姿态表情是指除面部以外身体其他部分的表情动作。比如，快乐时手舞足蹈，悔恨时捶胸顿足，惧怕时手足无措，狂喜时捧腹大笑，虔诚或沉痛时肃立低头等表情动作都是姿态表情。言语表情是指情绪发生时在语言的音调、节奏和速度方面的变化。例如，悲哀时语调低沉，语速缓慢；喜悦时语调高昂，语速较快。此外，感叹、烦闷、讥讽、鄙视等也都有一定的音调变化。言语中音调的高低、强弱，节奏的快慢等所表达的情绪，是言语交际的重要辅助手段。一般来说，在上述三种表情形式中，面部表情在情绪的交流中起主导作用，姿态表情和言语表情则起辅助作用。

躯体的动员——生理唤醒。生理唤醒指的是情绪的生理反应，是一种生理的激活状况。如心率加快、血压升高、瞳孔放大、血管的舒张和收缩、内分泌的变化等。这些器官活动的增强能保证机体活动时所需的能量供应。例如，血管的舒张和收缩使血液更快进入肌肉，使肌肉活动更有效、更有力，血糖水平的提高保证了脑部充足的葡萄糖供应，从而使机体做好应对各种紧急情况的充分准备。不同情绪的生理反应模式是不一样的，如满意、愉快时心跳节律正常；恐惧或暴怒时心跳加速、血压升高、呼吸频率增加，甚至出现心跳停顿；惊惧时可出现呼吸暂时中断，外周血管收缩，脸色变白、出冷汗、口干；焦虑、抑郁时可抑制胃肠道和消化液的分泌，导致食欲减退等。

二、情绪的基本状态与类型

情绪可分为心境、激情、应激三种状态，对我们的生活产生不同的影响。人有四种基本情绪，即快乐、愤怒、恐惧和悲哀，在这四种基本情绪之上，还可以派生出众多的复杂情绪。

1. 情绪的基本状态

情绪是多种多样的，依据其发生的强度、持续性、紧张度可分为心境、激情、应激三种状态，它们在人的生活中都有重要意义。

心境是指比较微弱、持久地影响人整个精神活动的情绪状态。心境持续时间有很大差别。某些心境可能持续几个小时，另一些心境可能持续几周、几个月甚至更长时间。心境不是关于某种事物的特定体验，而是具有弥散性，如高兴时看什么都高兴，俗话说“人逢喜事精神爽”，似有“万事称心如意”之状态。烦闷、不高兴时，看什么都不顺眼，正如古语曰，“忧者见之则忧，喜者见之则喜”，这就是心境的表现。心境有积极和消极之分，积极心境使人精神振奋，有助于积极性的发挥和工作效率的提高；不良心境可使人颓丧、悲观、烦倦、消沉，不利于学习和工作的顺利进行。

激情是一种强烈的、短暂的、有爆发性的情绪状态，如狂喜、愤怒、绝望等都属于这种情绪状态。这种情绪状态通常是由对个人有重大意义的事件引起的。重大成功之后的狂喜、惨遭失败后的绝望、亲人突然死亡引起的极度悲哀、突如其来的危险所带来的异常恐惧等，都是激情状态。在激情状态下，人的理解力、自制力降低，甚至失去自我控制能力。激情有积极和消极之分。积极的激情与理智、坚强的意志相联系，它能激励人们攻克难关。消极的激情对机体的活动具有抑制作用，使人的自制力下降。如绝望时常目瞪口呆，丧失勇气，甚至会引起冲动行为，做出一些不该做的事，一旦时过境迁，情绪平定后，又后悔莫及。

应激是在出乎意料的紧迫情况下引起的高度紧张的情绪状态。在人们遇到突如其来的紧急事故时，就会出现应激状态，如遇地震、火灾、车祸或亲人意外死亡等重大事件后都会发生。应激有两种可能状态：一是目瞪口呆，手忙脚乱，陷入困境；一是急中生智，行动果断，摆脱困境。人在应激状态下，肌肉、血压、心率、呼吸以及腺体活动都会出现明显变化，这些变化一方面有助于适应急剧变化的环境刺激，维护机体功能的完整性；另一方面，有时候应激状态的延续能击溃一个人的生物化学保护机制，使人的抵抗力降低，以致被疾病所侵袭。应激的状态不能维持过久，因为这样很消耗人的体力和心理能量。若长时间处于应激状态，可能会导致适应性疾病。

2. 情绪的类型

关于情绪的类型，长期以来说法不一。我国古代有喜、怒、忧、思、悲、恐、惊的七情说。美国心理学家普拉切克（Plutchik）提出了八种基本情绪：悲痛、恐惧、惊奇、接受、狂喜、狂怒、警惕、憎恨。还有的心理学家提出了九种类别。虽然类型很多，但目前被普遍认可的是艾克曼（Ekman）在1987年提出的六种基本情绪，即快乐、愤怒、恐惧、惊奇、厌恶和悲哀。

快乐。快乐是一种追求并达到目的时所产生的满足体验。由于需要得到满足，愿望得以实现，心里的急迫感和紧张感解除，快乐随之而生。快乐有强度的差异，从愉快、兴奋到狂喜，这种差异与所追求的目的对自身的意义以及实现的难易程度有关。

愤怒。愤怒是由于受到干扰而使人不能达到目标时所产生的体验。愤怒时紧张感增加，有时不能自我控制，甚至出现攻击行为。愤怒也有程度上的区别，一般的愿望无法实现时，只会感到不快或生气，但当遇到不合理的阻碍或恶意的破坏时，愤怒会急剧爆发。德国哲学家康德曾说，生气是拿别人的错误惩罚自己。因此，控制愤怒的情绪对每个人都很重要。

恐惧。恐惧是试图摆脱、逃避某种危险情景时所产生的体验。引起恐惧的重要原因是缺乏处理可怕情景的能力与手段。比如，在遇到地震、海啸等强烈的自然灾害时，人们无力应付，往往就会惊恐万分。恐惧的产生不仅是由于危险情景的存在，还与个人排除危险的能力和应付危险的手段有关。

惊奇。惊奇与愿望或信念等有关。如果外部情景不符合个体的信念，个体就会觉得惊奇。例如，人们所经历或体验的事情与原来一贯持有的信念相距甚远时，就会产生惊奇的情绪反应。

厌恶。厌恶是由令人不愉快、反感的事物诱发的情绪，有特定的面部表情、生理体验和行为倾向。比如人们看到腐败的食物、肮脏的地板、不讲公德的行为等而产生的不愉快的情绪。

悲哀。悲哀是在失去心爱的对象或愿望破灭、理想不能实现时所产生的体验。悲哀情绪体验的程度取决于对象、愿望、理想的重要性与价值。失去的事物对主体的心理价值越大，引起的悲哀越强烈。当然，悲哀并不总是消极的，它有时也能够转化为前进的动力。

在以上六种基本情绪之上，可以派生出众多的复杂情绪，如羞耻、悔恨、嫉妒、同情等。

三、情绪健康与情绪的意义

情绪健康主要体现在表达方式恰当、反应适度和积极情绪多于消极情绪上。理解情绪的意义，对我们认识情绪和保持情绪健康、维护大学生的身心健康意义重大。

1．情绪健康

情绪健康是大学生心理健康的一个重要指标，大学生的情绪健康应表现为：

表达方式恰当。情绪健康的人能通过语言和行为准确表达情绪，能够采用被自己和社会所接受的方式去表达或宣泄情绪。比如，大学生宣泄情绪时砸坏公共设施就不被社会所接受，而进行体育锻炼就比较合适。

情绪反应适度。情绪健康的人的情绪反应，不论是积极的还是消极的，都是由一定的原因引起的。情绪反应的时间、强度与引起情绪的情境相符合。如果一个大学生经常“无故寻愁觅恨，有时似傻如狂”，喜怒无常，悲观失望，那他的心理肯定是不健康的。

积极情绪多于消极情绪。情绪健康并不否认消极情绪的存在，但情绪健康者应该是积极情绪多于消极情绪，而且所出现的消极情绪持续时间较短、程度较轻，不涉及与产生消极情绪无关的人和事，即对象明确，善于控制和调节自己的消极情绪，能较好地驾驭自己的情绪。

2．情绪的意义

每种情绪都有存在的意义。快乐、开心等积极情绪固然反映了个体当下的积极体验，焦虑、抑郁等所谓消极情绪其实也有作用。如同身体生病是提醒我们要注意健康一样，负性情绪的出现和维持也是在提醒我们需要面对和处理某些事情。临近考试，大部分同学会有些焦虑，担心复习不到位、考试成绩不理想，但正是这样适度的焦虑，才会提醒我们要认真复习，学习动力被大大激发，即所谓转“鸭梨”（压力）为“冻梨”（动力）。当抑郁情绪出现时，可能是提醒我们应该更多地把注意力从外部转到内部，关注内心感受，反省自身行为，调适当下生活。当我们对其他同学产生嫉妒情绪时，这说明别人有超过我们的方面，嫉妒情绪是在提醒我们要提升自身水平和实力。总之，各种情绪都有存在的理由，更有深层的意义，大学生应该学会识别和理解情绪中的积极意义，做好应对和调节。

第二节 大学生的情绪特征与情绪智力

大学生特有的年龄阶段和心理特点，使得其情绪表现具有丰富性和阶段性并存、稳定性与波动性并存、外显性与内隐性并存、冲动性与理智性并存的特点。情绪会直接影响大学生的身心健康、学习和人际交往，提高情绪智力有助于大学生的发展。

一、大学生的情绪特征

大学生处在人生的特殊成长时期，在生理发育趋向成熟的同时，知识经验和思维水平不断提高，心理也发生着急剧的变化。这种变化尤其反映在情绪上，并显著地影响着他们的行为。大学生特有的年龄阶段和心理特点使得他们的情绪表现出自己的特色。

1. 丰富性和阶段性并存

大学生活内容丰富多彩，使得大学生的情绪活动对象扩大，出现许多前所未有的情绪体验，因此，大学生的情绪内容表现出极大的丰富性。随着大学生生理和自我意识的不断成熟和发展，他们对自己的能力、特长、性格特征、身份地位、道德水平等有了更深刻的认识和评价，专业兴趣、恋爱、人际交往、就业等新问题开始不可避免地出现在大学生的面前，这样也相应地产生多种多样的情绪体验，使大学生的情绪日益丰富而深刻。

大学生的情绪还表现出阶段性的特点。从大一新入学到大四毕业，大学生情绪的发展有一个由不稳定到稳定、由不成熟到成熟的渐进过程。刚进大学，面对新的环境，他们充满了美丽的幻想和高度的期望，凡事都很积极热情，兴趣广泛。同时，这个时期大学生也面临着学习方法、生活环境、人际交往等方面的适应问题。大二、大三的学生对大学生活一般都已经基本适应，他们既没有新生的那种兴奋和轻松，也没有高年级学生那种面临毕业的紧张和忧虑，情绪一般稳定。大学毕业生随着个人知识经验的增多，社交范围的扩大，开始更多地思考人生与社会，对就业、择偶、家庭等问题的想法和打算变得越来越现实。所以大学毕业生的情绪开始呈现出矛盾、复杂的一面，情绪的丰富性、含蓄性明显增强。

2. 稳定性与波动性并存

与中学时代相比，大学生的自我监控能力相对有了较大的发展，能够对自己的情绪和行为进行较客观的认识和评价，情绪日趋稳定且出现了心境化的特点。遇到开心事，仿佛一切都染上了“快乐的色彩”，觉得事事顺心；而一旦有忧愁，就愁肠百结，观花“花溅泪”，闻鸟“鸟惊心”。但大学生与职业人士相比，情绪的波动仍很明显，表现为情绪易大起大落，从一个极端跳到另一个极端。大学生的情绪波动性与其心理发展不成熟有密切关系。一方面大学生的生理变化和社会需要都处在高峰阶段；另一方面，由于他们对自己需求的合理性、社会的复杂性缺乏正确认识，容易由于主客观的矛盾冲突导致心理不平衡，反映在情绪上就表现出波动性。

3. 外显性与内隐性并存

大学生思维敏捷，反应灵敏，喜怒哀乐常见于言表。在一般情况下，大学生由情绪引起的内心变化与外部表现是一致的，即呈现外显性的特点。但在特定场合下和特定问题上，大学生情绪的外在表现和内心体验并不总是一致的，有时甚至完全相反，通过掩饰、隐藏或抑制自己的真实情感，不像儿时坦率天真，表现出内隐含蓄的特点。如在对待异性的态度上，明明喜欢对方，却害怕与之交往，且故意疏远。实际上，大学生情绪的外显性与内隐性是对立统一的，两者在一定的条件下可相互转化。大学生心理上存在着封闭性，但同时又渴望交往，他的真心话语在适当的情境中会表现出来。

4. 冲动性与理智性并存

大学生在外界刺激下容易产生冲动情绪与行为，表现出强烈性、爆发性的特点。可能是因为处于青年期的大学生自尊心强，对外界事物较为敏感，年轻气盛，容易冲动，感情用事。大学生之间的打架斗殴事件大多就是由一件小事甚至不经意的玩笑激起的，有的还因此造成严重后果。虽然大学生的情绪具有冲动性的特点，但随着年龄的增长，文化修养的提高，他们开始具备反省自身弱点的能力和控制自己情绪变化的能力，多数情况下能“三思而后行”，他们常常能够对冲动的情绪进行自我调适，理性地思考和面对问题，使情绪和行为的反应趋于理性。

二、情绪对大学生的影响

情绪会直接影响大学生的身心健康、学习和人际交往。

1. 情绪对大学生身心健康的影响

情绪对人的身心健康具有直接影响。若能保持愉悦的心境，为人开朗乐观、积极向上，则人体免疫功能活跃旺盛，可以减少患病的概率，有益健康。大学生正处在身体的成长阶段，情绪的变化对生理功能将产生直接的影响。当大学生的情绪处于消极状态时，伴随出现的心理状态则是不安、愤怒、恐惧或痛苦，容易使身体出现问题，消化系统、循环系统、内分泌系统和神经系统等各部分器官不协同工作，导致健康受到损害。所以，积极而正常的情绪体验是保持心理平衡与身体健康的条件。“一个小丑进城，胜过一打医生”非常形象地说明了情绪对人身体健康的影响。

2. 情绪对大学生学习的影响

情绪与大学生的潜能开发、工作效率有关。积极的情绪情感往往使大学生乐于行动，有兴趣学习、工作和活动，有助于开阔思路，注意力集中，富有创造性。研究发现，精神愉快、心情舒畅、张弛有度是思考和创造的最佳状态，能有效地进行智力活动。心理学家用实验方法研究情绪与学习成绩的关系时，分析焦虑程度与学习成绩的关系，结果表明，焦虑程度与学习效率的关系可用倒U形曲线表示。过于放松或过分焦虑都不利于学习效率的提高，只有适度的焦虑能使大学生取得较高的学习效率。在生活中常有这种现象：有的大学生在考试时过分紧张，结果出现“晕场”现象；反之，有的大学生对考试采取顺其自然的态度，考试成绩却不错。

3. 情绪对大学生人际交往的影响

情绪在人际关系中起着信号、表达和感染作用，是人际交往的重要手段。情绪智力的高低直接影响人际关系的亲疏程度、深浅程度和稳定程度。对自我情绪的认知、表达和调控，对他人情绪的觉察和把握，有助于大学生处理好人际交往问题，建立和谐的人际关系。

从情绪的内容来看，积极的情绪，例如乐观、热情、自尊、自信是人际间产生相互吸引的重要条件，能缩短彼此间的心理距离，使情感融洽。而自卑、情绪压抑、易发怒的人，往往不能与他人正常相处，难沟通、易疏远。

从情绪的觉察来看，能够清楚准确地了解自己的情绪、能觉察他人的情绪的人更加受欢迎。根据外部环境的要求，有效地调整自己的情绪状态，更好地向他人表达自己的情绪，完成有效的沟通，能为良好人际关系的建立、维系和发展奠定基础。知觉他人的情绪则有助于大学生觉察他人、理解他人，建立起和谐、融洽的人际关系，增强自身的人际交往和社会适应能力。

从情绪的控制来看，对自己负责，对他人尊重、宽容、忍让，有较强的情绪调控能力的人更加受欢迎。一个情绪自控能力较差的人，常会不顾场合乱发脾气，很可能把“自我发泄”引向“向他人发泄”，喜怒无常，过度情绪化，甚至耿耿于怀，这将直接影响人际关系。而稳定、积极的情绪有利于人际关系的建立和巩固。

三、大学生的情绪智力

了解情绪智力的概念及作用，了解大学生情绪智力的状况和影响因素，不仅有助于大学生培养良好的情绪，还有助于大学生身心健康发展。

1. 情绪智力的概念

1990年，耶鲁大学的彼得·萨洛维（Peter Salovey）和新罕布什尔大学的约翰·梅耶（John Mayer）第一次提出了“情绪智力（emotional intelligence）”的概念，2008年《心理学年鉴》将情绪智力定义为“能够准确对情绪进行推理的能力和使用情绪及情绪知识从而提高思维的能力”，包括以下不同层次的四种能力。

第一层：感知和表达情绪的能力。包括四个方面：一是能识别他人感受到的情绪的能力。例如，通过非语言信息来识别他人的情绪，小孩噘着嘴表示生气了，朋友低头不语可能是在伤心。二是觉察他人情绪表达的真实性。例如，能看出某人是通过表达愤怒情绪来掩盖内心的无力感。三是评价自己情绪的能力。能够意识到自己正在经历的情绪，确认自己内心真实的感受。例如，心情抑郁的时候，能意识到自己有难过或委屈等情绪，并不完全是身体不舒服。四是清晰地向别人表达自己情绪的能力。例如，孩子清晰准确地说出自己怕黑，父母就能知道孩子内心的恐惧情绪。

第二层：使用情绪的能力。包括两个方面：一是情绪对认知过程综合效应的认识。例如，一个人在做重大决定时内心感到比较焦虑，他意识到焦虑情绪可能在提示做此决定有风险，于是就会采取更为谨慎的行动来规避风险。二是利用情绪指导认知活动和问题解决的能力。人们会有效地根据认知活动的需求产生情绪。例如，学习时心情愉悦有助于提高解题速度，如果抱怨不断，则会降低解题效率。

第三层：理解情绪的能力。包括三个方面：一是理解情绪语言的能力。指一个人准确识别语言和情绪之间的关系，并且能用比较准确的语言来描述自己和他人的情绪。二是分析事件和情绪之间因果关系的能力。例如，通常来说伤心往往伴随着丧失某人或某事物，丧失事件是伤心情绪产生的原因。三是理解简单情绪如何组成复杂情绪的能力。例如，喜极而泣就是主要由惊奇和快乐组成的复杂情绪。如果具备这种能力，就能理解更为复杂的情绪。

第四层：调节情绪的能力。包括三个方面：一是设置情绪调节目标的能力。一个人可以判断目前的情绪在当前环境中是否最佳，如果不是最佳情绪，可以改变情绪的目标。例如，接到一个重大任务时感到焦虑是正常的，但过于焦虑则容易影响行动力，此时就需要进行情绪调节。二是选择情绪调节策略的能力。调节情绪的方法有多种，我们可以根据自己的能力与喜好选择合适的方法。比如爱运动的人可以选择跑步的方式来调节情绪。三是使用情绪调节策略的能力。例如，领导有很多方法可以调动团队成员的情绪，并且能够正确运用所选择的情绪调节策略。

以上四种能力有一个从低到高的发展过程，最低层是感知和表达情绪的能力，最高层与有意的、反省性的情绪调节有关。

2. 大学生情绪智力的状况和影响因素

我国学者卢家楣等的研究表明，我国大学生的情绪智力总体情况较好，其中理解他人情绪的能力水平最高，但是表达自己情绪的能力较低，容易导致个体人际互动受损和负性情绪堆积。

情绪智力是一种可以培养变化的能力，大学生精力旺盛、接受力强，情绪智力的变化更为明显。卢家楣等的研究表明，人际关系、上网时间、教养方式和价值观都影响着大学生的情绪智力。

第一，人际关系。大学生逐渐脱离家庭，学校是大学生活动的主要场所，师生关系和同伴关系显得尤为重要。青少年情绪智力得分与师生关系呈现同步逐级提高的趋势，如果教师与学生相处时气氛和谐融洽，更能促进学生情绪智力的发展。良好的同伴关系使得大学生更容易获得社会支持和进行情感交流，减少人际冲突。同时，高情绪智力者因为情绪识别、理解能力更高，更能做出积极应对，维持良好的人际关系。

第二，上网时间。上网时间是影响情绪智力的一个重要因素。当大学生过度沉浸于网络世界时，必然减少真实人际交流的时间，淡化人际情感，逐渐减少情绪理解、表达和调节的练习机会，导致情绪智力下降。

第三，教养方式。教养方式对情绪智力的影响主要表现在情绪理解方面。民主型的家庭教养方式更有利于孩子的情绪智力的发展。虽然大学生住校后与原有家庭关系较之前有所减弱，但父母的积极教养方式对情绪智力的发展会产生连续而持久的作用，父母的情感温暖、关心理解有助于大学生的情绪智力的发展。

第四，价值观。对社会主义核心价值观认同度越高，对社会舆论，如公益广告、公益活动、道德行为等越关注的大学生，情绪智力发展越好。因为在关注社会舆论的同时，大学生可以通过观察和模仿这些社会榜样，促进自己的情绪智力的发展。

情绪智力影响着大学生的方方面面，包括身体健康、适应性、人际交往能力、学业成就、幸福感、就业质量、社会成就等。因此，可以从家庭、学校、社会三个方面分别采取相应措施，来促进大学生情绪智力的发展。

第三节
情绪的自我调控

丰富多彩的大学生活会给大学生带来很多压力，社会期望高、学习负担重、就业竞争激烈等使大学生容易产生情绪的波动和负面情绪。情绪波动过大或者过于负面，会妨碍大学生的身心健康，影响其生活、学习和工作。因此，大学生必须正确认识自己的情绪，了解情绪调节的方法，有针对性地进行自我调节，做到有效的自我情绪管理。

一、觉知情绪和接纳情绪

觉知情绪和接纳情绪是情绪自我调控的基础。

1. 觉知情绪

进行情绪管理，首先要觉察情绪的存在。生活中很多时候，情绪会伪装成身体不适，表现为心慌、心悸、胸闷等症状。这种情况下，通过看病吃药来进行治疗，效果往往不好。我们应该将身体感觉和心理感觉区分开来，找出身体不舒服的根源——情绪，再采取相应方式进行处理。有时我们会感到“心中不舒服”或者“感到不痛快”，但又无法识别和命名这种情绪，更不知其因何而起，因而难以去疏导和应对。因此，大学生要提高觉察情绪和识别情绪的能力，训练自己及时察觉自己的情绪变化。具体有两种可行的方法：

探索情绪。要明白自己拥有的情绪，可以找一个独处的时间，安全的空间，大声地把任何感觉不加责备、不逃避地说给自己听。或者通过与专业人士沟通，如进行心理咨询，来弄清自己的情绪。同时，对自己的过去进行探索，也能够清楚自己个人独特的内在反应模式及情绪反应的原因。比如通过自由联想童年相关的记忆，问问父母朋友关于自己的童年回忆中的喜怒哀乐等方式，从过去的经验或回忆中探索自己的情绪。

知识窗：面部表情——情感的镜像之一

中国有句老话“出门看天色，进门看脸色”，一个人的情绪通常会通过面部表情表达出来，我们看看“脸色”就能基本判断这个人的喜怒哀乐了。中国京剧中的脸谱也是通过着重夸张眉、眼、嘴、鼻和脑门五个部位来表达情绪。

面部表情是由脑和躯体神经系统支配的骨骼肌运动，具有全人类普遍性。也就是说，无论是文明社会还是原始部落，无论是白人黑人还是黄种人，都有着基本的面部表情。婴儿从出生到一岁期间，已经能够确切地表达八种基本情绪，分别是兴趣、惊奇、愉快、痛苦、厌恶、愤怒、惧怕和悲伤。

面部表情具有控制性。在长大的过程中，我们慢慢学会了控制情绪，也学会了控制面部表情。例如，孩子从一开始摔倒时毫无顾忌地哇哇大哭，到后来忍着泪爬起来，是因为妈妈教育他要勇敢。孩子三四岁时就已经能够有意抑制和掩盖自己的表情。成人就更加如此，尤其在一些公开场合，会更加注意和控制自己的面部表情。

面部表情也受到文化差异的影响。中国儒家文化奉行“不以物喜，不以己悲”，强调不苟言笑，不鼓励充分的情绪表达，导致中国人情绪表情上的内隐和抑制的特征。而西方人崇尚自由，对情绪的识别、表达都更为充分，因此面部表情也更为丰富。

资料来源：孟昭兰，《情绪心理学》，北京大学出版社2014年版

记录情绪。增加觉察力的另一个方法是通过写日记、网络日志等方式，从记录自己每天的情绪状态着手。在日记中具体地描述事件的发生、觉察自己的情绪、了解自己的想法，并与过去的经验做一些联结，看看是否受到过去经验的影响。心理咨询中常用的三栏日记、五栏日记就是不错的记录方式。

2. 接纳情绪

承认和接纳情绪是自我调控情绪的第一步。如果我们不能接受自己有负面情绪或者情绪波动过大，会给调控情绪造成困难。每个人情绪的稳定性、敏感性和表达强度都是不同的，这与我们不同的气质类型、独特的生活经历和面临的现实问题有关。因此，当负面情绪出现时，接纳比否认和抗拒有意义。例如有人惧怕人际交往，要想清除这种惧怕，先得承认自己对人际交往有惧怕的心理。如果认为那是丢人的事情而不愿承认，他将无法克服那种恐惧。同样，有些人怀有愤怒之心而又不肯承认愤怒的存在，他也无从消除那些愤怒。

二、合理的宣泄与放松

情绪就像我们的朋友，有时候来了不愿走。这时候可以通过适当的宣泄与放松来进行应对。一般来讲，常用的主要有以下几种方法：

1. 倾诉法

这是最直接，效果也最明显的宣泄方法。当我们情绪比较低落时，找一个知心朋友、家人或者心理咨询师，将自己的苦闷、抱怨和导致不良情绪的事件都倾诉出来，

对方的耐心倾听、理解、安慰以及感情的支持对于我们恢复正常情绪都是一剂良药。当然，倾诉的形式可以多种多样，除了上面所讲的面对面的倾诉之外，打电话、写书信、写日记、发朋友圈、发微博也是很好的倾诉方式。

2. 眼泪缓解法

作为一种人类的本能，流泪是自我心理保护的一种措施，它不但能释放不良情绪、调节机体平衡，还能排出毒素。美国心理学家威廉·弗莱（W.Ferre）认为，流泪能排除人体由于感情压力所造成和积累起来的生化毒素，使流泪者恢复心理和生理上的平衡，因而对健康有益。反之，如果这些毒素不通过流泪排出而滞留在体内，将对健康不利。因此，在悲痛时大哭一场，可使情绪平静。

3. 音乐缓解法

音乐是一种强有力的感觉刺激形式和多重感觉体验。美国音乐治疗之父加斯顿（Gaston）指出，音乐对于人的情绪的影响力非常大，不同的音乐可以影响人的行为节奏和生理节奏，引发各种不同的情绪反应。大学生可能都有这样的体验，心情不好时戴上耳机听听音乐，随着或激昂或优美或欢快的音乐响起，情绪也慢慢平复。运用音乐缓解法要注意选择好音乐类型，在忧伤的时候听听积极向上的音乐，在沮丧时听听激昂的音乐，在焦虑时听听舒缓悠扬的曲子，将有助于更好地调节情绪。中医五音音乐疗法也有助于调节情绪，它是以传统五音和中医五行理论为基础，运用宫、商、角、徵、羽不同音调特点的音乐与人体脏腑器官、情志、疾病相对应来防病治病。

4. 行为宣泄法

大学生在产生不良情绪时可以采用行为宣泄的方法来缓解情绪压力，其中运动是最好的方式。格雷格·沃尔夫（Greg Woolf）认为：“运动对心理和情绪的作用胜过于生理，运动是迄今为止最好的心理治疗师之一。”运动不但能够缓解压力，还能够分泌俗称“快乐物质”的多巴胺等多种神经递质，即使只是轻度运动，如慢跑、跳舞、瑜伽，甚至只是走一走，也有助于情绪的恢复。当然，也有的大学生喜欢在一个空旷无人的地方大声吼叫，有的喜欢逛街购物，还有的喜欢吃东西等，这些方式都无可厚非。值得注意的是，在我们选择宣泄方式的时候，要注意宣泄的对象、地点、场合等，切不可任意宣泄，无端迁怒于他人或其他东西。一些有损自己身心健康的方式，例如酗酒，并不是积极有效的宣泄方式。

5. 观呼吸法

人体的静止和运动状态是获取愉悦体验的两种基本模式。观呼吸首先应尽量选择在一个安静地点进行，然后闭着眼睛调整身体姿势，可以采用盘腿坐或者两只脚一前一后保持平行的姿势。接下来，专注于对呼吸的觉知，不要追忆过去或者计划未来，把所有跟静坐无关的东西统统放下。把全部的注意力集中于鼻孔到人中这一段的敏感区，自如地呼吸。如果在这个过程中头脑中有杂念或者走神也没关系，发觉走神就拉回来。所有的练习中只需要单纯做一件事，就是保持对呼吸的觉知。对大学生而言，学会简单观呼吸法并适时进行，对于改善情绪、恢复平静很有帮助。

三、适当的认知调整

情绪心理学的认知学派认为，情绪是认知的结果或功能。外在事物是否能引发相应的情绪，其实主要与我们对外在事物的看法有关，也就是与认知相关。在心理学中有一种理性情绪疗法，此种理论认为，诱发事件只是引起情绪及行为反应的间接原因，而对诱发事件的认知解释和所持信念才是引起情绪反应的直接原因。通过合理认知与不合理认知的辩论，消除不合理的信念。认知问题解决了，情绪就会随之改变。例如，在街上偶遇熟人，但对方没有与自己打招呼径直过去了。如果认为他可能正在想别的事情没有注意到自己，情绪就不容易波动；如果觉得对方是故意不理睬自己，就容易产生愤怒等情绪。两种不同的想法会导致两种不同的情绪和行为反应，说明情绪的产生与对事情的认知有关。

美国心理学家艾利斯（Ellis）将以上观点概括为ABC理论，A代表诱发事件（activating events），即引起不良情绪的事件。B代表信念（beliefs），是指人对A的信念、认知、评价或看法，引起不良情绪的信念往往是不合理的、非理性的。C代表结果（consequences），诱发事件A不会直接引起结果C，A与C之间还有中介因素B在起作用，即人对A的信念、认知、评价或看法。因此，对A的经验总是主观的、因人而异的，同样的A在不同的人身上会引起不同的C，这主要是因为他们的信念有差别即B不同。换言之，事件本身的刺激情境并非引起情绪反应的直接原因。个人对刺激情境的认知解释和评价才是引起情绪反应的直接原因。D代表治疗（disputing），通过D来影响

B，认识偏差纠正了，情绪和行为困扰就会在很大程度上减轻甚至解除，最后达到E效果（effects），负性情绪得到清除。

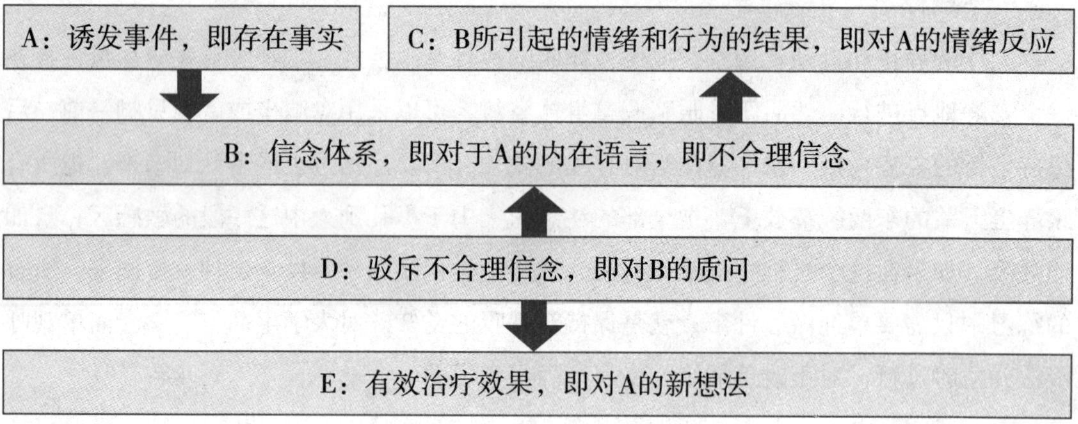

图5–1　A–B–C–D–E模式图

在日常生活中，人们常常倾向于将自己或他人的不良情绪归因于客观事件，却忽视了真正起作用的内心信念。例如，一名未考上重点大学的学生表现出消沉、沮丧、绝望。他的这些消极情绪反应往往被认为是由未考上重点大学这一客观事件引起的，其实不然。根据艾利斯的理性情绪治疗理论，这名学生的消极情绪是因为他在看待自己未考上重点大学这件事上选择了非理性信念——他可能认为自己怀才不遇，认为没有考上重点大学就是没有出息，自己的前途被断送了，会被别人看不起等。因此，如果能帮助学生找出并改变他的不合理信念，就能帮助他形成一个较实际、开阔和合理的人生态度。

职业心理之窗

客服人员的情绪管理

客服人员要面对广大民众各种各样的服务需求，是最考验心理承受能力的工作之一。作为一名专业的客服人员，管理好自己的情绪，巧妙引导好客户的情绪是非常重要的业务技能。如何管理好自己的情绪呢？

我们可以分五步走。第一步：确认原因。当负面情绪发生时，我们需要马上意识到，并明白为什么会产生这样的情绪。工作时，客户的指责、谩骂会让我们觉得委屈和气愤，这时就需要我们站在客户的角度来理解问题，确认原因。第二步：分析原因。认清客户负面情绪的来源后，我们需要弄清楚情况，为什么客户会产生这样的情绪？是对我们的服务不满，还是对公司的制度不认可？找到根源，再慢慢化解。第三步：自我调整。做一个情绪处理高手，应有驾驭情绪的能力，可以通过改变认识事物的角度来调整自我的情绪，也可借助一些调整情绪的小技巧，如深呼吸，让自己的郁闷情绪得到排解。第四步：引导客户。当遇到客户有愤怒情绪时，我们要给予更多的关怀与理解，通过安抚、同理、换位思考、合理委婉的解释渐渐靠近客户，用自己真诚的语言、努力的态度取得客户的信任，让自己正面的情绪慢慢地影响客户。第五步：寻找外部渠道。工作之余，我们要懂得寻求合理的外部情绪疏解渠道，寻求合理的自我情绪排解方式，如：找自己的亲人或要好的朋友倾诉，看一本自己喜欢的书，来一场说走就走的旅行，投入一项自己喜欢的运动来释放压力等。

思考题

1. 何为情绪？影响情绪的因素有哪些？
2. 大学生情绪的基本特征有哪些？
3. 举例说明如何调控自己的情绪。

心理活动：细数自己的幸福

目的：通过回忆自己生活中感到幸福的事情，获得幸福感，达到培养良好情绪的目的。

操作：

1. 请同学们想想在生活中有哪些让自己感到幸福的事情。
2. 在卡片上写下生活中属于自己的小幸福。
3. 相互讨论分享。

第六章

应对压力与挫折

三十年拼搏不息，几代人热泪盈眶。在低谷中奋起，从不放弃；面对强敌出手，永不言败。这是中国女排，中国体育的一张名片。从“铁榔头”郎平到“小花”朱婷，面对巨大的压力与挫折，女排队员们总是能够以积极的态度和坚忍的意志去应对，不断挑战自我，不断超越自我，彰显中国力量。这种精神诞生于中国女排，是属于整个时代、整个国家的财富，是我们新时代青年应该学习与借鉴的。面对压力与挫折，我们应该坚定信念，勇攀高峰，努力成长为堪当民族复兴重任的时代新人。

第一节
压力与挫折

压力与挫折普遍存在于人生的各个阶段，只要有追求、有欲望、有需求，就可能有失败、有失望、有失落。正如巴尔扎克所说，苦难对于一个天才是一块垫脚石，对于能干的人是一笔财富，对于弱者却是一个万丈深渊。

一、压力

压力，就像相对论一样，是一个广为人知，却很少有人能够理解的概念。压力（stress）这个词是从古法语中的“destress”一词演变而来的。古法语中的“destress”，指的是“置于狭窄和压迫之中”。因此，在中世纪英语中，压力是以“distress”的形式出现的，其本意是“使痛苦”“使悲伤”或者表达为“引起痛苦和悲伤的事件”。数百年以后，“di”被省掉，于是便留下了“stress”。从词源来看，“stress”一词有“重压”“压抑”“压迫”等含义，也有“重要”“强调”的含义。最早提出压力概念的是加拿大著名内分泌专家汉斯·薛利（Hans Selye），他认为压力就是表现出某种特殊症状的一种状态，这种状态是由生理系统中应对刺激的反应所引发的非特定性变化所组成的。心理学上普遍认为压力是指由刺激引起的伴有躯体机能以及心理活动改变的一种身心紧张状态，也被称为心理压力。我国台湾著名心理学教授张春兴认为，“压力”事实上是“压力感”的意思，即承认压力是环境中客观存在的某种有威胁性的刺激。心理压力可以称为生活压力，即个体生活中持续存在的压力感，它是一种一时无法消除的被压迫的感受。压力是生活中不可避免的，适度的压力可成为个体成长的内部驱动力，促进个体的健康发展，但过大的压力则可能使人处于较高的紧张和亢奋，如果长期得不到缓解，就可能会损害人的身心健康。

1. 压力反应

当人们面临压力时会产生一系列反应。这些反应在一定程度上是个体主动适应环境变化的需要，它能够唤起和激发个体的潜能，增强心理承受和抵御压力的能力。但是如果压力引起的身心反应过于强烈和持久，就会使个体的免疫机能下降，从而影响机体组织器官的正常功能，甚至导致机体的生理、心理功能紊乱而致病。具体来说，人们在面临压力时会有以下三个方面的反应：

一是生理反应——生理上的紧张。通常，生理上的紧张较之心理上的紧张更容易被他人感觉到。在压力状态下，有机体生理上的紧张主要表现为中枢神经、内分泌系统和免疫系统三方面的变化，如：心率加快、血压升高、呼吸急促、各种激素分泌增加等。这些生理反应在短期内调动了机体的潜在能量，提高了人们对外界刺激的承受能力和适应性，但过度的压力会使人肌肉高度紧张，引起腹泻、呕吐、头痛、口干、口吃等。

二是行为反应——行为上的紊乱。在压力状态下，人们的行为反应有两种：一种是直接的行为反应，即面临紧张刺激时为了消除刺激源而做出的反应，如因学业成绩失败而发愤图强；另一种是间接的行为反应，也就是为了减少或暂时消除与压力有关的苦恼而采取使自己暂时缓解紧张状态的行为，如借助酒、烟、麻醉品等暂时缓解紧张状态。随着压力的持续，个体在上述两种行为反应中均可能会有过度的表现，如行为退缩、行为失控、与人冲突不断等。

三是心理反应——心理上的紧张。一般情况下，心理上的紧张具体表现为警觉、注意力集中、思维敏捷等。这些都是适度的反应，有助于个体适应环境。但是当压力超过一定限度时，人会表现出过度的心理反应，如急躁、抑郁、焦虑、多疑、愤怒不安、恐惧、沮丧、失望等。

2. 压力源

压力源又称应激源或紧张源，是指对个体的适应能力进行挑战，促进个体产生压力反应的因素。生活中的压力源通常有以下四种类型：

一是生物性压力源。生物性压力源是一组直接阻碍和破坏个体生存与种族延续的事件，它通过对人的躯体直接产生刺激作用造成身心紧张状态，包括躯体疾病创伤或疾病、饥饿、性剥夺、睡眠剥夺、噪声、气温变化等。

二是心理性压力源。心理性压力源是指直接阻碍和破坏个体正常精神需求的内在事件和外在事件。包括错误的认识结构、个体不良经验、道德冲突、不祥的预感以及与学习、工作有关的压力等。当一个人面对压力时，会先评估压力，如果把压力的威胁性估计过大，对自己应对压力的实际能力估计过低，那么对压力的反应必然也大。例如，深夜一个人在家时，忽然听到脚步声，如果认为是要入室抢劫的人来了，就会惊慌恐惧；如果认为是家人回来了，则会轻松愉快。

三是社会性压力源。社会性压力源主要是指造成个人生活方式上的变化并要求人们根据这些变化做出调整或进行适应的情境与事件。社会性压力源既可以是个人生活中的变化，也可以是社会生活中的重要事件。

四是文化性压力源。文化性压力源最常见的是文化性迁移，即从一种语言环境或文化背景进入另一种语言环境或文化背景中，使人面临全新的生活环境、风俗习惯和生活方式，从而产生压力。例如出国留学或移民。

二、挫折

从某种意义上讲，挫折是社会生活的组成部分。例如，一名学生数载寒窗苦读，梦想升入理想的大学，却未能如愿；一个科学家经过上百次的实验，仍未得到理想的结果；一个企业家在一夜之间倾家荡产；等等。因此，认识挫折，学会理性地面对挫折，是每个人需要终身研究的课题。

1. 挫折的含义

“挫折”原指兵家在战争中失利，《辞海》将它解释为失利和挫败。因此，在日常生活用语中，常常是在挫败、挫伤、受阻、失意时使用“挫折”一词。在心理学中，挫折是指个体在从事有目的的活动过程中遇到障碍或干扰，致使个人动机不能实现，需要不能满足时的情绪状态。它是一种对阻碍不能接受的主观感受和体验。挫折包含三个方面的含义：一是挫折情境，指对人们的有动机、有目的的活动造成的内外障碍或干扰的各种因素。构成挫折情境的可能是人，也可能是各种自然、社会环境。二是挫折认知，指对挫折情境的知觉、认识和评价。三是挫折反应，也称挫折感，是由于目标得不到满足而产生的消极情绪反应及相应的行为表现。这三者当中，挫折认知是核心因素，挫折反应的性质及程度，主要取决于挫折认知。

2. 挫折产生的原因

产生挫折的原因很多，也很复杂，既有客观的，也有主观的，很多时候是各种因素综合作用的结果。一般可概括为客观外部因素和主观内部因素。客观外部因素引起的挫折又称“环境起因的挫折”，它包括由自然环境因素（诸如恶劣的气候、火灾、水灾、地震等）和社会环境因素（比如政治、经济、道德、宗教、习俗以及人际关系失调等人为因素）引起的挫折。在现代社会里，社会环境因素引起的挫折往往比自然环境因素引起的挫折更多，影响也更深远。主观内部因素引发的挫折也称“个人起因的挫折”。个人能力的限制，或生理与心理方面的缺陷，使人无法实现目标。如个人的外貌、生理缺陷等个人生理因素的限制也可能导致个人目标不能实现而引起挫折。

3. 挫折承受力及其影响因素

挫折承受力，又称耐挫能力，是指个体对挫折的可忍耐、可接受的程度，它包括挫折耐受力和挫折排解力两个方面。挫折耐受力是指人们受到挫折时经受得起挫折的打击和压力，保持心理和行为正常的能力。挫折排解力是指人们受到挫折后，对挫折进行直接的调整和转变，积极改善挫折情境，摆脱挫折状态的能力。耐受力是对挫折被动地适应，表现为对挫折的负荷能力，为抗挫折的排解力提供基础。而排解力是适应的后一阶段，是对挫折的主动适应，表现为对挫折情境的改造能力，是对耐受力的进一步发展。耐受力是接受现实能力，能够减轻挫折情绪反应的强度；排解力能改变现状，促进需要的满足和目标的实现。

挫折承受力受以下几方面因素的影响：

（1）个人素质。个人素质包括价值观、世界观、性格、兴趣、意志、耐心等，这些都与挫折承受力有关。

（2）受挫经验。一般来说，社会经验丰富、文化修养好是较强挫折承受力的保证。

（3）受挫时的条件。如果在同一时间里，人们要面对多个挫折，挫折的承受力就会大大降低。

（4）认知与判断。挫折是一种主观的感受，因此对挫折的认知与判断是影响挫折承受力的重要因素。

（5）定式因素。如果对挫折早有预见，有积极战胜挫折的心理准备，那么比较容易应对挫折，突如其来的挫折往往使人难以承受。

（6）生理因素。身体是经受艰苦生活和精神折磨的物质基础。在上述条件相同的情况下，一个身体强壮的人比一个百病缠身的人对挫折的承受力要大得多。

三、压力挫折与心理健康

大学生面临的压力和挫折对其心理健康有负面影响。但压力、挫折不同，对心理健康的负面影响也不同。当个体体验到压力和挫折感时，负面情绪就会被唤醒，这些情绪会使人的各种身体机能发生改变。有关青少年的研究发现，对于个体而言，压力越大或挫折感越强，身体状况越差，心理健康状况也越差。关于大学生的压力研究发现，情绪障碍作为校园压力的一种严重反应后果，在大学生中比在同龄青少年中更普遍，也更严重。

对大学生心理健康影响最大的并非急性压力和重大挫折事件，而是由日常烦扰累积的慢性压力。慢性压力对心理健康的影响是通过相同压力源和挫折情境的出现来实现的，所以，尽管其压力强度不大，影响作用却很大。所以对于许多大学生而言，最重要的是要学会处理和应对慢性压力。

“天行健，君子以自强不息”，这句出自《周易》的古训，向人们昭示着生命不息、奋斗不止的震撼性力量。很多身处逆境和压力状态的人没有像人们预想的那样被逆境和压力打倒，反而成为“有信心、有能力、有爱心”的人。这主要取决于心理弹性（resilience），即主体对外界变化的环境的心理及行为上的反应状态。心理弹性既受个体先天生物特质差异的影响，也受后天环境、教育与训练的影响。

第二节
大学生的压力与挫折分析

大学生普遍处于青年前期，是一个人一生中心理发展变化最活跃的时期，也是一个人心理矛盾和心理压力的多发期。这与当前的社会环境及大学生这一年龄阶段的身心发展特点有关。

一、大学生压力现状及特点

大学生生活在相对单纯的环境中，但现实总是纷繁复杂的。在理想与现实、自尊与自卑、独立与依赖、交往与封闭、个人意愿与家庭期望等诸多压力和冲突面前，心理承受力差的学生很容易产生各种心理问题。据相关调查，大学生产生压力的根源主要为心理性压力源和社会性压力源。

1．大学生压力现状

当前大学生面对的压力主要有学业压力、就业压力、人际交往压力、情感压力及经济压力等。

（1）学业压力

近几年大学生心理压力调查发现，学业压力是当前大学生面临的最主要的压力。而学业压力中的竞争压力又是头号压力。学业成败将直接关系切身利益，包括荣誉、奖学金、毕业证、学位证等。首先，大学生的学业压力一部分来自所学专业非己所爱，这使他们长期处于冲突与痛苦之中；其次，课程负担过重、学习方法有问题、学习节奏过快、精神长期过度紧张也会带来压力；再次，参加各类资格考试及考研所带来的应试压力等。

（2）就业压力

对于大学生而言，找到一份好工作是满足其成就需要的根本所在。当代大学生在拥有更多择业自主权的同时，也面临更大的就业竞争。近年来，毕业生人数不断增加，市场需求相对饱和，加之大学生就业期望值普遍较高，因而就业也使许多大学生感受到压力。

（3）人际交往压力

人际交往是大学生活中的一个重要组成部分，它对于保持和增进大学生身心健康、促进其社会化起着重要的作用。不同的生活习惯、性格特征、个人爱好、成长环境等使得大学生的人际关系变得复杂。另外，随着市场经济文化对大学校园的冲击，大学生方方面面竞争的加剧，原本单纯的同学关系变得非常微妙。一些学生在交往认知、交往知识和技能方面存在着明显的不足，以至于不能妥善地处理人际交往中的冲突。因此，不少大学生为人际关系而苦恼，常常抱怨“太累了”。在大学生心理咨询中，近1/3的来访者是因为人际交往压力来寻求帮助的。

（4）情感压力

常见的大学生情感压力，主要表现为恋爱带来的压力。随着大学生身心发育逐渐成熟，对和异性交往的渴望和追求自然萌发。然而，部分大学生由于不能很好地处理恋爱中出现的问题，不但无法获得美好的全新体验，反而容易迷失自我甚至走向极端。对于大学生而言，恋爱关系不仅仅是一种人际关系，更是大学生自我价值和自我认可的基础。失恋不仅仅是失去了感情的寄托，更是自信心受到打击，从而产生一些消极的情绪反应，影响正常的学习和生活。而且，由于大学生心理不够成熟，社会经验缺乏等，更容易造成一些重大的压力事件。

（5）经济压力

对于贫困大学生而言，经济问题是其心理压力的重要方面。经济问题对大学生产生的压力主要表现在以下几方面：一是部分经济困难的学生在大学生日常生活的对比中产生自卑心理。他们总是担心别人看不起自己，同学间不经意的一个玩笑或行为就会深深刺伤他们的心。二是面对现实的无奈感。由于经济困难，他们一方面要计划好自己的经济开支，另一方面要应付繁重的学习任务，有的还要打工赚取学费和生活费。面对经济和学业的双重压力，他们常常觉得力不从心，常有无奈和挫败感。三是对家人的愧疚感。部分大学生家庭经济困难，父母积劳成疾，有的甚至是为了一个大学生而全家节衣缩食。这就使他们背上沉重的心理负担，对家庭怀有很深的愧疚感。有一部分大学生则为如何理财而苦恼不堪。

2. 大学生压力特点

随着社会竞争的加剧，我国大学生单纯、依赖性强和抗压力弱的特点日益凸显，因此对涉世未深而又渴望有所作为的大学生来说，压力如影随形。据相关调查发现，当前大学生压力呈现出一些群体和时代特点：

（1）大学生压力感总体呈上升趋势

大学生心理压力增强的原因很多，主要是与他们当前所处的竞争激烈的社会环境有关。例如，上大学经济费用的攀升、学业竞争压力的沉重和就业相对困难，给大学生带来的心理冲击比任何一个成长阶段都要强烈。而大学生心理压力的主要来源为学业压力、就业压力、人际交往压力、情感压力和经济压力等。对大学生造成压力的主要为日常烦扰事件，而非突发性消极事件。

（2）大学生压力年级差异显著

从大学生心理压力的整体年级发展趋势来看，大学生在各方面的压力存在年级差异。一年级学生中感受到压力大的人数最多，所占比例也最大。这可能是一年级学生刚刚踏入大学校门，面临着适应新环境，离开父母独自生活等诸多问题造成的。高年级学生中，心理压力大的比例也比较高，这与他们即将走向社会，对前途无把握，不知自己能否很好地适应竞争激烈的社会有关。

（3）农村大学生的压力大于城市大学生

就学生生源来看，农村大学生感到很有压力者超过城市大学生。同来自城市的大学生相比，农村大学生的家庭压力感较大，对大学校园的环境适应性差。同时农村大学生在经济条件、穿着打扮以及社交能力等方面都普遍不及城市大学生，面对纷繁复杂的新环境，各方面的压力也随之而来。

（4）不同专业大学生心理压力差异显著

从专业角度看，理、工、医科大学生在学习、交往、情感及总体压力感上高于文科大学生。可能主要由于他们的课程难度相对而言更大，使得理、工、医科大学生学业压力以及其他连带压力均高于文科大学生。

二、挫折对大学生的影响

有人说，挫折是一把双刃剑，既可以刺伤自己，也可以保护自己。即挫折具有两面性，它可以给人带来痛苦与不幸，也可以使人在与困难的斗争中获得经验与信心，关键在于你怎样面对它。

1. 大学生挫折产生的原因

造成大学生挫折的因素，具有鲜明的时代特征，是当前社会状态的综合折射，也是个体与环境交互作用的结果。引起大学生挫折心理的因素很多，如学习困难、失恋、天灾人祸等，挫折情境往往与压力源有关。在导致大学生产生挫折的因素中，除了在前面“大学生压力现状”中提及的学业压力、就业压力、人际交往压力、情感压力、经济压力之外，还有以下几个方面的影响因素：

理想与现实的差距。有些大学生把大学想象成世外桃源，但来到学校后，发现大学并非自己想象的那样，课程多，教师的教学方法单一，学习压力大，等等，于是倍感失落。而且，大学生对自己大都有较高的期望，他们的抱负过高，可又缺乏行之有效的行动，于是极易产生挫折感。

个性因素。个性缺陷是产生挫折的根源之一。某些不良的个性品质如自私、固执、多疑、以自我为中心、自负等，虽然它们本身并不直接产生挫折，但却是产生挫折和加重挫折感的温床。有些大学生稍遇挫折就对生活失去信心，甚至自杀。

生理发育与心理发展不平衡。大学生的生理成熟与心理成熟并不同步。在生理上，他们已是成人，但在心理上，仍带有许多少年时期的痕迹，如幼稚、脆弱等。加之他们的社会阅历浅，面对各种社会矛盾，幼稚脆弱的心理难以调适，挫折心理便随之而来。

当然，这些因素和压力事件并不一定成为挫折情境，但当这些事件的发生频率达到一定的程度，持续的时间过长时，就会使人产生挫折感和心理压力。

2. 挫折对大学生的影响

挫折的双重性决定了它对大学生心理具有消极和积极两个方面的影响。其消极影响主要表现为以下方面：

第一，降低学习效率。学习是一种积极的思维活动，学习效率除受个体的智力水平和知识水平的制约外，还与学习者的情绪状态、自信心等因素相关。当大学生遭遇挫折后，自信心降低，长期处于焦虑不安的情绪状态，必然会降低学习效率。

第二，降低思维与生活能力。大学生受挫后，容易引起情绪波动。如果持续遭受挫折，可能导致神经系统的紊乱。这样不但大大降低大学生的思维创造力，也可能会使他们的生活适应能力大打折扣。

第三，损害身心健康。大学生受挫后，其整个身心都处于一种紧张、压抑和焦虑不安的状态。这种消极心理如果长期存在，就会损害大学生的身心健康，有时甚至可能成为精神疾病发病的诱因。

第四，导致个性改变或出现行为偏差。当大学生遭到重大或持续挫折而又无法及时排解时，可能某些个性特征会发生改变。如一名本来单纯善良、热情开朗的女大学生，因恋爱屡屡受挫，则可能变得自卑、内向。当受挫的大学生处在应激状态时，感情易冲动，自控能力较差，有时甚至做出违反社会规范的行为。如有些大学生受挫后，沉迷于网络或酗酒闹事，有的甚至走上犯罪的道路。

当然，如果处理得当，挫折对大学生心理也会有积极的影响，其积极影响主要表现为：

第一，有利于磨炼大学生的性格和意志。坚强的性格和意志，往往是长期磨炼的结果。挫折能给人压力，人们经历的挫折越多，他们承受挫折的能力就越强，其性格也就变得愈坚强。

第二，有利于增强大学生的情绪反应和解决实际问题的能力。当大学生面临困难或挫折时，其神经中枢受到的强烈刺激会使整个神经系统兴奋水平提高。在这种情况下，人精神焕发，思维加快，情绪反应能力就会大大提高。同时，在解决困难和应对挫折的过程中，大学生可以学到经验与方法，从而提高分析问题和解决问题的能力。

第三，促进大学生正确认识自我，提高适应能力。许多大学生对社会、对自己有一些不切实际的想法，当他们用这些想法来指导自己的行动时，就容易遭受挫折。而挫折的产生，无疑是给他们打了一针清醒剂，使他们能对自己做出一个更合乎实际的评价，同时，也使他们对生活、对社会有一个较为客观的认识，从而增强其适应现实生活的能力。

三、大学生压力和挫折反应

人们在面对压力或遭到挫折时常伴随着强烈的紧张、愤怒、焦虑等情绪，会做出各种各样的反应，有些是强烈的内心体验，有些则表现为特定的行为。一般来讲，大学生对压力和挫折的反应主要表现在以下两个方面：

（1）情绪性反应

情绪性反应是指人们在面临压力和遭受挫折时出现的情绪反应，多为消极性反应。它的表现形式很多，并且通常是以以下综合的形式出现：

攻击。指当个人遭受压力和挫折后，为了将愤怒的情绪发泄出去，或者对构成压力挫折的对象进行报复而产生的行为。攻击性行为的对象可能是构成压力挫折的人或物，也可能是其他替代物，还有可能是自身。

逃避。指个人在遇到挫折或面临压力时，采取回避、逃避行为以躲开现实的一种反应方式。逃避可以使人降低因压力挫折而产生的紧张感，或者避免再次受到压力挫折的伤害，但长期下去将大大降低大学生的适应能力和自信，甚至可能会导致适应不良。

冷漠。指大学生表现出的对压力或遭受挫折情境无动于衷和漠不关心的态度。它是由于一个人长期遭受压力挫折，既无法对导致压力挫折的对象进行攻击，又感到没有任何希望摆脱或消除困境时产生的一种悲观消极的应对方式。冷漠常常是绝望的表现。

固执。指个人在感到压力或遭受挫折后，不分析失败的原因，不总结经验教训，而是采取刻板的方式盲目地重复一些无效行为。固执不等于习惯，如果习惯性行为不能满足需要，人们就会改变它，而固执不仅不会改变，反而会愈演愈烈；固执也不等于意志坚强，意志坚强的人如果知道某种行为不能达到预定的目标，就会改变策略，再作努力。

退行。指人们受到挫折时所表现出的与自己年龄和身份不相称的幼稚行为。一些大学生遇到挫折后，会在一定程度上失去对自己的控制，以低于自己年龄的简单、幼稚的方式应对，以求得别人对自己的同情和照顾。退行的另一种表现形式是高度受暗示性，即盲目地相信别人，盲目地执行别人的指示，像小孩子一样来取得别人的同情与照顾。如有些大学生在遭受挫折后，像小孩子一样哭泣、耍赖等。

焦虑。当大学生遇到挫折、面临心理压力时，一般都会产生焦虑情绪。人际交往压力、学业压力和情感受挫常常成为大学生焦虑的主要原因。

压抑。指将个体的意识所不能接受的思想、欲望、体验和行为，隐蔽到潜意识层面，不去记忆，不再想起。在一般情况下，人们觉察不到或回忆不起被压抑的内容，因而也就起到了一种自我保护的作用。但是，被压抑的内容并未消失，只是暂时被克制而潜伏着，遇到机会仍会以各种形式表现出来。

（2）理智性反应

理智性反应在心理学上又称为积极的行为反应，是指大学生在受到压力和挫折后，采取积极进取的态度，在理智的控制下所做出的反应。理智性反应主要有以下几种情形：

坚定目标，继续努力。有些大学生在遭受压力和挫折时，没有垂头丧气，而是在冷静分析的基础上，找出主客观原因，克服困难，排除障碍，继续坚定地朝着既定的目标努力，直到实现最终目标。

调整目标，再作尝试。有些大学生在实现目标的过程中，几经努力和尝试都失败后，他们就会冷静下来，认真客观地分析自己的目标是否恰当，审时度势，对自己的目标进行适当的调整，再作尝试，以实现自己的愿望。目标的调整并非对挫折的消极反应，而是在实事求是的基础上，为避免由于目标难以实现而可能产生的挫折感所采取的一种积极措施。

提升自我，实现目标。有些大学生在遭受挫折时，不是怨天尤人，而是深刻地反省自我，冷静地分析自己的长短优劣，努力寻找和弥补自己个性中的不足，使自我得到提升，从而实现目标。

第三节

有效应对压力与挫折

新时代的中国青年，生逢其时、重任在肩，施展才干的舞台无比广阔，实现梦想的前景无比光明。我们在用青春谱写时代课题时，必然会面对很多挫折和压力，不可避免地对前途发展感到迷茫和困惑，这就需要我们正确认识压力与挫折、掌握应对压力与挫折的方法和技巧、提升抗压力和挫折承受力，在应对压力和挫折的过程中学会用敏锐的眼光观察社会，用清醒的头脑思考人生，用智慧的力量创造未来，在压力下磨炼成长，乘风破浪，奋勇向前。

一、正确认识压力与挫折

压力与挫折是客观存在的，关键在于人们怎样认识和对待它们。俗话说："解铃还须系铃人。"大学生要做到有效应对压力与挫折，就必须先正确认识压力与挫折。

1．了解压力是自身发展的原动力之一

压力是时代进步的原动力。人的发展和时代的发展不是完全同步进行的，特别是当今我们身处新时代，科技革命和产业革命日新月异，我们的生活、学习、工作都在不同程度上受到时代变化带来的影响，这种影响最直观的表达就是以压力的形式出现。社会的需求、社会的期望与个人期望和能力水平之间的落差就是压力的一个重要来源。我们的成长过程就是一个不断适应社会发展的过程。压力能帮助我们认识自我的不足，找到努力前行的方向，同时压力也能激发出我们的最大潜能，促进我们的成长与发展。

2．认识到压力与挫折是难免的

人的一生"不如意事十之八九"，常有失意与困惑的时候。学业的压力、人际关系的冲突等都是经常碰到的。所谓"心想事成""一帆风顺"只是人们的一种愿望和理想。中国共产党从建立之初发展到今天，经历了无数艰难险阻，一代又一代共产党人肩负了时代的重压，不断解决独有难题、化解重大危机，带领中华民族跋山涉水，走过了不同于世界其他文明体的发展历程。一部百年党史可以看成一部共产党人在压力下蜕变的成长史。而在现实生活中，我们所有人都会遇到一些困难，总会有一些事情办不成功。可以说，压力与挫折就是我们生活的一部分，每个人都无法避免。只要认识到这一点，当我们遇到压力与挫折时，就会有较充分的心理准备，就能做到压力面前不灰心、不后退，就能把挫折作为前进的阶梯、成功的起点。

3. 认识到压力与挫折的双重性

压力与挫折具有双重性。它们既有消极的一面，也有积极的一面，两者在一定条件下可以互相转化。关键是大学生怎样去认识和对待它们，如果认识正确、方法得当，压力与挫折可以成为成功的垫脚石；反之，则可能使人意志消沉，一事无成。

4. 树立正确的压力和挫折观

压力与挫折固然使人受到打击，给人带来损失和痛苦，但是如果态度端正，处理得当，促使压力与挫折向积极方面转化，压力与挫折就可能给人激励，让人警觉和成熟，使人更加坚强。大学生要树立正确的压力和挫折观，在压力与挫折面前，不仅要看到主要矛盾和矛盾的主要方面，而且应兼顾次要矛盾和矛盾的次要方面。更重要的是对自己要有一个合理的定位，分清自己的优势和劣势，找准合适的方法和途径，从能力素质、知识素质、身体素质等各方面去努力，使自己全面发展，提高自己的抗压力和挫折承受力。

知识窗：帕累托原则

帕累托原则是由19世纪意大利经济学家帕累托提出的。其核心内容是生活中80%的结果几乎缘于20%的活动。比如，是那20%的客户给你带来了80%的业绩，可能创造了80%的利润；世界上80%的财富是被20%的人掌握着，世界上80%的人只分享了20%的财富。因此，要把注意力放在20%的关键事情上。

根据这一原则，我们应当对要做的事情分清轻重缓急，进行如下排序：

A. 重要且紧急（比如救火、抢险等）——必须立刻做。

B. 紧急但不重要（比如有人突然打电话请你吃饭等）——在优先考虑了重要且紧急的事情后，再来考虑这类事。人们常犯的毛病是把“紧急”当成优先原则。其实，许多看似很紧急的事，拖一拖、甚至不办，也无关大局。

C. 重要但不紧急（比如学习、做计划、与人谈心、体检等）——只要是没有前一类事的压力，就应该当成紧急的事去做，而不是拖延。

D. 既不紧急也不重要（比如娱乐、消遣等）——有闲工夫再说。

二、合理运用心理防御机制

心理防御机制是个体在遭受压力和挫折后，自觉或者不自觉地把主体与客观现实之间发生的问题，用自己较能接受的方式加以解释和处理，以减轻压力和挫折感，达到心理平衡的反应形式。心理防御机制的运用有两种作用：一种是积极的作用，能暂时减轻或消除痛苦和不安，对情绪有缓解作用；另一种是消极的作用，因为现实中存在的问题并没有真正解决，防御机制带有自我欺骗、逃避现实的特点，有时还会使现实问题更加复杂，使人陷入更大的挫折或冲突的情境之中。因此，大学生在面对压力和挫折时，要合理运用心理防御机制。大学生常用的心理防御机制有如下几种：

1. 升华机制

升华机制是人们把那些可能是不道德或违反伦理的强烈的潜意识欲念，以社会较能接受的形式表现出来，从而得到社会的认可和赞同，是一种积极的防御机制。压力和挫折体验的升华，转移了原有的情绪和情感，达到了内心的平衡，使个人获得成功和满足，这无疑是心理防御机制中最富有建设性的、理想的行为反应和应对挫折的方式。

2. 幽默机制

幽默机制是宣泄郁闷、平衡心态、制造快乐的良方。当处于困境和尴尬局面时，运用含蓄、双关、幽默的语言，委婉、曲折的表达方式，以避开冲突的锋芒，营造喜悦、轻松、愉快的氛围，缓解紧张情绪，从而渡过难关或克服挫折。幽默机制蕴藏着严肃的思考和真诚的情愫，是一种积极而高尚的心理防御机制。但这一方法的运用与人的修养、素质、心理成熟程度和道德品质有直接关系。

3. 合理化机制

合理化机制是指当个体因挫折产生不良情绪时，为减轻精神上的苦恼和不快，维护个体的自尊和心理平衡，常常为自己遭受的挫折寻找借口或作歪曲的解释。常见的合理化机制包括酸葡萄法和甜柠檬法等。

酸葡萄法是指降低自己对无法得到的东西好感的方法。在《伊索寓言》里，那只摘不到葡萄的狐狸告诉自己：“葡萄是酸的。”心理学上酸葡萄法就是指合理化的自我安慰。甜柠檬法指的是人们对于已得到的东西，尽管不喜欢或东西存在许多缺陷，但也坚持认为那是好的，从而增加对自己已经得到的、不满意的东西的好感。

无论是酸葡萄法还是甜柠檬法，都是在个体遭受压力和挫折而无法达到目标和满足愿望时，用有利于自己的理由为自己辩解，找到一种“合理”的解释，以减轻痛苦和缓解紧张的情绪。然而真正应对压力与挫折不能只停留在自圆其说的状态下，而应在情绪稳定后，冷静客观地分析真正的原因，以重新确定目标，或努力改进应对方式。

4. 认同机制

认同机制是指一个人在受到挫折后，自觉效仿他人获得成功的经验和方法，使自己的思想、目标和言行更适应环境的要求，从而在主观上增强获得成功的信念与勇气。如将科学家、历史名人以及某些歌星、球星甚至是自己的同学作为认同的对象，将他们那些自己所羡慕的品质加载在自己身上，或将自己与所崇拜的人视为一体，从中获得信心、力量和勇气，奋发进取，从而减轻挫折感。不过，不切实际、过度地运用认同机制会导致自我的迷失。

5. 补偿机制

补偿机制是指当个体追求理想、目标受到挫折，生理上或心理上存在某种缺陷时，通过选择其他能成功的种种方法来弥补这种缺陷，以减轻心理上的不适感和挫折感。如一个高度近视、身体瘦弱的大学生无法取得体育上的优良成绩，却可以通过刻苦攻读让自己的文化成绩跃上百尺竿头。然而，补偿的行为并非都有积极的意义。如果补偿的目标和活动符合社会规范和人的发展需要，这时的补偿行为就是积极有益的；反之，则是消极有害的。

6. 潜抑机制

潜抑机制是个体把意识中对立的或现实中所不能接受的冲动、欲望、想法、情感或痛苦经历，不知不觉地压抑到潜意识中去，以致当事人不能察觉或回忆，从而使自己避免痛苦。潜抑机制是所有心理防御机制中最基础和最基本的方法（如做梦、失语、失态、笔误等）。在正常情况下，潜抑能够使我们保持良好的人际关系和社会秩序，使人正常地约束和控制自己的行为。大学生在运用该机制时最重要的是掌握潜抑的度，不良情绪或痛苦经历潜伏、压抑过久，都有可能造成心理问题和心理疾病。

7．转移机制

转移机制是在个体遭受压力和挫折时，将情绪反应转移给无辜的人或物（迁怒于人、迁怒于物），以发泄内心的不满，调节心理平衡。转移机制对减轻心理压力，避免不当的攻击行为具有一定的作用，但是要注意转移的对象和方式。对大学生来说，将情绪发泄在家人或朋友身上，是不恰当的。比较可取的方式是在宣泄室里宣泄不良情绪，或者通过运动、音乐等来释放心理压力和因挫折造成的郁闷情绪。

8．否定机制

否定机制是把已经发生的挫折和不愉快的情境加以否定，从根本上认为它从没发生过，以避免心理上的不安和痛苦，如眼不见为净、掩耳盗铃、否认亲人的死讯或考试成绩等。否定机制在一定程度上可以保护自己，给自己多一些时间来思考和做决定，但并不能使被否定的问题得以解决，因此从长远视角来看是不可取的，大学生应当尽量避免使用否定机制，尤其在一些重大问题上更应如此。

三、学会应对压力与挫折的方法

大学生要应对压力与挫折，必须发挥自身的主观能动性，掌握和运用一些行之有效的方法。

1．正确归因法

归因是指个体依照主观感受或经验对自己或他人行为及其结果发生的原因予以解释与推测的心理活动过程。归因是在个体经验的指导下进行的，因此，结果可能是正确的，也可能出现误差，甚至完全错误。导致挫折的原因很多，但可以将其归为两大类。一类是主观原因，如努力不够，能力低下；一类是客观原因，如生理缺陷、疾病、容貌、身体等条件的限制，以及自然、社会等外部因素的干扰、破坏等。一般来说，倾向于外归因的人，虽然可以保持内心的暂时平衡，但他不能从挫折中吸取教训；倾向于内归因的人，往往承担了过多的责任，容易丧失自信。大学生应对挫折时应该进行正确归因，即对内外两方面原因加以综合考虑，如从能力、努力、任务难度、身心状况、他人反应几个方面进行恰当的自我成败归因。正确归因能激发大学生前进的动力，增强战胜压力与挫折的勇气和信心。

2. 自我暗示法

自我暗示是指用含蓄、间接的方式，对自己的心理和行为产生积极影响。当一个人遭遇挫折，受到打击时，要提醒自己："我要振作，我要成功，我一定能做到，我要下定成功的决心，失败就永远不会把我击垮。"运用积极的心理暗示可以使人振作精神，增强信心。

3. 目标调整法

目标调整法是指目标受挫后重新寻找方向，调整期望值，重新确立更切合实际的新目标。目标调整法既能抑制和阻止不符合目标的心理和行动，又能引发和推动人们采取达到目标所必需的行动，从而战胜挫折。当大学生在通向目标的道路上受阻时，如经分析所追求的目标是现实的，就不要放弃，应战胜困难，实现目标；当大学生由于自身条件或社会因素的限制，经多次努力达不到目标时，可调整目标或降低要求，改变行为方向，缓解心理上的冲突，增强勇气和信心，以达到更切合实际的新目标。

4. 合理宣泄法

大学生受挫后，会产生压抑、焦虑、愤怒和不安等消极情绪，如不妥善化解，会给学生本人和社会带来不良后果。因此，应采取合适的方式，选择适宜的场合和形式宣泄受挫后的情绪，从而恢复理智和心理平衡。宣泄的方式有倾诉、哭喊、运动、转移等。不论采取何种方式，都要以不损害他人、集体和社会的利益，合乎社会规范，不激化矛盾为原则。

5. 社会支持法

人是社会性动物，任何人都不能离开他人而生存。人与人之间是需要互相关心、互相帮助、互相爱护的，这是一种社会支持，它可以调适个体的压力与挫折反应。研究发现，社会支持可以降低压力与挫折对大学生的消极影响，并且降低压力与挫折导致的疾病的发生率。因此，对大学生而言，在面对压力与挫折时，主动寻求社会支持，如寻求感情、物质及信息方面的支持，对减轻心理压力、削弱压力与挫折对个体的消极影响是十分重要的。此外，心理咨询也是寻求社会支持的有效方式之一。

6. 自我放松法

大学生在面对压力和挫折时，最常见的表现是心理和肌肉的紧张。因此，调适压力的一个重要策略就是要学会放松自己，让自己的身体或心理由紧张转向松弛状态，从而逐渐消除紧张。常用的放松方法有游泳、做操、散步、听音乐等。当压力和挫折事件不断涌现时，持续数分钟的放松对缓解不良情绪的作用相当显著。另外，还可以学习一些应对压力的自我放松的方法，如深度呼吸训练、肌肉放松训练、静坐训练、意象训练、系统脱敏训练等。

7. 丰富生活法

课余生活是大学生活的一部分。健康的课余生活可以愉悦身心、结识朋友、增进友谊，减少压力与挫折导致的紧张感。丰富的课余生活，如阅读书籍、报刊，参加各种学术活动，参加志愿者服务活动等，既锻炼能力，拓宽知识面，又能在一定程度上增强个体应对压力与挫折的信心和勇气。尤其是适当参加体育锻炼活动，可以使身体健壮、精力充沛、应对能力增强。

四、提升抗压力和挫折承受力

生活中，有的人能忍受严重挫折，百折不挠，永不妥协，在逆境中奋起，直到重新获得成功；有的人稍遇挫折即意志消沉，一蹶不振；有的人能承受生活、学习、工作中的压力，却不能忍受自尊心受到点滴伤害；这都是由个体对压力和挫折的承受力决定的。抗压力和挫折承受力是人们适应、抵抗和应对压力与挫折的一种能力，即个体对压力和挫折的可忍耐、可接受程度的大小。大学生提升抗压力和挫折承受力，可以从以下几个方面入手：

1. 保持积极乐观的心态

在漫长的人生道路上，我们不可能一帆风顺，相反，更多时候我们都是在面对困难，跨越荆棘，翻山越岭。因此，我们需要保持一种积极乐观的心态，在我们失落失望失败的时候能像普希金说的那样，“在愁苦的日子里心平气和”，始终相信“幸福的一天终究会来临”。因此，面对压力和挫折，我们要更加坚定信心、乐观向上、自强不息、顽强拼搏，最终战胜挫折，取得成功。

2. 保持适中的自我期望水平

大学生精力充沛、朝气蓬勃，对生活充满着希望和梦想，对学习、生活往往抱有较高的期望和要求。通常他们对生活中可能遇到的坎坷估计不足，对自己的能力、知识水平也缺乏全面和系统的认识，一旦遭遇压力和不顺就容易产生挫折感。因此，大学生要根据自己的实际情况来确定学习、人际交往、工作以及未来等方面的短期和长期目标，既不要轻易地否定自己，也不要过高地估计自己，尽量保持适中的自我期望水平。

3. 学会分析压力和挫折

当代大学生普遍存在着理想与现实、自尊与自卑等多种心理的矛盾。因此，对于大学生来说，在全面认识自己的基础上，对大学的不同阶段中影响自己成长的主要的心理压力和挫折进行分析，对提升抗压力和挫折承受力是至关重要的。譬如：经济压力是来源于贫困，还是因过度开支引起的？心理压力是因自卑引起的，还是因交往不适引起的？通过分析，及时找准自己存在的主要心理压力和挫折，适时调节心理压力和化解挫折情景，从而达到提高自身抗压力和挫折承受力的目的。

4. 积极投身实践活动

当代大学生没有经历过“激情燃烧的岁月”，大都生活在平静、安逸、舒适的氛围中，容易形成安于现状和贪图享受的个性。因此，大学生十分有必要走入教室外面那个无边无际的大课堂，多经风雨、见世面，从“坐而论道”发展到“起而力行”，在实践中经受磨炼和考验，从而变得更加成熟和坚强。为此，大学生可以积极投身校内外社会实践，如科技下乡，参加青年志愿者活动，从事社会调查，进行家教和专业实习，参加讲演竞赛、远足、野营、登山、拉练、军训等专题实践活动。在实践活动中体验压力，面对挫折，磨炼意志，战胜自我，并从中获取社会经验，正视人生舞台后面的许多真实情景，领悟人生的哲理。

5. 在压力和挫折中磨炼挫折承受力

压力、挫折、打击、灾难等可能摧毁弱者的意志，使之消沉、一蹶不振，而人格健全的人则在磨炼中变得更坚强。文王拘而演《周易》；仲尼厄而作《春秋》；屈原放逐，乃赋《离骚》；孙子膑脚，《兵法》修列……无数历史典故和生活事实都说明，挫折和逆境可以提升人的抗压力和挫折承受力，让人发愤图强。

6．积极探索提升抗压力和挫折承受力的有效方式

生活中的压力与挫折的来源是多方面的，且因人而异。对当代大学生来说，压力与挫折更多地表现为伴随着学习任务完成过程的矛盾和困惑。因此，大学生应该围绕学习任务，一方面积极探索缓解压力与挫折感的有效方式，不断增强自身抗挫折能力；另一方面由于控制压力需要长期和短期方法的结合，大学生也要学会运用长期方法和短期方法以减轻心理压力。长期方法包括松弛压力、沉思、自我对话以及运动，短期方法是制订节假日旅游计划，包括周末、五一劳动节假期、国庆节假期、元旦节假期，特别是寒暑假的旅游计划等，这些都能缓解压力与挫折感，使大学生重新获得学习的信心和动力。

职业心理之窗

铁路司机的压力应对

随着我国高铁事业的迅速发展，我国高铁行业已领先全球。无论是繁华的都市，还是令人神往的青藏高原都不再遥不可及，中国速度给人们带来了极大的便利，正在改写中国人的生活方式。中国高铁行业的发展离不开一代又一代中国铁路人的付出。铁路司机是众多铁路人中的重要成员，是他们守护着所有旅客的生命安全。作为一名铁路司机，他们需要经过层层筛选和考核才能上岗，同时也面临很多工作压力，如：工作时间全程需要集中注意力，工作时需要全程视频监控从而保证“零失误”，必须连续上班而导致生物钟紊乱从而出现睡眠方面的问题，休息时间特别是节假日很难和家人团聚而出现的家庭压力，定期要进行安全知识考核等。铁路司机如果在工作期间出现了失误，可能会面临罚牌甚至是下岗重新学习。

铁路司机在面对这些压力时，可以从以下六个方面来进行调适：一是为保证工作时间全神贯注，应全力服从工作管理的时间安排，保证自己能够充分地进行休息。二是直面考核的压力，依靠团队的力量，保证工作过程“零失误”。三是理性看待睡眠问题，放松心态并避免因失眠引发的焦虑情绪。如若出现睡眠不佳等状况可以通过睡前放松训练或白天小睡来进行补充。四是提升家庭成员之间交流的质量，或者通过其

他假日来弥补家庭成员之间的交流与沟通。五是坚持终身学习，时刻牢记使命。不断学习也是保证旅客生命安全的重要途径。六是若在工作中出现失误，接受事实，继续加强学习，调整好情绪，重新出发。

思考题

1. 什么是压力？如何理解压力源？
2. 挫折对大学生有哪些影响？
3. 结合实际谈谈如何应对压力与挫折。

心理活动：成长三部曲

目的：“成长三部曲”是人一生成长的缩影，通过“石头、剪刀、布”决定成长中的三种状态，即“鸡蛋”“小鸡”“大鸡”——最后变成“人”。此练习的目的在于帮助同学们正视成长过程中的失败，将其看作成长过程中的一种经历。

操作：

1. 游戏从“鸡蛋”开始，每个人都是“鸡蛋”，抱成团蹲在地上，与同类猜拳，如果赢了，就进化成“小鸡”。变成“小鸡”后再与“小鸡”猜拳，如果赢了，就进化成“大鸡”。成为“大鸡”后如果再赢了，就成长为“人”。

2. 与同学猜拳时，输的一方自动退化为前一个状态。

3. 成长为“人”的同学可以在旁边观察大家的举动。

4. 分享：

（1）有些同学始终是“鸡蛋”，他们此时的感受如何？

（2）多次变成“大鸡”，但又被退化为“鸡蛋”的同学，感受如何？

（3）一路成长顺利的同学有何特别的感受？

（4）如何看待成长过程中的失败？

（5）在这个过程中有何特别发现？

第七章

优化人际交往

雷锋同志在1960年10月21日的日记里写道，“对待同志要像春天般的温暖”。这是他在鞍钢工作时与工友之间互相关心、互相爱护、互相帮助，建立了真挚友谊的人际交往的心得体会。良好的人际关系使人获得安全感与归属感，给人以精神上的愉悦和满足，促进身心健康；不良的人际关系使人感到压抑和紧张，承受孤独与寂寞，身心健康受到损害。因此，培养良好的人际交往能力，不仅是大学生现实生活的需要，也是他们将来适应社会、展翅奋飞的需要。

第一节
人际交往与人际关系

人际交往与人际关系的本质是什么？在人际交往中有哪些心理效应？人际交往的功能和基本原则又是什么？这是本节要回答的主要问题。

一、人际交往与人际关系的定义

我国古代教育家孔子认为，人类人际关系的核心是“仁”，主张“爱人”“博施济众”“推己及人”。

1. 人际交往的定义

人际交往是指人与人之间相互作用的动态过程。它是在社会生活中，人与人之间通过一定的方式进行接触，交流思想、沟通感情、传递信息，并在心理上和行为上相互产生影响的互动过程。

人际交往既是人的社会性的体现，也是人的社会性存在的前提条件。马克思认为，劳动创造了人，劳动实践是人与动物的根本区别。人们的交往过程也就是人与人之间用多种方式和手段进行知识和情感交流的过程。交往的主体包括个人或群体。交往的方式可分为直接交往和间接交往、正式交往与非正式交往、单向交往与双向交往等类别。人际交往的双方往往互为主客体，在双方互动的状态下形成和发展，既影响对方，也受到对方的影响。

2. 人际关系的定义

人际关系指人与人之间经由相互交流而形成的心理关系，是人和人在交往中不断产生的情感积淀，是人们之间稳定的情感联系，通常是指在社会生活中人与人之间的直接交往关系。它是以人们的社会交往实践为基础的，显示着人与人之间的心理联系。

人际关系反映了个人或群体追求满足其社会需要的心理状态。因此，人际关系的变化与发展取决于双方社会需要的满足程度。只有双方在相互交往中都获得各自需要的满足，相互之间才能发生并保持愿意接近和具有良好情感的心理关系。如果双方追求的社会需要发生冲突，双方的友好关系也就可能终止，变得疏远，甚至是敌对。

不同的人际关系会引起人的不同的情绪体验，心情舒畅或者不愉快，说到底它反映的是人与人之间心理上的直接关系，也就是情感上的关系，表现为双方彼此间的好感或恶感，对他人的行为乐于接受或拒之不理，积极交往或自我封闭，心理上接纳或拒斥他人等。

二、人际交往的功能

人际交往是人适应环境、适应生活、适应社会，形成完美个性的重要途径。具体来说，有以下几大功能：

1. 促进成才功能

21世纪是人才竞争的时代，要想在人才竞争中脱颖而出，靠的不仅仅是出众的才华，还有良好的社会适应能力和人际协调能力。当前，知识更新的速度不断加快，各门学科间的相互渗透越来越强，单靠一门学科的知识很难有大的成就。每个人都需要不断地进行知识的补充与更新，积极的人际沟通与交往，是一个人获取新知识和形成团队学习的有效途径。《礼记·学记》中说“独学而无友，孤陋而寡闻”，对大学生来说，应该学会与不同学科的人才进行交流，从而获得新知识，结交新朋友。

2. 自知和知人功能

人的自我意识不是自然而然形成的，而是通过交往，在与别人的相互作用中逐渐成熟起来的。首先，人以他人为镜，在与别人的比较中认识自己。一个人如果孤独冷漠，缺乏交往，他对自己的认识就缺乏“参照系”，也就失去了衡量自己的尺子和对照自己的镜子。其次，人还可以通过他人对自己的评价和态度，以及自己与他人的关系来认识自己的形象。我们要想了解别人，必须通过与别人接触，才可能洞察各种各样的人的心理、品格，进而达到知人的目的。

3. 加速社会化功能

人际交往是个人社会化的起点，对于广大学生来说，在与同伴交往的过程中，你会发现自己的某些言行举止是同伴所喜欢的，这些喜欢作为一种奖励会增加这些言行举止出现的频率；而有些言行举止是同伴所不喜欢的，这些不喜欢就会减少某些言行举止出现的频率。与此同时，大学生逐步学到了社会生活所必需的知识、技能、态度、伦理道德规范等，摆脱了以自我为中心的倾向，意识到了集体和社会的存在，意识到了自我在社会中的地位和责任，学会了与人平等相处和竞争，养成了遵守法律和道德规范的习惯，从而为自立于社会，取得社会认可，成为一个成熟的、社会化的人打下了坚实的基础。

4. 身心保健功能

当你心中充满忧郁，感到孤独时，与别人的交往诉说，会使你那失衡的心理恢复平衡，满足归属、合群的需要，使你的忧愁、恐惧、困惑被分担、解除。心理压力的预防、消除有助于身体的健康。大学生作为社会成员的一部分，有着强烈的合群需要，通过相互交往，诉说个人的喜怒哀乐，就会引起彼此之间的情感共鸣，从而在心理上产生一种归属感和安全感。在生活中，我们不难发现，那些交际范围较广的人，往往在精神上很丰富，身心也就更健康；反之，那些不合群的孤僻的人，往往有更多的烦恼和难以排遣的忧愁，同时也就会有更多的身心健康问题。

三、人际吸引因素

人际吸引是指人际沟通过程中所形成的对他人的一种特殊形式的社会态度。在沟通中，人与人之间是吸引还是排斥，是喜欢还是厌恶，除了深受社会、经济等因素影响，从心理学角度看，还受其他一些更为直接的、具体的因素的影响，这些因素构成了人们之间吸引或排斥的基本规律。

1. 仪表因素

仪表因素包括容貌、体态、服饰、举止、风度、行为等因素，它们都对人际吸引起很大作用。人们喜欢美的东西，这是一种自然倾向，认为美的就是好的，认为外貌美、仪表好的人也具有其他优良品质，这就是人们常说的“以貌取人”，所以在与他人第一次交往时，我们要注意仪表是否得体，以增强人际吸引力。但是，随着交往的深入，仪表对人际吸引力的影响将会逐渐减弱，交往越深，越会忽略仪表的因素，而是更重视内在的美。所以外在美与内在美的结合，才是真正的人格魅力之所在。

2．邻近性因素

邻近性因素是指如果其他条件相等，住得近的人容易建立友谊。费斯汀格等人的研究很好地证明了这一点。他们调查了一个区域内的友谊模式。这个区域是由17座独立的两层楼房组成的，各单元房大致相似，住户们是偶然住进去的。调查的结果显示居民们与住得最近的人最亲近。41%的人选择了隔壁的邻居做朋友，22%的人选择了隔一扇门的邻居做朋友，只有10%的人选择了同一层距离最远的邻居做朋友。但是邻近性也有一定的局限。我们所喜欢的人往往是邻近的人，但我们所厌恶的人往往也是邻近的人。

3．熟悉性因素

熟悉能增加喜欢的程度。社会心理学家梅塔（T. Mita）进行了这方面的实验。他要求调查者看自己的两张照片，问他喜欢哪一张。两张照片其实是一样的，只是一张是正像，一张是镜像。同时，也要求调查者的朋友选择喜欢哪一张。结果是调查者更喜欢镜像，而他的朋友则更喜欢正像。因为自己常常看到自己的镜像，而朋友则常常看到正像。看到的次数越多喜欢程度也会增加，这在社会心理学中被称为多看效应。但次数也有一定界限，超过一定界限会产生厌烦的感觉。

4．相互性因素

相互性指我们喜欢那些喜欢我们的人，不喜欢那些不喜欢我们的人。贝克曼（C. Backman）和西科德（P. Secord）发现，如果告诉甲小组成员，乙小组成员喜欢他们，那么后来在新成立小组时，甲小组成员会更愿意选择乙小组成员。当然，相互性因素并不是绝对的。

5．相似性因素

研究表明，人们喜欢那些和自己相似的人。相似性包括信念、价值观和个性特征的相似性，吸引力的相似性，社会地位的相似性，年龄的相似性。值得注意的一点是，这里的相似性不是客观的相似性，而是当事人感知到的相似性。相类似的人，会常在一起参加共同喜爱的活动，在这些活动中交往的机会自然较多，相互沟通比较容易，误会和冲突比较少，既能接近又能相悦，自然会增强相互之间的吸引力。

6．需要互补因素

人们不仅喜欢那些与自己有相似一面的人，也喜欢那些与自己个性品质相反的人。这样，双方不同的心理品质可以使对方得到心理上的补偿。也就是说，当双方的需要以及对于对方的期望正好呈互补关系时，就会产生强烈的吸引力。

7．个性品质因素

心理学家黄希庭教授以大学生为研究对象，对有利于人际吸引和不利于人际吸引的个性特征分别进行了研究，将有利于人际吸引的个性特征依次排列为尊重他人—热心集体—稳重诚实—热情开朗—乐于助人—可信可靠等；不利于人际吸引的个性特征依次排列为自我中心—缺乏责任—虚伪—不尊重他人—冷淡孤僻—敌对猜疑等。

四、人际交往心理效应

在人际交往的过程中，常常会发生这样的情况：刚开始时很欣赏对方，觉得能交到这样的朋友是自己的幸运。慢慢地，这种热情会减弱，甚至逆转，对方再也不是刚开始时那样完美。是这个人变了吗？其实在人际交往中存在很多心理效应，了解这些知识，有助于我们改善人际交往。

1．首因效应

首因，即最初的印象，或称第一印象。在人际交往中，人们往往注意一开始接触到的信息，如对方的容貌、身材、表情等，而对后来接触到的信息不太注意。这种由先前的信息而形成的最初的印象及其对后来信息的影响，就是首因效应，即我们常说的“先入为主”。形成第一印象所依据的信息是有限的，也不一定是真实可靠的。正所谓“路遥知马力，日久见人心”。

2．近因效应

近因效应是指在多种刺激依次出现的时候，印象的形成主要取决于后来出现的刺激，即交往过程中，我们对他人最近、最新的认识占了主体地位，掩盖了以往形成的对他人的评价，因此也称为“新颖效应”。多年不见的朋友或老同学，在自己的脑海中的最深的印象，其实就是临别时的情景。首因效应和近因效应不是对立的，而是一个问题的两个方面。在对陌生人的认知中，首因效应作用比较明显；而对熟识的人的认知中，近因效应作用明显。

3．光环效应

光环效应又称晕轮效应，是指在人际交往中，人们常因对方所具有的某个特性而泛化到其他有关的一系列特性上，从局部信息形成一个完整的印象，即根据少量的情况对别人做出全面的结论。所谓“情人眼里出西施”，说的就是这种光环效应。光环效应实际上是个人主观推测泛化的结果。在光环效应状态下，一个人的某个优点或缺点一旦变为光环被扩大，其他优点或缺点也就隐退到光环的背后，被人视而不见。

4．投射效应

投射效应即在人际认知过程中，人们常常假设他人与自己具有相同的属性、爱好或倾向等，常常认为别人理所当然地知道自己心中的想法。如与人交往时把自己具有的某些观念、性格、态度或欲望转移到别人身上，认为别人也是如此，以掩盖自己不受欢迎的特征。“以小人之心，度君子之腹”就是一种典型的投射效应。为了克服投射效应的消极作用，我们应该客观地认识自己和他人，并做到严于律己，客观待人，尽量避免以自己的标准去判断他人。因为对方是否如我们所想象的那样，只有交往后才会知道。

5．刻板效应

刻板效应实际上就是一种心理定式，是指人在长期的认知过程中所形成的关于某类人概括而笼统的固定印象。有些人总是习惯于把人进行机械的归类，把某个具体的人看作某类人的典型代表，把对某类人的评价视为对某个人的评价，因而影响其正确的判断。刻板印象常常是一种偏见，人们不仅对接触过的人会产生刻板印象，还会根据一些不是十分真实的间接资料对未接触过的人产生刻板印象，例如：老年人是保守的，年轻人是易冲动的，北方人是豪爽的，南方人是善于经商的，等等。

第二节
大学生人际交往的特点与现状

大学生的主要任务是学习，生活的环境是校园，交往的对象主要是老师和同学。这就决定了其交往具有自身的特点。师生之间、同学之间、室友之间、学校其他人之间以及个人与班级和学校之间的交往并存，构成了大学生自己特殊的人际关系网络。要学会与他人相处，就必须解决人际交往中常见的问题。

一、大学生人际交往的特点

大学生人际交往的特点是由其自身的条件和其所处的环境决定的。大学生文化层次相对较高，生理和心理日趋成熟，世界观、人生观和价值观初步确立。校园是一个与社会既相对隔离而又在本质上紧密联系，既传承人类的悠久文明而又涌动着创新思想的教学科研场所。这两方面的特殊性决定了大学生的人际交往具有以下鲜明的特点：

1．交往愿望的迫切性

大学生随着知识的增长，心理的逐步成熟，生活空间的扩展，社会化程度的不断提高，加之进入大学这样一个全新的人际环境，因而迫切希望别人了解自己，渴望得到他人的尊重和承认，也急于了解他人和社会，对于人际交往抱有积极的态度和迫切的愿望。同时，大学生迫切希望增长人际交往的知识，了解和掌握人际交往的原则和策略，并身体力行地投入人际交往中。

2．交往关系的平等性

大学生的交往对象主要是同龄人，人际关系中最主要的是同学关系，这是一种横向的关系。由于大学生个人阅历、社会经验、认知能力、思想观念都大致相同，因而同学之间的交往不会像上下级之间、亲子之间那样形成服从和依赖的关系，而是比较容易产生平等的心理和意识，追求一种平等条件下的交往。

3. 交往内容的丰富性

大学生兴趣广泛，情感丰富，精力充沛，思想活跃，对各种自然和社会现象都感兴趣，人际交往的内容涉及专业学习、政治经济、历史文化、生活艺术等方面，尤其是在交往中重视心灵的共鸣、思想的共识、情感的交流与沟通，以获取信息、更新知识，满足精神和情感需求、提高竞争能力等为交往的主要目的。

4. 交往观念的自主性

大学生的自我意识和独立思考能力逐渐成熟，在交往观念上体现出独立性和自主性；在交往方式、内容的选择上，重视自己的主张和喜好；在交往对象的选择上，不仅仅是同班同专业的同学，不同年级、不同专业甚至校外的同学都愿意交往；在交往过程中，不是简单地接受他人的信息和影响，而是喜欢表达自己的见解，用自己的观念影响彼此之间的交往。

5. 交往方式的多样性

随着信息技术的发展，新媒体被人们广泛运用，善于接受新事物的大学生是使用新媒体技术的主力军。在人际交往中，传统的面对面直接交往方式略显单一，而具有虚拟性、广泛性、开放性特点的“人机互动”的交往方式——QQ、微信等网络交友软件的使用，使大学生的交往更方便、更快捷。

6. 交往心理的理想化

大学生的人际交往具有浓厚的理想色彩，往往是先在头脑中有一个理想的“模型”，然后根据这个“模型”到现实中寻找朋友。许多大学生认为，朋友应该是志趣相投、相互关心、相互爱护、相互帮助、共同前进的；真正的朋友应该坦诚相见，无话不说，不应该有任何隐瞒，反之则有上当受骗的感觉。

二、大学生人际交往的影响因素

影响大学生人际交往的因素很多，这里主要介绍以下几种影响因素：

1．认知因素

对自己、对他人以及对交往本身的认知都会对个体的人际交往产生深刻影响。在对自己的认知上，有无正确的自我评价，会影响人际交往中的自我表现。比如，低估自己会引发自卑，导致社交中的畏缩；高估自己会产生自大，导致交往中的盛气凌人。在对他人的认知过程中，往往会受各种心理效应的影响而产生认知偏差。大学生对人际交往的期望常常过于完美，一旦理想与现实不符就会产生交往障碍。

2．人格因素

人格是指人在各种心理活动过程中表现出来的经常的、稳定的心理特点，包括气质、性格等。不同气质类型的人对同一问题的处理方式不一样，而相同性格类型的人（同是内向性格或同是外向性格）也很难相处融洽。因气质、性格不同而产生的处理问题方式的差异往往带来交往中的误解、矛盾，而如果是人格不健全可直接造成人际冲突。在大学生中存在的自卑、自负、嫉妒、猜疑、害羞、孤独等人格因素，往往是影响人际交往的重要因素。

3．能力因素

人际交往不仅是一门科学，更是一门艺术。人际交往的失败与其交往能力水平差有很大关系。有很多大学生在中学时只顾埋头读书，很少注意与他人的交往沟通，所以对人际交往能力的缺乏并没有引起重视。进入大学，他们很快就意识到人际交往的重要，内心有强烈的交往愿望，却不知该怎样交往，在交往中连连受挫，甚至干脆退缩逃避。这种涉世不深、经验不足而导致的沟通能力和交往技巧的欠缺，也是影响大学生人际关系和谐发展的一个重要原因。

4．互联网因素

现代信息技术特别是互联网的高速发展，打破了人们在时间和空间交往上的限制，虚拟的网络交往也替代了部分同学之间直接的情感交流。网络以其开放性、虚拟性、间接性等不同于现实生活空间的特点，提供了一个能安全与外界进行平等的、深层次情感交流的平台和可以避免面对面而自由地学习社交技能的场所，满足了在人际关系上存在困扰的大学生的需要。但必须注意，长期沉溺于网络的最终结果是与现实生活脱离，不能进行正常的人际交往。

5. 环境因素

当代大学生以独生子女居多，家庭内部横向交往缺乏，人际交往能力从小就缺乏锻炼。一方面，独生子女的成长环境使一些大学生已经习惯以自我为中心，集体观念淡薄，这些严重影响大学生在人际认知和自我认知方面的心理发展。另一方面，一些大学生在上大学前受到父母的过分控制和干涉，少有自己的交往原则和个人心理空间，往往不能及时化解矛盾。进大学后，学校的集体生活环境既为交往创造了条件，但也常常成为矛盾冲突的根源。

三、大学生人际交往中常见的问题

大学生思想活跃，兴趣广泛，人际交往的愿望强烈，渴望认识新朋友，渴望让更多的人了解自己。但在人际交往的过程中，大学生常常遇到各种困扰挫折。因此，必须重视交往的心理，加强疏导。

1. 不敢交往

在人际交往的过程中，人人都存在不同程度的恐惧心理，只是每个人的反应程度不同而已。有一部分大学生反应特别强烈，由于自卑、害羞心理的作用，或是不去与人交往，或是在交往时显得特别紧张，有的语无伦次、词不达意，有的两眼不敢正视对方，甚至面红耳赤、心跳气喘。有些大学生在很多人的场合或者在集体活动中感到恐惧，不敢与人打交道，不敢表现自己，严重的可导致社交恐惧症。

2. 不愿交往

有的大学生在经历了“千军万马过独木桥”的高考后进入大学，发现自己在学生群体中并不出类拔萃，就产生了嫉妒与自卑心理，认为自己不如别人，也怕别人瞧不起自己，从而不愿与人交往；有的同学以自我为中心，自高自大，瞧不起别人；有的人遇事总是回避、退让，整日郁郁寡欢，因缺乏交往的愿望和兴趣也不愿与人交往；有的集体意识薄弱，对周围的人与事漠不关心，缺乏基本的合作精神，因而不愿与人交往。

3. 不善交往

有的大学生因缺乏与人交往的知识技巧，在交往过程中表现得过于生硬、木讷，不能被人理解；有的因认知偏见产生理解障碍，不注意交往中的“第一印象”，在劝说、批评、拒绝他人时不讲究艺术；有的大学生在与人交往的过程中，不注意交往的原则，或出言伤了对方的自尊心，或不尊重对方的习惯，或不懂装懂、夸夸其谈等。这些表现都有损自身形象，影响了与他人的进一步交往。

4．不懂交往

有的大学生以友谊的理想模式为标准衡量现实生活中实际的人际关系，导致高期待与高挫折感并存；有的在交往中始终处于被动地位，总希望他人主动关心自己，主动与自己交往；有的缺乏人际交往的基本技能，虽然渴望交往，但由于交往方式欠妥，交往能力有限或个性存在缺陷等，在交往过程中既不了解自己，也不了解别人，导致交往失败，由于长期的交往失败，便把交往看成一种负担，渐渐地变得自我封闭。

第三节
调适并优化人际关系

古人言：“大丈夫处世，当交四海英雄。”“上交不谄，下交不骄。”调适并优化人际关系不仅是大学生现实生活的需要，也是他们适应社会、成长成才的需要。这就要求必须掌握人际交往的原则，学习人际交往的艺术，并调适不良的人际交往心理，不断优化人际关系。

一、人际交往的原则

在人际交往发展的过程中，对以下交往原则的把握程度，直接影响人际交往的质量。

1. 平等原则

人际交往中，首先要坚持平等原则。无论是公务还是私交，都没有高低贵贱之分，要以朋友的身份进行交往，才能深交。切忌因工作时间短、经验不足、经济条件差而自卑，也不要因为自己是大学生，年轻貌美而趾高气扬。这些心态都会阻碍人际交往的顺利发展。

2. 尊重原则

《孟子》云“敬人者，人恒敬之”。获得尊重是人的基本需要之一，当尊重的需要得到满足时，个人才会体验到生活的价值。由此可见，尊重别人，让他人感到自己的重要性并受到重视，无疑是大学生人际交往成功的重要原则。尊重包括自尊与尊重他人两个方面。自尊就是在各种各样的场合都要自重、自爱，不做有损人格尊严的事；尊重他人就是重视他人的人格和价值，承认他人在人际交往中的平等地位。

3. 互利原则

互利原则是指交往双方的互惠互利。人际交往是一种双向行为，故有“来而不往非礼也”之说。只有单方获益的人际交往是不能长久的，所以要双方都受益，不仅是物质的，还有精神的，交往双方都要讲究付出和奉献。

4. 信用原则

交往离不开信用。信用指一个人诚实、不欺、信守诺言。古人有“一言既出，驷马难追”的格言。现在有以诚实为本的原则，人们在交往中不轻易许诺，一旦许诺，就要设法实现，以免失信于人。

5. 宽容原则

宽容原则表现为对非原则性问题不斤斤计较，能够以德报怨，宽容大度。宽容、克制并不是软弱、怯懦的表现，相反，它们是建立良好人际关系的润滑剂，能“化干戈为玉帛”，赢得更多的朋友。“学会原谅别人是美德，学会宽容别人是高尚。”

6. 真诚原则

真诚待人是人际交往中最有价值、最重要的原则。以诚待人是人际交往得以延续和深化的保证。人与人之间以诚相待，才能相互理解、接纳、信任，才能团结。交往中真诚待人，实事求是，胸怀坦荡，言行一致，既不虚情假意、口是心非，也不冷嘲热讽。只有相互信任，尊重别人，谦虚谨慎，才能建立良好的人际关系。

二、人际交往的技巧

人际交往大体上可分为语言交往和非语言交往。语言交往通常以达意的功能为主，非语言交往则一般以传情的功能为主。掌握了这两种基本交往的技巧，并把这两方面技巧结合起来，就会更有效地交流思想，表达情感，深化人际关系。

1. 语言交往技巧

“良言一句三冬暖，恶语伤人六月寒”，这句话告诉我们交往时要注意运用语言的艺术。语言艺术运用得好，就能优化人际交往；相反，如果不注意语言艺术，往往会在无意间产生或激化矛盾。

（1）称呼得体

称呼反映出人与人之间心理关系的程度。恰当得体的称呼，能使人获得一种心理满足，使对方感到亲切，交往便有了良好的心理气氛；称呼不得体，往往会引起对方的不快甚至反感，使交往受阻或中断。所以，在交往过程中，要根据对方的年龄、身份、职业等具体情况及交往的场合、双方关系的亲疏远近来决定对对方的称呼。对长辈的称呼要尊敬，对同辈的称呼要亲切、友好，对关系密切的人可直呼其名，对不熟悉的人要用敬辞。

（2）说话注意礼貌

正确运用语言，表达清楚、生动、准确、有感染力、逻辑性强，少用俚语和方言，切忌平平淡淡、滥用辞藻、含含糊糊。要根据谈话的内容和场合，采取相应的语音、语调和语速；讲笑话要注意对象、场合、分寸，以免笑话讲得不得体，伤害他人的自尊心。要避免争论，大学生往往在争论中互不服输，争得面红耳赤，甚至演化成直接的人身攻击或抱有严重的敌意，这对人际关系的有害影响是显而易见的，要“求同存异”。语言艺术运用得好，就能吸引和抓住对方，调动彼此倾谈的激情、兴趣，从内容到形式适应对方的心理需要、知识经验，有助于人际交往。

（3）适时适度地称赞对方

每个人都希望得到欣赏和赞美，这是人的一种心理需求。每个人都有自己的长处，在人际交往中，我们要善于发现他人的闪光点，且不要吝惜称赞他人。欣赏和赞美使我们感到愉快和自信，更感到自己是一个有用的人，朋友之间选择恰当的时机、适当的方式表达对对方的赞美，是增进彼此情感，延续人际交往的催化剂。但是赞美要真诚、要适度、要有具体内容，切忌夸大其词、虚伪做作、曲意逢迎。

2. 非语言交往的技巧

非语言交往是指交往双方通过服饰、目光、表情、身体的动作姿态、人际空间距离和交往频率等进行沟通的技巧。在人际交往中，虽然非语言行为通常只是语言行为的辅助和强化手段，但它有时可以代替语言传情达意，还可以微妙地传递语言难以表达的“弦外之音”，产生“此时无声胜有声”的效果。

（1）距离技巧

人都有一种保护自己个人空间的需要。人际距离即人与人之间的心理距离。人际距离的大小与交往的对象、内容、场合和情境有关。心理学根据不同的交往对象和情境，划分了四种交往距离：第一，亲密距离。一般在0.45米以内。这个距离属于家庭成员、亲密朋友等关系最密切的人。人在亲密距离交往中，相互促膝谈心，不拘小节，无话不谈，亲密无间。亲密距离具有排他性，没有达到那种亲密程度的人插足这个区域，会引起对方的反感。第二，个人距离。一般是1米左右。这个区域有较大的开放性，朋友或熟人可以自由地进入这个空间。第三，社交距离。一般是1～4米，保持这一距离的人们，体现出一种社交性或礼节性的关系，一般谈话的内容也较为正式和公开。第四，公众距离。交往距离在4米以上，在这个空间内，人际间的双向交往大大减少，更多的是一种单向交往，如演讲、报告等。因此，在交往中应恰当运用交往距离，以免使人感到不舒服或造成误会。

知识窗：八种人际交往的距离

文化人类学家爱德华·霍尔总结出八种人际交往的距离，反映了人与人之间的亲密感，人们也自觉或不自觉地用此来营造良好的人际关系。

1．接近式密接距离（0～15厘米）。这种距离用于爱抚、格斗、安慰和保护。使用者有着非常亲密的关系，语言交流的作用减小。

2．远离式密接距离（15～45厘米）。这种距离能够用手触碰到对方的身体。使用者的关系很密切，比如在拥挤的车中，人们彼此就保持这样的距离。

3．接近式个体距离（45～75厘米）。能够抱住对方、抓住对方的距离，能够看清对方的表情。妻子进入这个距离是很自然的，其他女性进入这个距离的话就会引起误会。

4．远离式个体距离（75厘米～1.2米）。两人伸出手就能触碰到对方身体的距离，处理个人事宜的时候通常是这种距离。

5．接近式社会距离（1.2～2.1米）。这种距离超过了身体的接触界限，工作时与同事之间保持的就是这种距离。以这种距离俯视他人时会产生一种威压效果。

6．远离式社会距离（2.1～3.6米）。这种距离用于注重形式的工作会谈，既可以不管他人，专心做自己的事情，又不会给他人增添麻烦。

7．接近式公众距离（3.6～7.5米）。在4米左右的距离中，会出现或多或少的问答，言者与听者之间保留了一些交流余地。

8．远离式公众距离（7.5米以上）。用于讲演或演说的时候，个人间的交流比较困难。

资料来源：郑全全、俞国良，《人际关系心理学》，人民教育出版社出版2022年版

（2）交往频率技巧

交往频率是指在特定的时间里人与人之间接触、见面、来往的次数。合理地掌握交往频率，是维护自己的形象、开拓事业、发展友谊的重要方面。具体表现在以下几个方面：一是无事不登三宝殿。即交往应该有内容，不是走形式。如果你想得到对方热情的接待，在日常生活中应当尽量减少无内容的交往。二是欲速则不达。在人际交往方面应当把握交往的频率，如果急于取得对方的信任，往往欲速则不达。所以应当以心灵的沟通来发展和深化人与人之间的情感联系，逐渐地相互了解，不断地深化交往方式。三是了解交往的频率与人际距离的关系。人际距离较近

即相互之间的感情较深，人际间的交往活动就频繁；人际距离较远即相互之间没有什么深厚的感情，人际交往的频率就比较低。

（3）体势技巧

体势包括体态和身体的动作、手势。在人际交往中，人的举手投足、回眸顾盼，都能传达特定的态度和含义。身体略微倾向于对方，表示感兴趣；微微欠身，表示谦恭有礼；身体后仰，显得轻视和傲慢；身体侧转或背向对方，表示厌恶反感、不屑一顾。不同的手势也具有不同含义。比如：摆手表示制止或否定，双手外推表示拒绝，双手外摊表示无可奈何，搔头皮或脖颈表示困惑，搓手和拽衣领表示紧张，拍脑袋表示自责或醒悟，竖起大拇指表示夸奖，伸出小指表示轻蔑。同样的体势，不同角色的人使用，其含义和给人的感觉是不一样的。领导、长辈对下级、晚辈拉拉手、拍拍肩，通常表示赞许和鼓励；如果下级、晚辈随便与领导、长辈拉手拍肩，则被认为是不尊重。

三、人际交往不良心理的调适

不良的人际交往心理不仅影响大学生的学习和生活质量，而且影响大学生的心理健康。因此，了解大学生人际交往中存在的不良心理，提出有针对性的调适方法，有助于改善大学生的人际交往状况，提高大学生的心理健康水平。

1．自卑心理的调适

自卑感是一种因个人自认为不如别人而产生的轻视自己的不良心理，平常表现为忧郁、悲观、孤僻。社交自卑感是指人在社会交往中的自卑心理，它容易使人孤立、离群、丧失信心。社交自卑感严重的人大多性格内向，同时感情脆弱、体验深刻、多愁善感，常常觉得自己处处不如别人，总是感到别人看不起自己，又怕受到别人的伤害，所以在处世时多回避，处处退缩，不愿抛头露面，害怕当众出丑。自卑心理可以从以下几方面进行调适：

（1）正确认识生理缺陷及家庭状况。一个人的生理条件与家庭是自己无法选择的，没有必要过于自卑。要认识到只有通过自己的奋斗，不断增长知识，全面提高自身的素质，才有可能改变自己的家庭状况，提高自己的社会地位，减轻生理缺陷的影响。

（2）正确认识自我，提高自我评价。要善于发现自己的长处，肯定自己的成绩，改善自我形象，积极参加社交。

（3）进行积极的自我暗示、自我鼓励。面对新局面，尤其处于不利条件时，要暗中鼓励自己“一定行”，竭尽全力争取成功。

（4）积极与人交往。自卑的人往往容易把自己孤立起来，并形成恶性循环，越怯于交往，就越自卑。自卑的人要看到自己在人际交往中也有许多积极因素，因为自卑的人大多谦虚，善于体谅人。所以应尽量积极地与人交往，并通过成功的交往开阔自己的胸怀，克服自卑心理。

2. 自负心理的调适

自负往往表现为傲气、狂妄、居高临下，自夸自大，过于相信自己而不相信他人，只关心自己的需要，强调自己的感受而忽视他人，很少考虑对方的反应。自卑与自负的性质相反，但又有一定程度的联系。外在的自卑往往由内在的自负引起，外在的自负则缘于内在的自卑。自负心理调适主要从以下几方面着手：

（1）接受批评是根治自负的最佳办法。自负者的致命弱点是不愿意改变自己的态度或接受别人的观点，接受批评正是针对这一情况采取的方法。接受批评并不是让自负者完全服从他人，只是要求其接受别人的正确观点，通过接受别人的正确批评，改变过去固执己见、唯我独尊的形象。

（2）与人平等相处。自负者视自己为上帝，无论在观念上还是行动上都要求别人服从自己。平等相处就是要求自负者以一个普通人的身份与别人平等交往。

（3）提高自我认识。要全面地认识自我，既要看到自己的优点和长处，又要看到自己的缺点和不足，不可“一叶障目，不见泰山”。与人比较不能总拿自己的长处去比别人的不足，把别人看得一无是处。

（4）要以发展的眼光看待自己。辉煌的过去只能代表你过去是英雄，但它并不代表现在，也不预示未来。

3. 猜疑心理的调适

猜疑心理是一种由主观推测而产生的不信任的复杂情感体验。猜疑心过重的大学生在人际交往中常表现为性格孤僻、敏感多疑、小心谨慎、戒备心强、对人冷淡，处于一个自我封闭的心理防御小圈子中，无端地怀疑别人在威胁自己的名誉、声望、形象，把别人的一举一动都与自己联系起来，并看成自己的阻碍。猜疑心理的正确调适方法主要有以下几方面：

（1）学会正确的人际认知方法。对他人和客观事物的认识要力求客观、全面、公正。只有对他人认知正确、全面、深刻，才能避免猜疑。

（2）加强沟通，多做调查研究。出现了疑点，不要马上乱猜测、乱对号，否则就会产生嫉恨和报复心理。要主动与你所怀疑的对象多接触、多交流，敞开心扉，这样往往会得到你意想不到的信息。

（3）学会冷处理。对于那些一时得不到证实的事情，最好的办法是先放一放，相信总有水落石出的时候。急于求成、胡乱猜测弊多利少，远不及耐心考察的冷处理方法好。

（4）学会识别信息。猜疑心理可能源于自身，也可能是听信别人的流言蜚语而产生的。因此，在人际交往中，要善于对信息和信息源进行认真的鉴别，冷静筛选，去伪存真，不可偏信。善于鉴别信息真伪，是大学生修身处世、避免在人际交往中走入误区的重要武器。

4．妒忌心理的调适

妒忌是担心别人超过自己引起的抵触情绪的体验，是心胸狭窄、自私自利、唯我独尊的心理表现。巴尔扎克说，妒忌潜伏在人心底，如毒蛇潜伏在穴中。嫉妒者比任何不幸的人更为痛苦，别人的幸福和他自己的不幸将使他痛苦万分。妒忌是一种十分有害的不良心理，对这种不良心理的调适主要从以下几方面入手：

（1）要纠正自己认知的偏差。妒忌者在别人成功时，总以为别人的成功是对自己的威胁，是对自己利益的侵占。妒忌者应克服把别人的成功等同于自己的失败的错误认知，而应当学会比较的方法，善于学习别人的长处来克服自己的短处，而不是以己之短比人之长。

（2）要积极地升华。妒忌者在别人比自己强时，应当把不服气的心理引导到积极的方面，化嫉妒为积极进取的力量，赶上甚至超过对方。当不能通过努力赶超对方时，还可以扬长避短，以自己之优胜对方之劣，获取总的平衡。

（3）要积极地进行注意转移。妒忌总是产生在闲暇时间。如果我们积极参加有益的活动，使自己的生活充实起来，也许就没有工夫去嫉妒别人了。如果在妒忌心理似出非出之时，我们有意识地进行一次注意的转移，看看自己的优点，这样便会使原先失衡的心理获得一种新的平衡，妒忌心理也就不会产生。

（4）学会欣赏别人的成功和优点。学会悦纳他人，学会赞美别人的成功和优点，在真诚的祝愿中学会“我好，你也好”的交往态度。

5．孤独心理的调适

孤独感是因缺乏人际交往而产生的寂寞感与失落感，是宁可独处也不与别人交往所产生的一种心理。孤独是一种主观的心理感受，而不一定与外在行为表现一致。孤独一般表现为把自己真实的思想、情感、欲望掩盖起来，对别人心怀戒备，自我防御心极强，难以沟通，使人感到与之交往不是很累就是无效。如何面对人际交往中的孤独感呢?

（1）把自己融入集体之中。任何一个大学生都处在一定的环境中，拒绝把自己融入集体之中，孤独肯定会格外地垂青于你。

（2）积极参与社交活动。要敢于冲破自我封闭的樊笼，越过心灵的障碍，通过广泛的交流寻觅知音。当真正感到与同学心理相容并为人所接受时，就会享受到正常的人际交往的快乐与幸福。

（3）克服不良的人格因素。高傲、冷僻、尖酸、刻薄等不良人格往往会使人与你疏远，应该加以克服和矫正。

（4）培养慎独的功夫。失意与独处是人生不可避免的，应培养自己慎独的功夫，以期在个人独处时不至于产生太多的孤独、寂寞之苦。

四、人际关系的优化

明朝大家陈继儒有言：“居不必无恶邻，会不必无损友，惟在自持者两得之。”“剖去胸中荆棘以便人我往来，是天下第一快活世界。”在大学生的一些日常人际交往中，如何才能做到“两得之”？

1. 宿舍人际关系的优化

案例：小琪表面上和舍友们维持着正常的关系，但是心里却感觉很不舒服。她说：“舍友来自各地，有不同的生活习惯，我知道不能去苛求别人，但是每次看到有人随地丢垃圾、吐痰、乱放物品，我都不高兴。每次学校要检查卫生，几乎都是我一个人在打扫，寝室里东西坏了也没有人管，都是我去报修，每天的垃圾也是我去倒。我想，自己多做点没什么，可都是我做，我的心里就有一种被欺负的感觉……”

宿舍关系是时空距离最近的人际关系，也是纠纷、矛盾相对集中的人际关系。大学生公寓一般是四个人一间，其关系结构有三种情况：“1+1+1+1”“2+2”“1+3”。其问题分为两类：一是矛盾多，二是关系淡。处理宿舍关系需要舍友们一起努力，一起制定宿舍规则，尊重彼此之间的差异，多进行情感的联结，遇到问题多沟通交流，每个人都要求自己多做一点，多忍让一点，对他人多关爱一点，大家才能和谐相处。

大学宿舍人际关系是社会人际关系的缩影，是大学生思想、行为及情感的“晴雨表”。能否处理好宿舍人际关系是衡量大学生人际交往能力大小、心理素质高低及为人处世是否得体的一杆标尺。除去睡眠时间，大学生每天在宿舍待五小时左右，与室友的接触和交往的时间比较长。因此，与室友的关系融洽与否，决定了一天的大多数时间里心情是否愉快。如何处理好宿舍人际关系呢？可从以下几方面入手：

（1）共同遵守宿舍规定。如统一作息时间、协作搞好宿舍卫生，合理使用宿舍公共资源、积极参加宿舍集体活动等。

（2）注重舍友交往细节。“细节决定成败”，注重生活上的细节，才能与人更好地和谐相处。如不搞小团体、不逞口舌之快、不触犯室友隐私、不拒绝小惠而报之以感谢、别人有难要帮、自己有事要提出、积极参加宿舍的集体活动、不斤斤计较、容忍别人的斤斤计较等。

（3）学会化解问题冲突。室友之间的对抗、不理解、怀疑、敌意、拒绝、破坏等冲突虽然隐藏在宿舍内部，相对不公开，但对我们的身心健康影响很大。遇到冲突时，可采取幽默法、回避法、合作法、求和法等方式化解。

2．班级人际关系的优化

班级人际关系是指班级中同学之间在相互交往过程中形成的比较稳定的心理关系。班级人际关系不仅影响班集体的形成和发展，也影响大学生个体社会化和个性的发展。如何学会与班级中不同类型的同学相处，大家不妨尝试以下几种方法：

（1）换个角度，改变交往心态。大学班集体，少则几十人，多则上百人。由于个性、生活习惯、家庭背景等的差异，难免会产生各种摩擦或冲突。其实有时只要我们换个角度，发现事物的积极一面，感受就完全不同。

（2）对症下药，缓解人际冲突。冲突产生后，我们不妨多问自己几个问题：同班同学，我们了解多少？他们的无心之错，我们宽容了多少？他们的优点，我们发现了多少？相互的陌生感，我们化解了多少？对同学了解得越多，冲突就会越少。对待班上的同学，如果我们能多一分理解，多一分关心，多一分欣赏，多一分宽容，彼此之间的信任感、和谐感和幸福感就会不断增多。

（3）争做表率，提高班级凝聚力。班干部是连接老师和同学的纽带，一个班集体的好坏很大程度上取决于班干部是否称职，能否带动班级成员，形成班级凝聚力。班干部应做好表率、以身作则；主动关心、了解同学；虚心接受同学建议，善于自我反省；不贪私利、平等相待。同时，在为班级同学和老师的服务中，班干部要不断提高自身的能力。

3．异性人际关系的优化

由于性生理的成熟、性意识的觉醒和性心理的逐步发展，大学生对异性逐渐产生了兴趣，对异性之间的交往感到既好奇又困惑。相比中学而言，大学生异性之间的交往更自然、更大方。大学生也更加重视异性交往，具体表现在：大学生更在意异性同学的评价，更注意在异性同学面前的言谈举止，与异性交往时心思更细腻等。有研究显示，绝大多数大学生渴望与异性交往，而且异性友谊对自尊心的影响程度更大，带来的烦恼更多。因此，大学生优化与异性的交往是十分必要的。

（1）我们既要反对男女之间“授受不亲”的传统观念，又要注意“男女有别”的客观事实。彼此做到“不失足于人，不失色于人，不失心于人”，这样男女同学间的真诚友谊才有保障。

（2）要把握好友谊与爱情的尺度。在友谊和爱情之间并没有一条不可逾越的鸿沟，超过一定的限度，兴许你自己也分不清是友谊还是爱情了。如果在异性交往中，有意或者无意地联想到彼此之间可否发展成恋人关系，就会增添彼此的心理负担，使正常的异性交往变得各怀心事，别别扭扭。

（3）交往中的男女同学要自尊、自立、自制、自重。恋人交往属于异性交往，不少大学生之所以深陷失恋的痛苦中无法自拔，是因为把爱情的丢失当成自我价值的丢失，从而使情绪或行为失控。

4．师生人际关系的优化

除了同学之间的关系，师生关系也是构成大学生人际关系的重要方面。同中小学相比，大学师生的交往范围要小得多，而且具有自发性、偶然性，且多局限于知识学习方面。因而不少大学生在与老师交往中表现得拘谨和胆怯，对建立和谐良好的师生关系显得无所适从。融洽师生关系可从以下几个方面做起：

（1）师生之间相互尊重。尊重是一种爱，一种信任。师生之间要主动尊重彼此的人格，尊重彼此的劳动成果。只有老师与学生都为对方付出真挚的、深厚的爱，师生之间才能建立起高度的人格信任，从而促进良好师生关系的形成。

（2）师生之间相互理解。这是老师与学生有效交往的前提，更是当代师生沟通的关键。因此，理解学生，是老师的首要任务；理解老师，是学生优化师生人际关系的基础。

（3）师生之间平等交往。平等主要是人格上的平等。老师与学生虽然角色不同，但是人格是平等的。只有师生都具备这种平等心态，师生才可能真正沟通。学生和老师都要正确理解平等，正确对待平等，建立平等的师生关系。

（4）师生之间拓宽交流渠道。在活动和交往中，良好的师生关系更容易建立。课堂教学是师生交往的主要途径，此外，日常生活中的交往也是建立良好师生关系不可或缺的一条渠道。师生双方还可通过网络，如建立师生 QQ 群、微信群等进行多渠道交往，使师生关系得到全面发展。

5. 亲子人际关系的优化

与父母的关系贯穿每个人的一生。父母是孩子最先接触的人，是孩子的第一任老师。家庭成员之间人际互动的心理态度和行为方式，对子女产生潜移默化的影响，决定子女对人际关系问题最基本的价值取向，直接影响子女与他人交往过程中的行为反应模式。在大学中，虽然学生远离自己的父母，空间距离大了，但不管在物质上还是心理上，仍然离不开与父母这复杂和极具感情色彩的关系。那么如何建立与父母之间和谐的人际关系呢？

（1）学会感恩。尊敬父母，孝敬父母，关心父母，感谢父母的培育之恩，精神上多给予安慰，承担对父母应尽的责任与义务，如假期帮助父母适当分担家务等。

（2）学会交流。主动与父母交流沟通，汇报自己的学习、思想、生活、工作等方面的情况，虚心听取父母的教导。

（3）学会理解。理解是亲子关系融洽的前提，在理解的过程中，亲子之间在需求、情感等方面容易走向一致。

6. 网络人际关系的优化

网络人际关系是以计算机、网络和数字符号为中介，在超文本和多媒体链接中人与人的互动关系。与传统的人际关系相比，网络社会的人际关系呈现出许多新特点，对大学生产生了一定的积极影响。但网络空间固有的虚拟性和隐蔽性也限制了大学生的人际关系朝纵深方向发展。在目前网络技术超前而网络道德与网络法律滞后的状态下，引导大学生学会正确处理网络人际关系，是尤为必要的。

（1）正确处理网上交往与现实交往的关系。首先，大学生要树立正确的交往观念，认识到任何交往都是社会交往的形式，网上交往只有融于现实社会中才有意义。其次，对网上交往有正确的心理预期，不能用自己幻想的标准，作为衡量现实的依据；善于利用网上交往的有利面，将现实中的热点问题、焦点问题搬到网上讨论，加强交流与沟通，扩大影响和覆盖面，达到自我教育和教育他人的目的；要合理分配、控制上网时间，要加强网上交往的自我保护，防止上当受骗。

（2）加强网络道德学习，规范网上交往行为。建立网络道德规范，加强大学生网络道德学习，提高大学生的自律能力，这是确保大学生文明地进行网络交往的治本之策。大学生网络道德规范的基本内容有：诚实可靠，不进行虚假、虚伪的网上交友；不利用网络损害他人名誉和人格，特别是在网上攻击、侮辱或诽谤某个不喜欢的人；不在网上讲淫语、秽语或骂人；不要欺骗对方的感情，同时发展“网上”和“网下”的爱情；尊重他人隐私，不要泄露他人隐私；不散播和传播虚假信息等。

（3）增强自我认同，培养健康交往的心理素质。“在网上，没人知道你是一条狗！”这句被网民广为流传的话说明了网络交往中自我的隐蔽性，也正是这种隐蔽性，使得部分大学生在网络中充当着另外一个虚假的“我”，从而对现实中的“我”无所适从。因此，大学生必须正确地认识自我，愉悦地接受自我，通过健康的网络交往完善自我。

（4）主动参加各类活动，提升人际交往能力。网络交往只是大学生人际交往的一部分，如果将过多时间和精力沉浸在虚拟的网络游戏和网络交往中，可能会导致网络成瘾，从而影响大学生的身心健康。因此，在网络交往之外，大学生可主动参加各类活动，在活动中培养宽容、信任、友爱、诚恳、谦虚、尊敬、忍让等良好的人格特征，不断改善与他人的交往关系，提升人际交往水平，促进健康人格的形成，达到全面发展。

职业心理之窗

导游如何与游客建立良好的人际关系

在职场中，与服务对象之间的人际关系在某种程度上影响着我们职业能力的发展。导游是一项与游客相处时间最长的工作，如何与游客建立良好的人际关系呢？我们可以从以下几个方面努力：

一是记住游客姓名。在人际交往中，记住对方的姓名，用尊称称呼对方，特别是一见面就能叫出对方姓名，能使人顿感亲切、温暖和受尊重。导游要尽快与游客缩短心理距离，应在短时间内记住游客的姓名，了解他们的身份，并在随后的导游服务中经常、正确地称呼他们。游客经常从尊称中感受到尊重，油然生出好感，多了几分亲近，愿意主动配合，甚至还会原谅某些小过失，使导游服务工作更加顺利。

二是与游客建立伙伴关系。伙伴关系就是一种情感关系。导游除了以自己热情周到的服务、诚恳尊重的态度获得游客的赞赏外，及时、恰当地赞扬游客，使之产生成就感是十分必要的。

三是多提供个性化服务。个性化服务不是全团的共同要求，不涉及全团的利益，有些是个别游客的个别需求，有些只是旅游过程中的一点小事。如游客的近视眼镜上的螺丝松动了，游客旅行袋上的拉锁拉不上了，带轮旅行箱的轮子转不动了……这些不起眼的小事看似简单，处理起来却不那么容易，需要导游处处留心。个性化服务使游客感受到导游的真诚态度和实干作风，内心觉得满足，更有利于导游工作的开展。

思考题

1. 人际交往中需要掌握哪些基本的交往技巧？
2. 大学生人际交往有哪些主要的功能？
3. 结合自己的实际，谈谈良好的人际交往对大学生健康成长的作用。

心理活动：扩大交友圈

目的：通过自我介绍展示自己，并记住别人，提高人际交往能力。

操作：

1. 建立八人小组。前后两排各四名同学组成一个小组。

2. 介绍接力。每人用一句话介绍自己。一句话中至少应包括三个内容：姓名、院系、自己与众不同的特征。

3. 写一写。在刚才的活动中，你记住了哪些人？请你把他们的名字和特征写在纸上。

4. 活动反思：

（1）你现在能记住多少人的名字？

（2）你对哪些人印象深刻？为什么？

（3）你觉得在这个交友活动中你的表现如何？你给人留下了深刻的第一印象吗？请结合自己的实际情况，制订自己的大学学业生涯规划方案。

第八章

邂逅美好爱情

爱情是人类永恒的话题。大学生性生理已发育成熟，性意识增强，他们渴望邂逅美好爱情。然而，爱情既可以是美酒佳酿，给人以莫大的幸福和欢乐，也可以是涩水苦果，给人带来无穷的痛苦和烦恼。懂得爱情，培养爱的能力，了解性知识，维护性心理健康，已成为当代大学生的迫切需要。

第一节
大学生恋爱心理

当走过恋爱的神秘，走进婚姻的殿堂，爱情留给我们的也许只是平淡，只是一份日久弥深的亲情和一份实实在在的生活。爱情是什么，它与恋爱和婚姻的关系又如何，大学生恋爱有哪些特点，这些都是需要我们认真探讨的问题。分析大学生的恋爱心理，帮助大学生树立正确的恋爱观，才能使之做好爱的心理准备。

一、爱情的内涵与本质

爱情是一个古老而又新鲜的话题。它一直吸引着人们的目光，它的欢乐和悲伤激发着画家、诗人、小说家等的创作灵感。古往今来，中国的艺术家们根植人民的现实生活创作出了许多艺术作品来书写、诠释和歌颂爱情。如古代民间流传的四大爱情故事《梁祝》《白蛇传》《孟姜女传说》和《牛郎织女》。诗人用优美诗歌歌颂爱情，小说家用经典故事书写爱情，画家用高雅作品描绘爱情，爱情到底是什么呢？对于这一问题，不同时代、不同阶段、不同领域的名人、学者都有不同看法。

1. 爱情的定义

古今中外许多名人从不同的角度定义爱情。钱锺书说："婚姻是一座围城，城外的人想进去，城里的人想出来。"别林斯基说："爱情是生活中的诗歌和太阳。"泰戈尔说："爱情是理解和体贴的别名。"伊萨科夫斯基说："爱情，不是一颗心去敲打另一颗心，而是两颗心共同撞击的火花。"高尔基说："没有爱的生活不是生活，而是生存。"

不同流派的心理学家也从各自的理论取向定义爱情。人本主义心理学家卡尔·罗杰斯认为"爱是深深的理解和接受"。亚伯拉罕·马斯洛认为："爱的需要涉及给予和接受爱，我们必须懂得爱，必须能教会爱、创造爱、预测爱。”埃里希·弗洛姆认为不成熟的、幼稚的爱是“我爱你，因为我需要你”，而成熟的爱是“我需要你，因为我爱你”。心理学家将爱情定义为“心理成熟到一定程度的人，对异性产生的具有浪漫色彩的高级情感”。我国伦理学家罗国杰提出：爱情是指在一定社会经济文化状态下，异性之间以共同的生活理想为基础，以平等互爱和自愿承担责任和义务为前提，以渴求结为终身伴侣为目的，而按照一定的道德标准自主结成的一种具有排他性和持久性的特殊社会关系。

马克思主义认为爱情是基于一定的客观物质条件和共同的生活理想，在各自心中形成真挚的爱慕，并渴望对方成为终身伴侣的一种最强烈、最专一的感情。一是强调爱情的客观物质基础。爱情不能完全以急功近利的标准来做物质上的要求，但也不能完全不考虑一定的物质基础，过着精神的乌托邦生活。不能认为只要有了感情就可以解决一切，恋爱过了一定时期，更多的是实际的物质生活上的问题。二是强调爱情存在共同的生活理想与最真挚的倾心爱慕。恋爱双方要有共同的世界观、人生观和共同的理想，相互爱慕，渴望对方成为自己的生活伴侣。这种情感属意识范畴，它是主观的，是物质生活在人脑中的反映。

综上所述，我们认为，爱情是指一对男女基于一定客观物质条件和共同的人生理想，在各自内心中形成相互间最真挚的爱慕，并渴望对方成为自己终身伴侣的最强烈、专一和稳定的感情。

知识窗：弗洛姆的“爱情五要素”说

弗洛姆在《爱的艺术》中将“爱”视为需要学习和实践才能掌握的艺术，并通过对爱的理论、爱的实践和当代西方社会中的爱与爱的溃散进行分析，教会人们如何去爱，如何去生活。

弗洛姆认为爱是一种积极活动，而不是消极的情感，成熟的爱包括给予、关心、责任心、尊重和了解五个要素。①给予：真爱的基本要素，首先是“给”而不是“得”。“给”是力量的最高表现，恰恰是通过“给”，“我”才能体验“我”的力量，“我”的“富裕”，“我”的“活力”。给予是创造性、主动性的爱的主要因素。②关心：关心是爱的表现形式，缺少关心的爱是不完整的爱。弗洛姆认为爱是人的力量表现，是对自己和他人的肯定，是对自己和他人生命、幸福、成长和发展的关心。③责任心：责任心的本来意义是完全自觉的行动，是“我”对另一个生命表达出来或尚未表达出来的愿望的答复。“有责任”意味着有能力并准备对这些愿望给予回答。责任心在母子关系中主要表现在母亲对孩子生理上的要求的关系，在成人之间则也包括关心对方的精神要求。④尊重：尊重别人不是惧怕对方。尊重是有能力实事求是地正视对方和认识他独有的个性。尊重就是要努力使对方能成长和发展自己，而不是服务于“我”。⑤了解：弗洛姆认为，了解是关心和尊重的前提。人们只有认识对方，了解对方才能尊重对方。如果不从关怀的角度去了解对方，这种了解也是无益的。了解的方式多种多样，成为“爱”之一要素的了解是要深入事物的内部去了解，而不是满足于一知半解。要深入生命深处了解人的核心。以上五个要素相互依赖，在成熟的人身上可以看到这些态度的集中表现。

2. 爱情的本质

爱情的本质是自然的，还是社会的？是狂热的，还是理智的？对于这些问题，人类一直在探索，不同时代、不同阶级的学者各有其不同看法。

有人认为，爱情就是性。这种观点以中国的吴稚晖和西方心理学家弗洛伊德为代表。吴稚晖认为：爱情无非是精虫在那里起作用。弗洛伊德则认为性是世界的本原，性是人生的动力，是人类文化和社会发展的本源。一些文学家、思想家受西方文艺复兴以来的思想影响，把爱情当作人类永恒不变的本性。有的社会学家则强调爱情是男人和女人之间的一种社会关系，是社会生活的一个方面，是一种社会责任等。有的心理学家认为爱情是一种心理现象，是人生的一种心理体验或感受。

我们认为，爱情的本质是由爱情的生理、心理、社会三个要素相互作用构成的。

爱情的生理因素是人的性欲，这是一种延续种属的求偶本能。它构成了男女相互倾慕、相互爱恋的基础和原始动力。

爱情的心理因素是思想吸引、心理相容。人类的爱情生活与动物求偶不同的一个根本点就是人类情感的存在。在人类爱情中，情爱制约着性爱。如果说性爱是爱情的基础方面，那么情爱则是爱情的本质规定；性爱促使人们追求异性，情爱则决定人们有选择地爱某个异性。情爱以性爱为基础，反过来又制约着性爱。

爱情的社会因素有着丰富的内涵。首先，人类的爱是在社会交往活动中萌发的。没有人们之间的社会交往活动，没有社会生活，既不会产生爱情，也不可能有全面而深入的爱的交往。其次，人类的爱情生活受社会的道德和法律制约。在恋爱阶段，恋人的行为要受到道德规范制约，爱情一旦成熟，双方还须共同承担起对新生命诞生的责任和义务。婚姻不但受到道德限制，还受到法律保护。再次，爱情生活所采取的形式是社会的，人们是通过合法合理的形式来满足其性欲的，恋爱、婚姻、家庭就是爱情的社会形式。因此，爱情是建立在生理、心理和社会综合需要基础之上的，使人能获得强烈的生理和心理享受的稳定而持久的情感。这也就是爱情的心理实质。

爱情是高尚的，在恋爱中应遵循的道德是：以爱为基础，以高尚情趣为恋爱发展的动力，在恋爱中相互尊重各自的选择、自由与权利以及人格，同时信守责任，忠贞专一，以诚相待。爱应该以理解为前提，以奉献为内容，以被爱为结果。生命不止，爱情不休。

3. 爱情的类型

（1）根据爱情动机分类

根据恋爱的动机，爱情可以分成以下几种类型：①相似型：恋爱双方在某个或某些方面有共同的个性和爱好，从而走到一起。②从众型：当代大学生校园恋爱风气日盛，有些本来没有恋爱打算的人也开始寻觅“意中人”。③尝试型：由于较少与异性接触，加上生理和心理上的渴望，想尝试一下爱情的滋味。④时髦型：将爱情看成一种最为时髦的事情，纷纷“爱恋”起来。⑤崇尚型：恋爱的一方崇尚对方某一方面的特长而穷追不舍。⑥空虚型：用恋爱来打发无聊的时光。⑦欲望型：受性的生理和心理欲望的支配去寻找异性。⑧实惠型：为了对方的优势地位或财产而拼命地追求。⑨互惠型：双方认为能够共同生活、建立感情。⑩感情型：双方都有着炽烈的感情，一往情深地相爱。

（2）根据爱情状态是否健康分类

根据恋爱中健康的情况，可以将爱情分成：①健康的爱情。表现为：不痴情过分，不咄咄逼人，不显示自己的爱情占有欲，能够充分尊重对方；将爱情给予对方比向对方索取爱情更使自己感到欢欣，并以对方的幸福为满足；是彼此独立个性的结合；等等。②不健康的爱情。表现为：过高地评价对方，将对方的人格理想化；过于痴情，一味地要求对方表露爱的情怀，这种爱情带有病态的夸张；缺乏体贴怜爱之心，只表现出强烈的占有欲；过分偏重对外表的追求；等等。

二、大学生恋爱的特点及发展阶段

大学生恋爱已经成为一种潮流。就像有些同学戏说的那样，在大学恋爱是正常，不恋爱才是不正常；也有人说恋爱就像大学选修课，能不能选上，还要看天时地利人和。因此，大学生恋爱是个值得社会关注的热点话题。

1. 大学生恋爱的特点

大学生恋爱有其普遍性，也有其特殊性。调查表明，当代大学生渴求知识、追求理想，对个人和社会都有比其他人更高的要求。因此，大学生恋爱，除具有一般青年恋爱的特性外，还具有自己独有的特点。

（1）注重恋爱过程，轻视恋爱结果

恋爱向来被看作是为了寻觅生活伴侣，是婚姻的前奏。当代大学生注重的是恋爱过程本身，至于恋爱的结果已经不太在意。注重恋爱过程，有利于双方相互了解、加深认识，也有利于培养感情、增加心理相容度，同时也反映出大学生不愿落入世俗，着意追求爱的真谛。但是，只注重恋爱过程，强调爱的“现在进行时”，把恋爱与婚姻相分离，不考虑爱的“将来完成时”，未免失之偏颇。只重恋爱过程，轻视恋爱结果，实质上是只强调爱的权利，而否认了爱的责任。

（2）主观学业第一，客观爱情至上

绝大多数大学生能够正确看待学业与爱情的关系。他们赞成学习是学生的天职，认为大学阶段应以学习为主，爱情应当服从学业；或者希望学业和爱情双丰收，既渴求学业有成，又向往爱情幸福。总之，大都没有忘记学业，总想把学业放在首要的位置。但是在客观上、行为上，并不是所有大学生都能够正确处理好学业与爱情的关系。一些大学生一旦坠入情网就不能自拔，强烈的感情冲击一切，学习同样受到严重影响。他们在不知不觉中变得“儿女情长，英雄气短”，成就事业的热情一天天冷却，爱情逐渐成为生活的唯一追求。可见，摆正学业与爱情的关系，是大学生难以控制但又必须正确处理的问题。

（3）恋爱观念开放，传统道德淡化

随着时代的发展，部分大学生的恋爱观念日益开放，传统道德逐渐淡化。中国传统文化及伦理道德观虽对大学生影响较深，但国外近些年的“试婚”等婚姻观逐渐影响到大学生，使得学生常常处于理智与感情矛盾的旋涡中，在理性认识上觉得应该保持贞操，应该遵守传统的伦理道德观，但在爱的激情下，又不愿再受传统观念的束缚，恋爱方式公开化，洒脱热烈，甚至在公共场所、大庭广众之下旁若无人，做出过分亲密的举动。

（4）失恋态度宽容，承受能力较弱

大学生中“有情人”虽多，但“终成眷属”者少，这样就产生了一批失恋大军。感情受挫后出现一段心理阴暗期是正常的，绝大多数大学生通过“找朋友诉说”或“理性思考”，对自己和对方采取宽容的态度，尊重对方的选择。但仍有一部分学生摆脱不了“情感危机”，有的失去信心，放弃对爱情的追求；有的一蹶不振，沉沦自弃，认为一切都失去了意义，以至于悲观厌世；有的视对方如仇人，肆意诽谤，甚至做出极端行为伤害对方。因失恋而失志、失德者，虽属少数，但影响很大。

（5）理想期望值高，现实成功率低

大学生中的恋爱大都是激情碰撞下的初恋，在激情平息之后，却不懂得如何培养爱情，在爱与被爱的磨合期显得笨手笨脚，往往造成对彼此的伤害，轻易恋爱，轻易分手，强调爱的体验，负不起爱的责任。

2. 大学生恋爱的发展阶段

一般说来，大部分男女之间的感情交往，较理想的是采取循序渐进的方式进行，依认识—了解—熟悉—亲密等顺序，由友情发展成爱情。主要经历“三步曲”：第一步，好感。好感既可能是渐生的，也可能是突发的。对方越是符合自己心目中的异性特征，越容易引起自己的好感。好感产生吸引力，从而导致感情的交流。第二步，爱慕。好感强烈到这种地步，以至于在心中萌发希望同对方结合的感情。经过理智的判断，衡量了感情的性质、价值和基础，这时感觉感情就会发展到受理智支配的爱慕之情。第三步，相爱。单方面爱慕不是爱情，只从“你”中有“她”引出你的爱，并不能形成现实的爱情。只有相互爱慕，双方感情融洽，爱情才能成立。毫无疑问，爱慕和相爱有可能是同步的，也有可能是异步的。而大学生恋爱的形成是有一个发展过程的，这一过程大致可分为初始期、发展期、理智期三个阶段。

（1）初始期

大学一年级是大学生恋爱的初始期。经过高考千军万马的角逐，挤过升学独木桥，进入大学殿堂的青年，一下子从如牛负重的升学压力当中解脱出来，个个身心舒畅，意气风发。他们远离父老乡亲，面对全新的生活环境、人际关系，心里的孤独感油然而生，从而急切渴望得到别人的关心、帮助。于是，男生女生之间的接触就频繁起来了。一些刚刚入学不久的一年级新同学就匆匆坠入“爱河”，享受起两人世界的乐趣。

（2）发展期

大学二、三年级是大学生恋爱的发展期。经过一年左右的大学生活，他们的知识、能力、体魄、风度、服饰、语言等都彻底大学生化了。他们已对周围同学有了较深入的了解，与许多同学建立了友谊。而友谊往往是恋爱的基石。这样，二、三年级的大学生谈恋爱呈迅速发展之势。据调查统计，二、三年级大学生谈恋爱人数占整个大学生谈恋爱人数的60%～70%。这一阶段的大学生恋爱主要呈现以下几个方面的倾向：一是自主性较强。他们有自己的思想和主见，不希望老师和家长继续干预他们的个人问题。二是公开性明显。随着对高校“既不提倡也不禁止”恋爱原则的适应，他们的恋爱也逐渐走向公开化。三是从众心理的驱使。大二、大三学生恋爱的比例逐渐增加，而这一阶段的大学生如果还没有确定恋爱关系，便极易简单模仿，盲目投入恋爱之中。四是排遣单调的生活。一些大二、大三学生对大学生活中的新鲜感逐步减少，也缺少生活的目标，为了排遣学校生活的单调，会盲目地进行恋爱。

（3）理智期

高年级（毕业季）是大学生恋爱的理智期。这一阶段的大学生对爱情的思考趋于冷静理智，恋爱呈现平静的状态。有关调查显示，越来越多的大学生随着年龄增长反而对恋爱感到平静，其中，高年级的大学生更多地表示恋爱应持严肃的态度，不应受从众心理的驱使，且高年级的大学生在恋爱问题上也没有低年级的学生坚决，面对爱情更趋向理智。大学生在校期间分手率高达81.7%。这一阶段的大学生的精力多花在毕业论文设计、毕业实习或就业应聘等上面，加之他们害怕成为新的“牛郎织女”，即使真的遇上了心动对象，也很难作出决定。爱情是一种责任，感情会因人的成长不同而产生很大差异，高年级的大学生逐渐减少了对爱情盲目的想象，这应归结于他们心智的不断成熟。主要原因：一是家庭原因。学生时期可以不考虑家里的因素而相爱，但是毕业了，到谈婚论嫁的时候，就不得不考虑家里的因素了。二是就业原因。由于现在大学生就业困难，很多情侣为了各自前程而选择了去不同的城市工作。虽说爱情没有距离，但婚姻不能有太远的距离，这也是大学生理智对待恋爱的原因。

三、大学生常见的恋爱困惑及应对

恋爱在大学中是十分普遍的现象。大学生在享受爱情的甜蜜和浪漫的同时，因其心理不够成熟、受到社会及家庭文化的影响，常常会面临一些恋爱困惑，必须有效应对。

1. 单相思

恋爱是两人之间的情感交流，如果只是一方投入感情，而对方毫无感觉或者不想与之交流，就形成了单相思。单相思有两种情况：一种是指异性关系中的一方在不知不觉中爱上了另一方，却得不到对方回应的单方面的“爱情”，实质上是苦恋。另一种是爱情错觉，指在异性间的接触来往关系中，一方错误地认为对方对自己“有意”或者把双方正常的交往和友谊误认为是爱情的来临。在这种情感状态下，人的心情烦躁，情绪低落，往往沉浸在幻想的情爱之中不能自拔，如果不及时纠正，就会影响人的知觉和理性判断，甚至会造成心理问题。大学生心理尚未完全成熟，单相思现象较为常见，且较多出现在性格内向、敏感、富于幻想、自卑感强的同学身上。

一般而言，单相思是人渴望情爱的一种正常的心理反应。只是这种情爱并非建立在男女双方相恋的基础上，仅仅是个人主观意愿的“自作多情”。单相思会使大学生常常陷入痛苦的境地，如果处理不好，将对自己的学习、生活、身心健康产生消极的影响，有的还会走向极端，做出伤害他人的蠢事。现实中，还有一些学生把同学之间的友谊、关怀误认为爱情，执着地恋着对方，但又害怕遭到对方的拒绝而不敢袒露心迹，对其朝思暮想，常常感到痛苦、压抑、焦虑和失望等。大多数单相思者随着时间的推移，对自身条件的重新评价，或鼓起勇气表达，或重新找到情侣，均能从虚无缥缈的情爱中解脱出来。有的单相思者为了维持心理平衡，就采用升华的方式去做自己感兴趣且有意义的事情，用成功带来的乐趣去补偿单相思带来的痛苦，使本能的欲望得到补偿。

2. 多角恋

所谓多角恋是一个人同时被两个或两个以上的异性所追求或自己同时追求两个或

两个以上的异性并建立了爱情关系。多角恋是大学生爱情纠纷的主要原因之一。任何一种多角恋都潜伏着极大的危险性，一旦理智失控，就可能会给自身或对方及社会带来恶果。

发生多角恋的原因主要有：一是择偶标准不明确，二是择偶动机不纯，三是虚荣心强。

爱情具有专一性和排他性，如果认为自己同时爱上几个异性，那要么其中只有一个是真正的恋爱关系，要么全都不是真正的恋爱关系。多角恋，通常是自己的恋爱价值观模糊的表现，这时最重要的就是理清自己的价值观，并做出理性的选择。

3. 异地恋

由于各种原因，大学生可能会面临异地恋。异地恋是指恋爱双方在一定的时间段内处于异地。比如：大学生恋爱的对象是其高中同学、老乡，而两人又各自在不同的地方上大学；新冠肺炎疫情期间原本在一起上大学的恋人分别待在各自家里也成为异地恋。由于恋爱双方没有太多的时间进行当面交流，于是处于异地的恋爱双方可能出现相互不理解、相互不体谅等情况，进而容易发生各种矛盾和冲突，导致恋爱关系的破裂。因此，在异地恋中，恋爱双方都需要提升沟通能力，学会设身处地地为对方着想。当遇到矛盾和冲突时，恋爱双方都需要先冷静下来，进行客观的分析，并理性地解决矛盾和冲突。

4. 失恋

案例：小优是某职业院校大二女生，两天前在老家已经工作的男友突然和她提出分手，男友给出的分手理由是自己情绪不稳定，不想连累小优，认为现在趁早结束恋情是为了小优好。但是，小优很困惑，明明当初是男友先追求自己，而且彼此之间也没发生什么大矛盾，为什么才恋爱两个月对方就主动提出分手？小优表示不能接受男友的这个分手理由，觉得这个分手理由很牵强。她的情绪很复杂。一方面是很懊悔，当初明知他不符合自己男朋友的标准，却因为其穷追不舍而答应，现在不甘心，想回家找其理论讨要说法；另一方面是非常自责、自我怀疑，觉得是不是自己哪方面没做好让他失望了，心情十分低落，这两天已经哭了好多次，饭也吃不下，学也学不进。

大学生失恋是大学生产生心理困扰的原因之一。以上案例是大学生失恋的典型案例。失恋是指恋爱的一方否认或终止恋爱关系后给另一方造成的一种严重的心理挫折。恋爱失败和失恋是两个不同的概念，恋爱失败是对恋爱关系的否定，它表现为两种形式：第一种是恋爱双方都不满意，彼此同意分手；第二种是恋爱的一方主动提出结束恋爱关系，而另一方仍情意绵绵，沉湎于对恋情的怀念中。失恋就是第二种。从心理的角度来看，失恋可以说是大学生最严重的挫折之一，会引起一系列的心理反应，如难堪、失落、悲伤、自卑、孤独、绝望等。失恋通常表现为以下症状：一是自卑与畏缩。失恋者自暴自弃，逃避现实，从此陷入自卑和迷茫，性格变得孤僻古怪，有的甚至萌发轻生念头。二是悲伤与痛苦，愤怒与绝望。有的恋爱者在突然失恋之后，在情感上首先会产生极大的悲伤和痛苦，随之而来的是愤怒和绝望。在这种强烈情绪的支配下，如再有外界的刺激因素，就有可能实施鲁莽的行为。三是报复心理。一些青年大学生把失恋看得过于严重，并在这种打击下产生一种报复心理。所谓"我得不到的别人也休想得到"，抱着这种心理，有的不择手段刻意败坏对方的名声，有的铤而走险，通过毁容，甚至杀害对方等方式来摆脱挫折感。

失恋是人生重要的感情经历，它能使人的感情走向成熟，是人生道路上一堂重要的课。面对失恋，大学生要努力做到以下几点：一是要勇敢面对现实、接受事实。相信你失去的只是一个不适合自己的人。要坚信人间处处有芳草。一扇幸福之门对你关闭的同时，另一扇幸福之门却在你面前开启了。二是实事求是地寻找失恋的原因，认真反思。只有找到失恋的真正原因，才能正确认识自我，总结经验教训，为以后的爱情积攒精神财富。三是要合理宣泄负面的情绪。人的理智可以战胜感情，失恋者可以采用倾诉法，即找亲人或知心好友倾诉心中的烦恼，也可振笔疾书，甚至可以关上门痛哭一场，这样有助于消除失恋带来的心理压力，恢复心理平衡。当然，倾诉要有"度"，无休止地唠叨，反而会使自己沉溺于消极的情绪之中。同时，学会遗忘也是一剂医治失恋的良药。人是有记忆的，然而记忆的内容可以选择。学会忘记过去的记忆，这会减少失恋带来的痛苦。四是要通过适当的方式转移注意力。采用转移法，主动置身于欢乐、开阔的环境，或有意识地潜心于自己感兴趣的事情中，用新的乐趣来冲淡、抵消旧的郁闷。五是寻求专业心理支持。如果发现自己因失恋导致情绪持续低落（连续超过两周），不愿意与周围的人联系、回避社交，持续睡眠不好、食欲不佳，感觉自己没有价值，对生活失去希望，甚至出现轻生的念头等情况，这时应主动求助专业的心理支持，如主动预约学校心理中心的心理咨询师或者到专科医院的心理门诊寻求心理医生的帮助。

第二节
提升爱的能力

美国心理学家弗洛姆在《爱的艺术》中指出：爱的本质是一种承诺，是以我的全部生命对另一个人全部生命的承诺。只有爱的情感体验，而不知如何去爱，是达不到爱的目的的。爱只有引起被爱，才能证明这种爱是有效的。正确认识恋爱，提升爱的能力，不仅是恋爱成功的必要保证，也是大学生成长成才的一种需要。

一、正确认识恋爱

恋爱对大学生心理发展的影响具有两重性。一方面，恋爱可以产生动力，促进学习，陶冶情感，丰富精神生活，激发大学生的潜能；另一方面，由于大学阶段学习紧张、时间有限，恋爱在一定程度上花费时间、耗费精力、妨碍学习，甚至影响大学生身心的健康发展。

1. 恋爱对大学生心理发展的积极作用

（1）恋爱有助于大学生人格的发展

有些心理学家认为，恋爱是青春晚期和成年早期最重要的事件，只有经过了恋爱，人才会真正成熟起来。恋爱中为了获得对方的爱，每个人都会不断地完善自己，此时的爱已经成为一种强大的内在动力。正如莫里哀所说："爱情是一位伟大的导师，教会我们重新做人。"爱情检验了人格，也促进发展了人格。

（2）恋爱关系可满足大学生的自我价值感

在恋爱关系中，双方会体会到被对方接纳，体会到被关心、照顾和理解。来自异性特别是自己所爱的人的肯定和欣赏，是自我认同的一个重要部分。此外，个人发展中一些不理想的部分，在恋人眼里有时也变成了优点，这些会给身在恋爱中的大学生以极大的心理上的满足。

（3）恋爱有利于培养大学生的责任心

大学生大多在父母和家庭的照料下成长，因而思想上不独立、生活中过分依赖的倾向较为明显，开始恋爱后，受自主心理的影响，开始追求独立，并逐渐摆脱家庭过多的束缚。恋爱的过程有利于培养大学生的责任意识，懂得要对爱情负责，对爱的对方负责，更是对自己负责。

（4）失恋可提高大学生的心理承受能力

失恋后的人会在不同程度上产生挫折感，这对大学生的心理承受能力就是一种考验。如果承受能力较强，就能较好地应付挫折，从失败中站起来，更好地认识自己，用理智驾驭感情，在新的追求中确认和实现自己的价值，从而提高自己的心理承受能力和思想水平。从失恋中走出来的大学生会变得更加成熟。

2. 恋爱对大学生心理发展的消极影响

（1）恋爱影响学业成绩

大学生谈恋爱是一件很平常的事情，谈恋爱对学业的影响也不是绝对的。有的大学生谈恋爱后有共同的目标，他们在一起会互相鼓励、互相学习，这对学业是一种正面的作用。但是也有一部分大学生恋爱之后将整个精力都投到感情中去，学习成绩一落千丈。大学生谈恋爱是否会影响学习取决于大学生本身，但要提醒的是大学生最重要的任务是学习而非恋爱，切不可本末倒置。

（2）恋爱影响人际交往

正在恋爱中的大学生人际交往的指向性很强，人际交往的圈子狭窄，同时，与原来的伙伴疏远，甚至脱离集体，对集体的责任感也被男女私情所替代，不利于个人角色的塑造和成长。

（3）恋爱增加经济负担

大学生在经济上依赖父母，绝大部分大学生的生活费用都是由家里负担。然而，浪漫的爱情追求和真实的物质投入永远是一对矛盾，经济上尚未独立的恋爱中的大学生常常面临“爱情炙热，囊中羞涩”的困境。

（4）恋爱影响身心健康

大学生作为一个特殊的群体，具有较高的文化素质，但相对缺乏必要的社会阅历和心理调节能力，往往不能正确对待恋爱过程中的种种问题，特别是低年级的大学生，由于思想比较幼稚，自我克制能力较弱，感情容易冲动，抵御不了感情的波折和失恋等强烈情绪的打击，匆匆恋爱，一旦陷入感情的旋涡便很难自制自拔，不但会影响学习和生活，还会影响身心健康。

总之，恋爱对大学生来说是一把双刃剑，一方面它帮助大学生心理发展走向成熟，另一方面它又带来各种心理问题。这也许是人生的至理：想要得到甜蜜的报偿，就必须经受住考验。

二、树立科学的恋爱观

大学生的恋爱观是其人生观的重要组成部分，从社会进步和个人成长的角度对如何看待恋爱提出一些科学的要求，是有积极意义的。

1. 提倡志同道合的爱情

所谓志同道合，就是有共同的人生观、理想和抱负。之所以要把志同道合作为恋爱的重要条件，是因为爱情的种子只有播种在共同的理想和实践的沃土中才能结出丰硕的成果，爱情是两颗心的结合，恋爱的目的是寻求终生相处、白头到老。在人生的道路上并非都是风和日丽、鸟语花香，只有志同道合，才能风雨同舟、同甘共苦、命运与共；唯有志同道合的爱情，才会有旺盛的生命力，才能享受到那种生死相依、至情至爱的美感。

2. 摆正爱情在生活中的位置

首先，要摆正爱情在人生中的位置。爱情在人生中究竟应占有何种位置，一般有三种观点：第一种认为爱情与人生不相融；第二种认为爱情只能在人生中占有适当的位置，爱情应服从学业、事业；第三种认为爱情至上。第一种观点代表的是爱情问题上的极左思潮，既可笑又行不通；第三种观点是个人主义在恋爱问题上的表现。“有爱情的生活是幸福的，为爱情的生活是危险的。”爱情在人生中占有重要地位，没有爱情的人生是不完美的，但爱情不是人生的根本宗旨，更不是人生的全部，只为爱情而活着是苍白的。爱情只有融入理想和事业，其价值才能充分显示出来。

其次，要摆正爱情在大学生活中的位置。车尔尼雪夫斯基曾经说过：“爱情的意义在于帮助对方提高，同时也提高自己。”真正的爱情是学业进步的动力，是人生成功的保障，它给人以鼓舞和力量。大学生应该充分运用爱情的动力，以学业维系爱情，以爱情促进自身成长。心理学研究表明，在恋爱期间，身心的各项功能都处于最佳状态，是学习效率提高的重要条件。因此，在校大学生应以学业为主，爱情服从学业，以爱情促进学习。

3. 懂得爱是责任和奉献

爱不仅是一种权利，更是一种责任和义务，必须以高度负责的态度对待恋爱。爱的权利和义务是不可分割的，只强调爱的义务，无视人有爱的权利，那是对人性的奴役，必须予以否定。但是，如果从一个极端走向另一个极端，只强调爱的权利，而不承担爱的责任，就陷入了非理性主义的泥潭。一位教育家曾教导儿子：“要记住，爱情首先意味着对你的爱侣的命运、前途承担责任。想借爱情寻欢作乐的人，是贪淫好色之徒，是堕落者。爱，首先意味着献给，把自己的精神力量献给爱侣，为她缔造幸福。”这种爱的权利和责任的统一，是恋爱生活的基础。

三、提高爱的能力

美国著名诗人惠特曼说：“爱，不是一种单纯的行为，是我们生活中的一种气候，一种需要我们终身学习、发现和不断前进的活动。”爱情之花是美丽而娇嫩的，人们热切地追寻它，但有时候往往不知如何去呵护它，以至于爱情之花夭折。爱是一种能力，爱是一门艺术。爱的能力和艺术包括学会判断爱、学会选择爱、学会表达爱、学会接受爱、学会拒绝爱、学会发展爱，还要学会承受爱的挫折。

1. 提高判断爱的能力

判断爱，是指能够辨别爱情与其他情感的区别。例如，判断是喜欢还是爱，是友情还是爱情。提高判断爱的能力有助于引导感情生活的走向。有些大学生将异性交往中的正常接触误判为爱情，造成自作多情的局面；有些大学生将一时的感动、感恩误解为爱。这些都不利于大学生正确对待爱。

2. 提高选择爱的能力

提高选择爱的能力，最重要的是要树立正确的择偶观。在现实社会中，不同的人有不同的择偶标准，概括起来可分为事业型、美貌型、财富型、权力地位型、兴趣志向型等。大学生应把志同道合、情投意合放在首位，经济条件、长相虽然也重要，但应该放在次要位置。因为只有志同道合、情投意合的爱情才能持久。

3. 提高表达爱的能力

要具有爱的能力，首先，要懂得爱是什么，什么是健康的爱，要学会如何主动关爱他人、帮助他人，具备给予他人爱的条件。其次，要提高表达爱的能力，掌握给予爱的技巧。一个人心中有了爱，在理智分析之后，要敢于表达、善于表达，这是一种爱的能力。许多恋人之间矛盾不断，并非缺乏爱，而是缺乏爱的表达艺术。在追求爱、给予他人爱时，要勇于、善于表达爱，使自己的爱得到真正的体现。

4. 提高接受爱的能力

一个人面对别人的施爱，能及时准确地作出判断，并作出接受、拒绝或再观察的选择，这也是一种爱的能力。很多人在没有充分的心理准备，爱突然降临时，显得惊慌、不知所措，不敢接受属于自己的爱，以致造成终生的悔恨。大学生要具备提高接受爱的能力，就应懂得爱是什么，健康的恋爱价值观是什么，明白自己喜欢什么、需要什么、适合什么，当别人向你表达爱时才能及时准确地对爱的信息作出判断，坦然地作出选择。爱是双向的，不仅仅是付出，同时也是收获。一个人只有领悟到了他人的爱，才有可能给他人以更大的爱。

5. 提高拒绝爱的能力

自己不愿或认为不值得接受的爱，应有勇气加以拒绝，拒绝爱的能力包括两个方面：一是敢于果断地、理智地拒绝自己所不希望得到的爱情，在自己不希望得到的爱情来临时，一定要勇敢地说“不”，优柔寡断或屈从于对方的穷追不舍而接受爱是极其有害的。二是要掌握适当的拒绝方式。虽然每个人都有拒绝爱情的权利，但是珍视每一份真挚的感情是对他人的尊重，也是一种自珍，同时还是对一个人道德情操的检验。不顾情面，处理方法简单轻率，甚至恶语相加，结果使对方的感情和自尊心受到伤害，这些做法是很不妥当的。

6. 提高发展爱的能力

发展爱是指处理差异、化解矛盾，使爱情得以保持长久。丹顿（Dainton）和泰勒（Taylor）提出五种维持关系的积极行为。

肯定。肯定首先是对恋人情绪与情感进行积极回应。例如，恋人抱怨他人对自己的不公正行为，我们应作出积极的回应，肯定和接纳恋人难过、愤怒的情绪，让其感到被支持。肯定也包括认可对方在恋爱关系中所起到的作用，例如，“感谢你对我的爱，对我们爱情的付出”。肯定还包括对恋人做出的成绩进行肯定。

坦诚。坦诚是恋爱的基石之一，有助于恋爱双方增进彼此间的信任与亲密，但需根据双方感情的阶段来决定开放的程度。我们可以在适当的范围内袒露过去的经验和感受，但不可要求对方和我们一样，也不可要求他们袒露一切。

积极。积极是以一种资源取向的眼光看待彼此的感情，勇于表达自己的感受，积极对待在一起的生活。有些人非常擅长把平常的日子过得有滋有味，这其实传递了一种积极信息：我愿意和你在一起，即使做普通的事也很愉快。

共享社交。有人说，判断是不是真爱，最简单的方法就是看带不带对方去参加亲戚朋友聚会或在不在朋友圈秀恩爱。这确实有一定道理。与恋人一起“共享”各种社交网络，一同参加各种聚会，其实是传递一种“认定你”的意思。当然，这并不意味着失去私人空间。

共担责任。恋爱中一起承担生活的责任，在对方需要时给予适当的建议与协助，被认为是维系双方关系的重要方式。爱，意味着放弃部分自我边界，让对方进入，也意味着共享烦恼、共对困难、共担责任。

7. 提高爱的抗挫能力

大学生恋爱受到许多因素的制约，在追求爱情的过程中难免会遇到种种挫折，如朦胧中的躁动、选择中的困惑、维持中的动荡、受挫后的迷茫，单恋、失恋、多角恋等波折都可能碰到，其中失恋是大学生恋爱中最为严重的心理挫折之一。提高大学生爱的抗挫能力，需要做到以下三个方面：

（1）正视现实，理智分析

大学生应当理性看待单恋、多角恋、失恋。这些除了带给我们痛苦，也带来了成长的契机。首先应该认识到每个人都有选择爱情的权利，面对自己所付出的感情，对方也有选择拒绝的权利。其次，应该在单恋、多角恋、失恋的挫折中学习处理爱情纠葛。每次恋爱无论最后结局如何，都会使我们在与异性相处方面有所成长、有所收获。

（2）宣泄情感，不去纠缠

面对恋爱挫折，个体产生消极的情感体验是非常正常的，可以通过不同渠道适当地加以宣泄，比如，记日记、找朋友倾诉、寻求心理咨询等。这样既可以使消极情绪得到一定程度的缓解，又可以体验到自己的社会支持系统对自己的支持，获得心理上的温暖，从而摆脱失恋带来的痛苦。

（3）积极转移，自强自立

当失恋挫折已经发生，没有办法改变时，不要一味地沉溺在痛苦中。其实，爱情仅仅是生活的一部分，通过升华、转移、自我完善等方式来处理恋爱挫折，可以激发潜能、振奋精神，甚至增进健康。我们还可以转移注意力，多关注学习、活动，自我提升，你会发现世界很广阔，即使他（她）不在身边，我们依然可以自强自立，活得精彩。

第三节
维护性心理健康

爱情的生理因素是人的性欲，它构成了男女相互倾慕、相互爱恋的基础和原始动力。当代大学生年龄一般为 18 ～ 24 岁，身体发育已经基本完成，各种性生理特征明显。大多数大学生已经初步掌握了一些基本的生理卫生知识。但是，大学生对性知识与恋爱心理的了解并不完整和全面，因此，很有必要学习和了解这方面的基本知识，以维护性心理健康。

一、性生理与性心理

一般来说，性知识包括性生理与性心理两方面的内容。性生理主要是以个体的生理发展为基础，性成熟以女性来月经和男性出现遗精为首要标志。性心理是心理学的重要内容，深受社会文化的制约。在一种文化心态下被认定为性心理成熟，但在另一种文化心态下可能被认定为不成熟。

1．性生理的形成与发展

性别的不同在受精时就已决定了。胚胎大约在第六周开始出现原始性腺，此时的原始性腺具有双向发育的趋势，对男性而言，大约在第八周它可发育成睾丸，而对女性而言则要到第十周以后才能发育成卵巢。

婴幼儿期，即从婴儿出生到满 3 周岁，这时虽然生殖系统及部分内分泌器官生长缓慢，但对性已有一定的感受能力。儿童期，即 4 至 10 岁，这段时间其内部的性生理发育已悄然开始，他们会出现性兴奋和快感体验。

青春期是性发育、成熟的重要时期，其间机体内部生理和心理都将发生很大变化。青春前期即青春期性发育的初始阶段，在这个阶段个体生长加速，第二性征不同步出现，历时两三年。男性以睾丸明显增大，阴茎明显变粗、变长为前期开始，以首次遗精为前期结束，转入中期；女性则以乳房乳头开始突起、乳晕开始增大为前期，以初潮来临为前期终结，中期开始。

青春中期是性发育的高峰，是向性成熟转变的重要时期。此时个体生长开始减速；第二性征出现；初潮和首次遗精来临，但还没有周期性成熟的生殖细胞排出。

青春后期是个体发育走向成熟的阶段。个体的生长发育基本停止；第二性征发育完成；已经具有生育能力，但其他系统尚未完全发育成熟，还需延续三四年。

2．青春期性心理的发展阶段

性心理是指在性生理的基础上，与性征、性欲、性行为有关的心理状态与心理过程，也包括了与异性交往和婚恋等心理状态。美国心理学家赫洛克认为青春期性心理的发展可以分为以下四个阶段：

（1）性抵触期

在青春发育之初，有一段较短的时期，青少年总想远远地避开异性，以少女表现尤为明显。这主要与生理因素有关。第二性征的生理变化，使青少年对自身所发生的剧变感到茫然与害羞，本能地产生对异性的疏远和反感。

（2）仰慕长者期

在青春发育中期，男女青年常对周围环境中的某些在体育、文艺、学识以及外貌上特别出众者（多是同性或异性的年长者），在精神上存在共鸣，仰慕爱戴、心向往之，而且尽量模仿这些长者的言谈举止以致入迷。

（3）向往异性期

在青春发育后期，随着性发育的渐趋成熟，青年人常对与自己年龄相当的异性产生兴趣，并希望在接触过程中吸引异性对自己的注意。但由于青少年情绪不稳，自我意识甚强，因而在与异性接触的过程中，容易引起冲突，常因琐碎小事而争吵甚至绝交，因此交往对象之间常有转移。

（4）恋爱期

青春发育完成，已达成年阶段，青年把感情集中寄予自己钟情的一个异性，彼此常在一起，情投意合，在工作、学习中互相帮助，在生活中互相照顾体贴，憧憬婚后的美满生活，并开始为组织未来的家庭做准备。这时的青年对周围环境的注意减少。女青年常充满浪漫的幻想，向往被爱，易于多愁善感；男青年则有强烈的爱别人的欲望，从而得到独立感的满足，这使他们的情绪往往较兴奋。

大学生处于向往异性期向恋爱期过渡的阶段，面临现实的恋爱困扰。同时，依据马斯洛的需要层次理论，大学生所处的年龄需要处理建立亲密感与避免孤独感的冲突。但由于大学生存在成熟的性生理与不成熟的性心理的矛盾，所以在这个阶段大学生更应该加强对自身性心理的了解和学习。

3．性心理成熟的标准

从生理的角度来看，随着性的基本发育成熟，青少年的性心理发展已达到一个较高的水平。总体来说，个体性心理成熟，应该符合如下四条标准：

（1）性意识从朦胧到清晰。性意识不仅是指对性生理的意识，而且也包括对性心理和性的社会意义的意识，即意识到个人作为一个社会角色，应该用什么样的观点、态度对待异性及两性关系。人刚生下来并没有性别的意识和性的意识，三四岁才知道自己是男孩或女孩，才有了性别的初步意识。直到青春期，由于性生理的成熟和对性别认识的提高，才形成关于性的意识，性意识开始萌发。性意识包括性别意识与性欲意识。自我性别辨认大约在 18 个月时已奠定，此后性别意识始终对每个人的心理、行为产生影响。

性欲意识从青春期发育开始逐渐明确。

（2）性情感从失衡到平衡。性情感是指直接维系对异性的思慕、依恋的感情。性心理不成熟的人，对异性表现出的情感动荡不定，或冷漠或过分敏感，常出现“恋爱错觉”。性心理成熟者大多能正确把握两性关系中的性关系与非性关系，所以基本上能避免情感过敏与人为失衡的情况。

（3）性冲动从失控到调控。在特定的场合下，性意向与性驱力积聚到一定程度，就会表现为性冲动。由于容易引发性冲动往往是失控的表现，所以沉溺于手淫和性幻想者，性心理是不成熟的。性心理成熟的人都会加以自我调控，使之适合于个人的健康状况和有关科学的、社会的规范。

（4）与异性相处从拘谨到自然。青春期的性发育改变着青少年的身心，他们看见与自己一起长大的异性感到拘束。到了青春期晚期，他们渐渐地适应了与相近年龄异性的相处，不再那么拘谨，其自然程度接近于与同性朋友共处的程度。

二、大学生性生理与心理活动及特点

随着性生理的逐渐成熟，大学生的性心理活动内容变得丰富多样，性生理与心理的发展也呈现了一些特点。

1. 大学生的性生理与心理活动

大学生的性生理与心理活动主要表现在以下四个方面：

（1）对性知识的追求

由于性成熟而对性知识、生育现象有了探求的欲望和浓厚的兴趣，这是大学生性心理发展的正常表现。也有些大学生把这种现象看成是羞耻、下流的行为，甚至怀着一种“罪恶感”，秘密地探求性知识，这就有可能得到一些非科学的、不健康的性知识。因此，获取科学的性知识对于大学生的性心理调适至关重要。

（2）对异性的爱慕

大学生彼此向往、相互爱慕是其性心理发展的一个重要表现，而且，爱慕异性是大学生恋爱成功与婚姻美满的性心理基础。一般来说，男女大学生对异性追求的情感特点有所不同。男生对爱情往往表现得外露、热烈，显得热情奔放，但较为粗犷；女生对异性的爱慕情感往往含蓄、深沉，表现为娇媚、自尊，而略显羞涩、被动。

（3）出现性欲望和性冲动

随着性成熟和性心理的发展，大学生不可避免地出现不同程度的性欲望和性冲动，这是正常的生理现象。性欲望和性冲动的个体差异较大，而且男女之间也存在差异。一般来说，男性的性欲望和性冲动产生较快，女性则比较慢。男性易被视觉刺激引起性欲望，女性易被触觉刺激引起性冲动。

（4）出现性自慰行为

性自慰行为是指在没有异性参与时所进行的满足性欲的行为。常见的性自慰行为有以下三种形式：一是性梦，指在睡梦中发生性行为。性梦是青春期性成熟后出现的正常的心理和生理现象，在青年中普遍存在。有过性梦体验的大学生不必为自己的经历而焦虑和羞怯，应顺其自然，要把主要精力放在学习和生活上，避免过多地接受各种性信息和性干扰。二是自慰，国内多年使用“手淫”一词，指用手或工具刺激生殖器官而获得性快感的一种行为。自慰算不上疾病，也不属于道德败坏。在性冲动难以抑制但又没有合法的满足途径时，自慰在一定程度上具有宣泄能量、缓解性紧张、保持身心平衡、避免性犯罪和不轨行为的作用。当然，过度自慰不利于大学生的生理和心理健康。三是性幻想，指在某种特定因素诱导下，自编、自导、自演与性交内容有关的心理活动过程。性幻想是一种性冲动的发泄方式，是自慰行为中的一种重要表现，属于性成熟的正常现象。但如果过分沉溺其中，可能会成为一种性异常，即“白日梦”，容易给身心带来不良后果。

应当指出，大学生中出现上述性生理与心理活动是一种正常现象，只有当这些性生理与心理活动过于频繁出现或被个体视为异常时才有可能构成生理与心理的困扰。大学生对此应有一个科学的认知，这是性心理健康的前提。

2. 大学生性心理发展的特点

大学生的性心理发展呈现出以下特点：

（1）成熟的性生理与不成熟的性心理并存

目前我国在校大学生的年龄一般为18～24岁，在这一阶段，性的成熟与整个身体的发育已基本完成，但是性心理的发展并未达到成熟。

（2）性意识的强烈性与表现上的文饰性并存

大学生随着性机能的成熟，在青春期就出现的性欲望和性冲动会表现得更加强烈，这是身体发育中的正常生理和心理现象。而社会道德和法律的要求，学校纪律的约束，特别是大学生十分重视自己在异性心目中的印象，使得与性成熟相关联的性爱行为，往往只能表现得隐蔽曲折，或羞涩、拘谨，或故作冷漠、刻意回避。

（3）性的压抑性与放荡性并存

大学生性机能的成熟使性的生物性需求更加强烈、迫切，常伴有性梦、性幻想、自慰等行为，而大学生健全的性心理结构尚未确立、性行为的认知评价体系还不完善，加上性的社会性、道德性要求的约束，使大学生性心理的发展处于性的压抑性与放荡性并存的状态。

三、大学生的性生理与心理困扰

性作为一种生理、心理和社会现象，始终伴随着每一个人，深刻地影响着每一个人的健康、幸福和人格完善。大学生正处在青春期的后期，性生理发育趋于成熟，而性心理发展日趋迅速。目前在大学生中存在的性的问题大多是性生理与性心理困扰，主要有以下几种：

1．性压抑

性压抑是我国大学生中普遍存在的问题。性压抑可分为健康的性压抑和病态的性压抑。适度的性压抑是社会化和伦理道德的需要，也是一个人性心理健康的反映。适度的性压抑不影响人的心理活动及其效率，也不影响人的社会功能，甚至还能起促进作用。但是，严重的性压抑则属于病态，对身心健康有害。科学研究表明，性压抑对身心健康的影响因人而异。它对有强烈的性冲动而心理素质又比较脆弱，难以通过升华、宣泄来缓解、转移性能量的大学生影响特别大。有性压抑的大学生常常表现出焦虑不安、郁闷烦恼等，形成一种压抑情绪，久而久之，就会导致心理异常，还可能出现生理上的病变，影响身心健康。对性厌恶、冷漠的大学生，与正常人性心理发展的规律不同，性厌恶、冷漠容易导致性功能的感应失灵，在婚后陷入无法获得性满足的不幸之中，并很可能引起一系列心理卫生问题，这在女大学生中尤为突出。

2．性焦虑

性焦虑也是我国大学生普遍存在的问题。性焦虑主要是指对自己的形体、性角色和性能力的焦虑。性心理的矛盾、冲突以及各种性适应不良都会引起性焦虑。对自己形体的不安集中地表现在与自己性别相关的形体特征上。性焦虑还表现为一些人担忧自己的性能力是否正常，尤其当看到某些书刊上谈到性功能障碍（比如：阳痿、早泄、性冷淡等）时，便会对自己的性功能产生怀疑。典型的性焦虑具体表现为烦躁不安、心灰意懒、头晕耳鸣、爱走神遐想、情绪起伏明显、注意力不集中、学习吃力、成绩下降等。

3. 性自慰困扰

自慰行为，又称为手淫行为。自慰是构成大学生性心理困扰的重要因素之一。从现代医学的角度来看，自慰本身并没有什么害处，在一定程度上，适度的性自慰对于调节大学生压抑的性冲动是有好处的。但是过度自慰以及强迫自慰则可能在生理和心理上产生不良的影响。对于自慰，我国著名泌尿外科专家吴阶平教授认为：不以好奇去开始，不以发生而懊恼，已成习惯要有克服的决心，克服以后就不必再担心，这样便不会有任何不良后果。

4. 性罪恶观念

性罪恶观念的产生与我国封建社会几千年来长期的性愚昧和谈性色变的保守观念有关系。多数大学生在中小学时期未受过系统的性健康教育，学校、家庭、社会都未能给他们创造消除陈旧性观念的客观条件。所以有些大学生认为出现性的想法是“可耻”“罪过”的，从而背上不必要的思想包袱。这种观点在女生中更容易出现。这就需要大学生客观、科学地看待性。

5. 婚前性行为

大学生的婚前性行为是指大学生在没有建立结婚的合法性关系前进行的性交行为。由于大学生的性生理已经成熟，而其性心理的发展相对滞后，并不成熟，因而多数大学生并不能担负起发生婚前性行为的责任，双方在没有充分的心理准备下发生婚前性行为，这可能会给大学生的身心健康带来一定的伤害。从同居到结婚，这之间存在很多未知性可能性。如有了亲密关系后分手，有时带来的伤害极大；若女方因怀孕而堕胎，会给身体造成伤害；若因怀孕而被迫结婚，除了无奈，日后婚姻品质更是未知数。因此，对于婚前性行为，大学生应当慎之又慎。

总而言之，在性的问题上，大学生应珍爱青春、珍爱生命，学会选择、学会自律，使自己拥有健康的性心理，同时注意遵守性道德规范，保护自己和他人的健康。

四、大学生健康性心理的培养

性是人类繁衍和生存的必要条件，是爱情升华后的一道甜点，让爱更加地诱人。真正的爱情是性与爱的和谐，是水到渠成的事。怎样认识和对待性问题？怎样培养自己健康的性心理？这是每一个大学生成长发展都必须面对的重要课题。

1. 掌握科学的性知识

大学生应该对性有科学的认识。性是一门综合性学科，包括性生理学、性心理学、性社会学、性伦理学、性美学等。学习性生理学，能够了解性生理构造及功能、性发展的规律，减少性神秘感，降低性压抑；了解性心理的发展，以理智克服冲动。大学生应学习和掌握性科学知识，避免性无知。

2. 了解性道德规范

大学生要有效克制性冲动，促进性心理健康，应当了解性道德规范。一是相爱原则。人类性爱只能钟情于某一特定的异性，并建立在爱情的基础上，这是人类性道德最核心最本质的原则。二是无伤害原则。指要讲究性卫生，符合性常识，使性交无损于双方的身心健康，无伤于他人的幸福，无伤于后代的健康。另外，性行为具有明显的社会性，尽管它只是男女之间的事情，但也会给社会带来种种后果，如：导致非婚生育、引起疾病传播等。因此，严重的传染病、精神病、性病患者，以及有遗传病的人，隐瞒其病情，与健康人发生性行为是不道德的。三是自愿原则。主要是指女方自愿，因为在性交过程中，男方一般处于主动的地位。四是隐秘原则。对他人的性生活不应窥看，更不能拍照、录像加以传播（医学教学和科学研究除外）；性生活的双方应注意隐蔽保密，在公共场所做出性感极强的动作等，都是不道德的。

3. 培养健康的人格

性，不仅仅决定于生物本能，一个人对待性的态度，更反映了一个人人格的成熟。人格健康的大学生应该懂得：一要自爱。不以性关系为留住对方和爱情的唯一砝码，而应认识到自己是值得对方好好珍惜与喜爱的，真正的魅力源于自身的内涵与实力。二要对性行为负起社会责任感。每一个成熟的大学生都应当了解个人行为给自我、他人和社会带来的后果，要增强自己的性道德和性法律意识。

4. 积极地调节自我

性欲是正常和健康的，但性欲是可以适当控制的。对于性冲动，除了适度控制外，还可以采取一些积极的、富有建设性的、符合社会规范的方式来削弱或转移。通过投入学习、工作或参加各种文体活动，以及男女正常交往等多种合理途径，陶冶个人情操。大学生还要尽量避免影视、报刊、网络上的不恰当性信息的刺激和影响。

5. 文明适度地交往

男女大学生基于共同的专业与事业、共同的志向与兴趣、共同的见解与理解能建立十分美好的异性友谊，这种美好体现在相互真诚帮助、相互取长补短。但是，男女有别，所以异性交往时要注重差异，掌握分寸，遵循自然和适度原则。所谓“自然”，就是与异性交往时在言语、表情、行为举止、情感流露上表现自然、大方。既不过分夸张，也不闪烁其词；既不盲目冲动，也不矫揉造作。而“适度”则是与异性交往的程度和方式要恰到好处。确定是友谊，则言行留有余地，不能毫无顾忌而导致对方产生误会；关心对方但不过度，两性间的敏感话题应尽量回避，身体接触既不拘谨也不轻浮，交往场合宜公开，交往的频率要恰当，如对方产生误会，则表明态度，切勿暧昧或模棱两可。

6. 寻求专业的帮助

在心理咨询中，性不再是一个难以启齿的问题。据不完全统计，大学生咨询的问题中，与异性交往问题占了一半，其中有相当一部分涉及性的困惑。因此，大学生如果遇到类似问题，应寻求专业人士的帮助。

职业心理之窗

空乘人员的爱情烦恼与应对

乘坐飞机已经成为许多人的出行方式。在乘坐飞机的过程中，空乘人员周到、贴心的服务为旅客增加了舒适度，也保证了旅客的安全。空乘人员的工作是跟随飞机完成任务，这给空乘人员邂逅美好爱情带来了很多机会，同时也带来很多烦恼。比如：空乘人员跟机飞行可能会面临长时间与恋人分开导致交流不畅或相互不能理解；工作时间较长从而不能充分地照顾到恋人导致相互不信任；旅客众多，人员复杂，空乘人员还可能遭遇性骚扰等。因此，恋爱心理调适对空乘人员身心健康非常重要。

针对空乘人员在爱情方面可能遇到的问题进行心理调适的主要方法有下列四种：一是充分利用休息时间和碎片化时间加强与恋人的交流与沟通，提升沟通质量。二是学习爱的表达小技巧，在无法周到地照顾恋人的情况下，可以通过言语、赠送小礼物、关爱行动等方式充分地表达对对方的爱与关心，增进彼此的感情。三是换位思考，站在对方的立场考虑问题，接纳对方的情绪，理解对方，进一步地包容和信任对方。四是在遭遇性骚扰的时候坚决说“不”，并寻求同伴的帮助，与其他乘务员互换服务区域，或动用空保人员保护好自己。

思考题

1. 爱的能力有哪些？
2. 大学生恋爱心理特点主要有哪些？
3. 大学生常见的恋爱困惑有哪些？
4. 大学生如何维护性健康？

心理活动：体验表达爱与拒绝爱

目的：通过角色扮演，学习爱的表达方式，并学会拒绝自己不爱的人。

操作：

这是一系列的角色扮演，包括如何表达爱情，如何拒绝一个自己不爱的人，如何约会交谈等。都是先由指导者做提示，再进行角色扮演，然后评价、讨论、交流。

1. 如何表达爱

指导者提示：表达爱的方式有多种多样，可以采用以下方式：

（1）用你的眼睛传达爱的信号。这是一种比较含蓄的方法，当对方注意到你的注视时，不要再逃避，镇定地、坦然地凝望着他，把你的爱意表现在眼睛里。

（2）以你的关爱行动来表示。用实际行动来表示对倾慕对象的关心、帮助和亲昵，如下雨天送雨伞、生病时前去看望，或者投其所好。

（3）用书信和写字条来传情。如果你无法用言语大胆地说出爱的话，写下你爱的誓言也是很好的方法。

（4）送去代表相思之情的爱情信物，如红豆，有着心形相框的自己的照片，亲手做的首饰、荷包、手工艺品等，让对方睹物思人，知道你的心思。最经典的表达方式就是送上一支写着“我爱你”的红玫瑰。

请选择其中一种方式，或独创一种方式进行角色扮演，之后评论、交流。

2. 如何拒绝一个我不爱的人

指导者提示：要婉转而又坚定地拒绝一份不想要的感情，确实是一件不容易的事。

说“不”需要很大的勇气。在人际交往，尤其是密切交往的关系中，如果一方提出了某项请求是你不能接受也无法允诺的，尽管你十分想拒绝，但最后要说出“不”来，不是件容易的事。因为他是你在意的人，你并不想伤害他；但如果你一时心软，说了声“是”，则很可能在不久的将来既伤了自己，又伤了他，而且伤得更重。人的感情勉强不得，更何况这是一份揉不进一粒沙子的爱情。

不过，在拒绝之前，你一定要好好地问一下自己：“我有没有真正弄清自己对他的感情？我是不是回答得太快了？我是不是还需要好好地想一想？”

如果你确定不爱他，那么就坚持离开他，勇敢而温柔地说上一句：“对不起！”爱是一份美好的感情，不论你是否想要，简单、粗暴乃至伤害性的拒绝是必须避免的，因为你可以拒绝一个爱你的人，但请不要伤害一颗爱你的心！

请考虑一种方式，进行拒绝爱的角色扮演，之后评论、交流。

第九章

预防精神障碍

全世界大约有四亿五千万人有精神障碍。1/4的人在其一生中会有一种或一种以上的此类障碍。在导致残疾和早死的概率排名全球前10的疾病中，精神障碍就占了5种。精神障碍不仅给我们带来了巨大的心理、社会和经济负担，而且也增加了罹患躯体疾病的风险。由于当前有效治疗精神障碍的方法有限，要减少精神障碍所致的残疾，减轻精神障碍所造成的负担，预防是最好的方法。党的二十大报告指出要重视心理健康和精神卫生。大学生了解常见精神障碍的有关知识，学会求助与预防，对保障心理健康，提高生命质量，健康快乐地生活具有重要意义。

第一节
了解精神障碍

精神障碍影响大学生心理健康。要预防大学生常见的精神障碍，首先要了解精神障碍的概念、特征与分类，以及大学生精神障碍产生的原因。

一、精神障碍的概念与特征

1. 精神障碍的概念

精神障碍（mental disorders）是一类具有诊断意义的精神方面的问题，特征为认知、情绪、行为等方面的改变，可伴有痛苦体验或功能损害。例如阿尔茨海默病有典型的认知（特别是记忆）方面的损害，抑郁症有明显病态的抑郁体验，而儿童注意缺陷障碍的主要特征是多动。这些认知、情绪、行为改变使得患者感到痛苦、功能受损或增加患者残疾、死亡等的危险性。传统上，精神障碍根据有无所谓的器质性因素分为器质性精神障碍（如脑炎、慢性脏器衰竭所致的精神障碍）和功能性精神障碍，后者又分为重性精神障碍（又称为精神病性障碍，如精神分裂症）和轻性精神障碍（如焦虑症、应激所致的精神障碍）。还有一类是起于早年，可能持续终生的精神障碍（如儿童发育障碍、精神发育迟滞、人格障碍）。

2. 精神症状的判断

由于许多精神障碍病因不明，缺乏有效的生物学诊断指标，精神障碍的诊断主要通过病史采集和精神检查，发现有关精神症状，然后进行综合分析和判断而得出。

判定某一种精神活动是否属于病态，一般应从以下三个方面进行分析：①纵向比较，即与其过去一贯表现进行比较，看其精神活动是否具有明显改变；②横向比较，即与大多数正常人的精神活动相比较，看其是否具有明显差别，某种精神状态的持续时间是否超出了一般限度；③是否与现实环境相符，即应注意结合当事人的心理背景和当时的环境进行具体分析和判断。

虽然每一种精神症状均具有各自不同的表现，但往往具有以下共同特征：①症状的出现不受患者的意志的控制；②症状一旦出现，难以通过注意力转移等方法令其消失；③症状的内容与周围客观环境不相称；④症状会给患者带来不同程度的社会功能损害。

二、精神障碍的分类

精神障碍可以按照不同的依据作不同的分类。按照是否有可以检出的器质性病变（脑部疾病和躯体疾病）分为器质性障碍和功能性障碍，按照疾病对个体社会功能损害程度的不同，精神障碍可以分为重性的精神病和轻性的精神障碍。前者例如精神分裂症、抑郁症等，后者例如各种神经症。

在大多数人心目中，精神疾病是一种症状表现严重、无法治愈的重型疾病。其实，精神疾病包含的范围相当宽泛，比如我们平时见到的神经衰弱、焦虑症、烟瘾、酒瘾等都属于精神疾病的范畴。我国制定出《中国精神疾病分类及诊断标准》（CCMD-3），CCMD-3对精神疾病进行了分类，其主要类别是：

1. 器质性精神障碍。如：脑瘤所致精神障碍、颅内感染所致精神障碍。
2. 精神活性物质与非成瘾物质所致精神障碍。如：烟瘾、毒品成瘾。
3. 精神分裂症和其他精神病性障碍。如：紧张型分裂症、偏执型精神障碍。
4. 心境障碍（情感性精神障碍）。如：躁狂症、抑郁症、双相障碍。
5. 癔症、严重应激障碍和适应障碍、神经症。如：神经衰弱、焦虑症、强迫症。
6. 心理因素相关的生理障碍。如：神经性厌食、神经性呕吐、失眠症。
7. 人格障碍、习惯和冲动控制障碍、性心理障碍。如：易性症、病理性偷窃。
8. 精神发育迟滞与童年和少年期心理发育障碍。如：儿童孤独症。
9. 童年和少年期多动障碍、品行障碍、情绪障碍。如：多动症、品行障碍。
10. 其他精神障碍及心理卫生情况。

三、大学生精神障碍产生的原因

大多数功能性精神障碍都没有明确的病因与发病机制，也无明显的体征和实验室指标异常。但我们知道，精神障碍与其他躯体疾病一样，均是生物学、心理、社会因素相互作用的结果。

1. 精神障碍的生物学因素

影响精神健康或引起精神疾病的主要生物学因素大致可以分为遗传与环境、感染、躯体疾病、创伤、营养不良、毒物等。

（1）遗传与环境因素

人们早就认识到基因是影响人类和动物正常与异常行为的主要因素之一，对所谓"功能性精神障碍"（如精神分裂症、情感障碍、儿童孤独症、神经性厌食症、儿童多动症、惊恐障碍等）进行了家族聚集性研究，从了解这些障碍的遗传方式、遗传度到基因扫描等，得出的共同的结论是：这些疾病具有遗传性，是基因将疾病的易感性一代传给一代。了解遗传度最有效的办法是双生子研究，如果疾病与遗传有关，那么同卵双生子的同病率应高于异卵双生子，通过比较同卵双生子和异卵双生子的同病率，即可计算出遗传度。需要强调的是，即使有较高的遗传度，环境因素（社会心理、营养、健康保健等）在疾病的发生、发展、严重程度、表现特点、病程及预后等方面仍起着非常重要的作用。例如精神分裂症同卵双生子同病率不到50%，就是说，具有相同基因的双生子一方患精神分裂症时，另一方患精神分裂症的可能性尚不足50%。目前，基因与环境的相互作用产生疾病或行为问题已经成为人们的共识。

（2）感染

早在20世纪的早期，我们就已知道感染因素能影响中枢神经系统，产生精神障碍。例如通过性传播的梅毒螺旋体首先引起生殖系统症状，在多年的潜伏后，进入脑内，导致神经梅毒（neurosyphilis）。神经梅毒主要表现为神经系统的退行性病变，表现为痴呆、精神病性症状及麻痹。近来还发现，有些儿童在患链球菌性咽炎后突然出现强迫症的表现。

2. 精神障碍的心理、社会因素

应激性生活事件、情绪状态、人格特征、性别、父母的养育方式、社会阶层、社会经济状况、种族、文化宗教背景、人际关系等均构成影响疾病的心理、社会因素。心理、社会因素既可以作为原因因素在精神障碍的发病中起重要作用，如反应性精神障碍、创伤后应激障碍、适应障碍等；也可以作为相关因素影响精神障碍的发生、发展，如神经症、心理生理障碍，甚至是精神分裂症等；还可以在躯体疾病的发生、发展中起重要作用，如心身疾病。

（1）应激与精神障碍。任何个体都不可避免地会遇到各种各样的生活事件，这些生活事件常常是导致个体产生应激反应的应激源。其中恋爱婚姻与家庭内部问题、学校与工作场所中的人际关系通常是应激源的主要来源；社会生活中的一些共同问题，如战争、洪水、地震、交通事故、种族歧视等以及个人的某种特殊遭遇，如身体的先天或后天缺陷，某些遗传病、精神病、难治性疾病，被虐待、遗弃、强暴等则是应激源的另一重要来源。在临床上，与急性应激有关的精神障碍主要有急性应激反应和创伤后应激障碍（post-traumatic stress disorder，PTSD）。前者在强烈精神刺激后数分钟至数小时内起病，持续时间相对较短（少于一个月），表现为精神运动性兴奋或抑制；后者主要表现为焦虑、恐惧、事后反复回忆和梦中重新体验到精神创伤的情景等。慢性应激反应可能与人格特征关系更大，临床上可见适应障碍等。另外，社会、心理刺激常常作为许多精神障碍的诱因出现，应予以充分注意。除外来的生活事件外，内部需要得不到满足、动机行为在实施过程中受挫，也会产生应激反应；长时间的应激则会导致神经症、心身疾病等。

（2）人格特征与精神障碍。人格可以定义为个体在日常生活中所表现出的总的情绪和行为特征，此特征相对稳定并可预测。性格是在气质（一个人出生时固有的、独特的、稳定的心理特性）的基础上，由个体活动与社会环境相互作用而形成的。一个具有开朗、乐观性格的人，对人也坦率、热情，思想、感情容易交流，乐于助人，也容易得到别人的帮助，愿意理解别人也容易被人理解，在人际关系中产生误会与矛盾较少，即使有也容易解决；这种人外向，追求刺激与挑战，在心理应激过程中对挫折表现出较强的耐受性。与此相反，一个比较拘谨、性格抑郁的人，与他人保持一定距离，含蓄隐秘，对人心存疑虑戒备，不太关心别人，别人对他也就比较疏远和冷淡，在人际关系中产生误会与隔阂较多；他们内向、懦弱、回避刺激，在困难面前显得无能为力，容易悲观丧气，对心理应激的耐受能力较差，易患神经症，或出现心身疾病，或滥用酒精与药物等。有些人的性格自幼就明显偏离正常、适应不良，达到了害人害己的程度，我们称之为人格障碍。有些人格障碍与精神障碍关系十分密切，如具有表演型性格的人容易罹患癔症，具有强迫性格的人容易罹患强迫症，分裂样人格障碍者则患精神分裂症的可能性较大。

纵观上述对精神疾病的病因学探讨，生物学因素（内在因素）和心理、社会因素（外在因素）在精神障碍的发生、发展过程中均起着重要作用。实际上，遗传因素与环境因素不能完全分开，它们相互作用、相互影响，共同影响人类行为。双生子研究发现，人们的行为特征以及精神疾病具有遗传性，但即使是有高度遗传性的疾病，同卵双生子也并非一定共病。那么，是什么环境因素保护了他们未罹患疾病，遗传与环境如何相互作用，这是目前研究的热点与难点。

从生物学、心理、社会的角度看，我们对精神健康及精神障碍领域的理解还远不够完善，这包括最基础的领域，如基因表达，分子、细胞间的相互作用，这些均是构成较高水平的认知、记忆、语言的基础，我们所面临的挑战是如何避免盲人摸象，如何将这些来自不同领域的知识有机地整合，形成一个较为完整的系统，以正确理解正常和异常的精神现象。

第二节
大学生精神障碍的求助

心理求助是个体遭遇自己不能解决的严重心理困扰时，通过寻求周围社会支持系统的帮助以解除这些心理问题的过程。

一、大学生心理求助的途径

大学生心理求助可充分利用社会支持系统，求助于朋辈的心理支持、求助于学校或社会心理咨询机构以及专业精神疾病治疗机构。

1. 充分利用社会支持系统

社会支持系统是特定的个体所具备的所有社会性的支持。社会支持不仅仅是家人、朋友、老师等给予的精神上的鼓励、心理上的安慰，还是多层次、多方位的功能系统化的社会因素体系。俗话说，“一个好汉三个帮”“朋友多了路好走”，体现了社会支持系统对每个人的重要性。社会支持能在应激条件下与身心健康发生联系，从而缓解压力事件对身心状况的消极影响，保持并提高个体的身心健康。

大学生要建立、发展和维护自己的社会支持系统，必须做到：

一是要打开心灵的窗户，做到不封闭自己，乐意与人交往。大学生要抽出一定时间，通过当面交谈、电话问候、网上聊天或参加聚会等方式与人沟通。一个大学生如果长期“躲进小楼成一统”“埋头只读圣贤书”，他的社会支持系统就会不断萎缩，当遭遇重大心理挫折需要帮助时，就会感到孤立无援。

二是要敏于发现，通过多观察、多实践、多思考，找到自己潜在的社会支持系统，通过不断交往，尽量扩大自己的人际圈子。

三是与人交往过程中要坦诚相待，尽量展现真实的自我，适当暴露自己的内心想法，以信任、平等和互利的精神与人交往。

四是要知足常乐，感恩图报，对自身当前所具有的社会支持系统给予肯定和信任。俗话说“不刮春风，哪有夏雨”“人际交往，你来我往”。因此，当我们受惠于人之后，应寻找恰当时机，采取恰当方式，及时回报他人和社会。同时，在别人需要帮助之时，要主动、慷慨地伸出援助之手。

2. 求助于朋辈的心理支持

朋辈是指与求助者年龄相当的同学和朋友。由于朋辈间具有较为接近的价值观念、生活经验和共同的生活方式与理念，求助者和助人者之间容易建立起互动关系，助人者可以更好地深入求助者的内心去体验其情感和思维，朋辈心理互助所能达到的效果更为明显。

朋辈互助扩展了学校心理咨询服务的范围，满足了多数大学生愿意寻求同伴帮助的需要，促进了求助双方学生的心理成长，创造了一种温馨的互助氛围。朋辈辅导员在为同学开展心理辅导的过程中，不仅帮助周围同学舒缓了心理压力，解除了心理困扰，同时也为自己创造了一个在与别人沟通、交流中认识他人、自我领悟、自我成长的机会，有助于促进朋辈辅导员自身心理品质的提高，以及良好人际环境的形成。另一方面，朋辈辅导工作在大学生群体中及时、广泛地开展，潜移默化地改善了大学生的心理调适能力，促进其心理素质、自我意识等协调发展，帮助他们形成积极的心理品质和人生态度，以提升整体的心理健康水平。

因此，切实开展朋辈心理辅导工作，不仅是大学生个体向周围广大同学提供高质量的心理辅导服务的途径，也是充分发挥大学生群体的自我教育、自我服务功能的有效载体。高校要从队伍建设、制度建设和培训使用等方面开展工作，切实保证朋辈心理辅导的有效性。

3. 求助于学校或社会心理咨询机构

心理咨询是心理学的一个重要的应用分支，是专业心理咨询工作人员运用心理学的理论与方法，通过与来访者晤谈和讨论，与来访者建立良好的人际关系，借助各种符号系统（词语的、非词语的）帮助当事人认识自我、发展自我，重建人格，达到自强自立的过程。

心理咨询是心理咨询师协助求助者解决各类心理问题的过程，它具有以下特点：①咨询对象是正常人，咨询者是受过心理咨询专门训练的人；②着重处理人们的正常需要和问题，为人们提供有效帮助；③强调个人力量与价值，注意个人在制订目标、计划及扮演社会角色方面的差异；④强调认知因素在理性选择和决定中的作用。

心理咨询的内容和任务一般包括：学习上注意力涣散、记忆力下降、思维迟钝、想象力贫乏等学习障碍者如何提高学习效率；社会交往中如何克服自卑、害羞、孤僻、封闭等社交障碍，人际交往中如何获得他人的理解、支持、信任和尊重，家庭生活中如何择偶、恋爱，如何处理亲子、兄弟姐妹等家庭成员之间的关系等。心理咨询常用的形式有晤谈咨询、电话咨询、信函咨询等。

4. 求助于专业精神疾病治疗机构

当大学生出现严重的精神障碍后，家长、亲友以及学校心理咨询中心的辅导老师要正确对待，主动、及时地寻求专业精神疾病治疗机构的帮助，以免延误病情，给治疗和预后带来不利影响。

这里我们特别强调：必须正确对待大学生的精神障碍。在大众的眼中，精神障碍是一种严重的不可根治的病症。任何人一旦被贴上“精神障碍”的标签，在接下来的生活、学习和工作中似乎都会受到周围人的歧视和不公正对待。其实，这些都是大家对精神障碍存在较大的认识上的误区所导致的。首先，我们要明确有些精神障碍不完全等同于平时我们口头上说的“疯子”。其次，精神障碍并不是无药可治的。精神障碍不仅可以通过心理治疗来缓解或消除症状，同时精神障碍也能够像身体疾病一样，通过药物来治疗，而且随着医疗技术和生物技术的发展，更加有效的药品也在不断研发上市，很多精神障碍是可以彻底治愈的。

二、大学生精神障碍的三级预防体系

1964年，卡普兰（Caplan）首先提倡重视对精神障碍的预防，并提出了“三级预防（three levels of prevention）”模式，对精神病学实践产生了巨大影响。世界各国结合各自不同的社会体制、文化与民族特点，综合性地开展了精神障碍的预防工作。我国也制定了符合我国现实特点的三级预防体系。

根据精神障碍的三级预防体系，很多高校根据自己的特点建立班级心理委员会、院系成长辅导室、学校心理咨询中心三级网络，并由学校心理咨询中心管理。将学生、辅导员、心理咨询中心老师纳入整个网络之中，及时识别，及时咨询，及时转介。

1. 大学生精神障碍的一级预防体系

一级预防的根本目的是促进大学生对心理健康知识和自我调适方法的学习，采用有益的生活行为方式，减少精神障碍的危险因素，提高大学生普遍的心理健康水平，推迟或避免大学生精神障碍的发生，及时发现大学生中有心理问题或精神障碍的学生。

2. 大学生精神障碍的二级预防体系

专职心理咨询机构是大学生心理障碍的二级预防体系。二级预防的根本目的是对有心理问题及精神障碍的大学生及时给予必要的帮助，采取必要的心理干预措施，防止发生伤人及自伤事件给社会造成恶劣影响。它是大学生精神障碍三级预防体系的核心。

3. 大学生精神障碍的三级预防体系

三级预防的根本目的是对有精神障碍的大学生进行药物治疗与心理治疗，并实行一定的监控措施。专业的精神科医生和权威的心理治疗机构是三级预防科学、高效实施的基础和保证。

第三节
大学生常见精神障碍的防治

随着社会的发展，竞争日益激烈，生活节奏越来越快。大学生正处在求学、择业、恋爱、社会适应等重要的人生选择时期，面对的矛盾多，内心冲突大，情绪波动大，加之他们的心理调节能力还不完善，更容易产生各种精神障碍，如果得不到及时有效的预防和干预，甚至可能发展成为严重的精神疾病。

要预防心理疾病，首先，大学生需要培养良好的品质、提高自身对挫折的认识水平和承受能力，建立科学的世界观和人生观，积极参加各项实践活动，丰富人生阅历。其次，通过对课堂心理健康知识的学习和对课外心理学知识的涉猎，了解基本的心理健康知识，掌握一定的心理调适方法，在遇到各种困惑时，能正确分析产生的原因，运用自己所学进行必要的自我调适，将一些不良的情绪消灭在萌芽状态，维护身心健康。再次，在出现心理问题而自己又没办法调整过来的时候，应该主动寻求帮助，避免负性情绪的累积。最后，患有精神障碍的大学生要从思想上正确看待疾病本身，积极主动寻求医生的帮助，坚信疾病能够治愈，提高自己对治疗的依从性，改善治疗的效果。

大学生中常见的精神障碍包括：神经症、心境障碍、精神分裂症、人格障碍、性心理障碍等。下面介绍这些精神障碍的防治知识。

一、神经症及其防治

神经症（neurosis），以前也被称为神经官能症，是一组精神障碍的总称。其共同特征为：起病常与心理社会因素有关；发病前多有一定的素质和人格基础；症状主要表现为脑功能失调症状、情绪症状、强迫症状、疑病症状、多种躯体不适感等，这些症状在不同类型的神经症患者身上常常混合存在，没有发现脑和身体的病变。患者对疾病有较好的自知力，疾病痛苦感明显，有求治要求；社会功能相对完好，行为一般保持在社会规范允许的范围之内；病程大多持续迁延。

神经症在大学生人群中的发病率较高，但是至今没有准确的发病率统计数据。在高校心理咨询中，神经症这一精神障碍是排在首位的。这就需要同学和老师对神经症这类精神障碍给予高度关注。在神经症中，我们主要介绍焦虑症、强迫症、恐惧症、躯体形式障碍中的疑病症、神经衰弱等类型。

1. 焦虑症及其治疗

焦虑症是以长时间出现持续的焦虑情绪或反复出现惊恐不安为主要特征的，同时伴有口干、出汗、心慌、多尿、肌肉紧张、轻微颤抖、坐卧不安等症状的一类心理障碍。焦虑症又分为广泛性焦虑症和惊恐障碍两大类。

广泛性焦虑症又称慢性焦虑症，是焦虑症最常见的表现形式，起病缓慢，以经常或持续存在的焦虑为主要症状。广泛性焦虑症的治疗以心理治疗为主，药物治疗为辅。各种心理治疗均可使用，如支持性心理治疗、放松疗法、行为疗法、催眠疗法等；药物治疗不是首选治疗手段，如果咨询后仍持续存在明显的焦虑症状，可用药物治疗。此外，还可以使用其他疗法，如生物反馈疗法、音乐治疗等。

惊恐障碍又称急性焦虑症，是在日常生活中无特殊的恐惧性处境时，突然感到一种突如其来的惊恐体验。惊恐发作通常起病急骤，终止也迅速，一般历时5～20分钟，很少超过一个小时，但不久又可突然再发。发作期间始终意识清晰，高度警觉，发作后仍心有余悸，产生预期性焦虑，担心下次再发。对于惊恐障碍的治疗首先是药物治疗，药物对惊恐障碍的短期治疗具有非常明显的效果，且起效快；其次，各种心理治疗均可配合药物治疗，如支持性心理治疗、放松疗法、行为疗法等。认知行为疗法可直接纠正病人不恰当的想法和行为，包括避免这些症状的出现、持续或恶化。主要目的在于减少与惊恐发作有关的内外恐惧和回避，最具代表性的是通过认知调整和逐个症状暴露相结合进行治疗，但需要时间，病人必须积极参与。在实际治疗中，提倡药物治疗和认知行为疗法联合应用治疗惊恐障碍。药物治疗主要针对惊恐发作，而认知行为疗法则侧重于回避性恐惧。

2. 强迫症及其治疗

强迫症是以强迫症状为主要表现的一类神经症。简单地说，就是患者内心产生一种想法，自己明知这种想法不正确，想避免这种想法产生，但却又无能为力。内心这两种观念互相抗争，导致患者感到痛苦且无法自拔。大多在青少年期发病。起病缓慢，无明显诱因，其基本症状为强迫观念、强迫意向、强迫行为。可以一种为主，也可以几种症状兼而有之。以强迫观念最多见。强迫行为多是为减轻强迫观念引起的焦虑而不得不采取的顺应行为，常见的有强迫检查、强迫询问、强迫清洗等。强迫症的特点是有意识的自我强迫与反强迫同时存在，二者的尖锐冲突使患者感到焦虑和痛苦。患者意识到强迫症状是异常的，但却无法摆脱。

对于强迫症的治疗采取心理治疗和药物治疗相结合的方式，已经取得良好的效果。心理治疗的目的是使患者对自己的个性特点和所患疾病有正确客观的认识，对周围环境、现实状况有正确客观的判断，丢掉精神包袱以减轻不安全感；学习合理的应激方法，增强自信，以减轻其不确定感；不好高骛远，不过分精益求精，以减轻其不完美感。同时动员其亲属同事，对患者既不姑息迁就，也不矫枉过正，帮助患者积极从事体育、文娱、社交活动，使其逐渐从沉湎于穷思竭虑的境地中解脱出来。行为治疗、认知治疗、精神分析治疗均可用于强迫症，且效果较好。

3. 恐惧症及其治疗

恐惧症是指对某种客观事物或情境产生异乎寻常的恐惧和紧张，并常伴有心慌、出汗、口干、多尿、轻微颤抖等症状。患者明知这种恐惧反应是过分的或不合理的，但在类似场合下仍然反复出现，难以控制，以致极力回避所恐惧的客观事物或情境，影响其正常活动。

恐惧症恐惧的对象很多，通常将其归纳为三大类。

场所恐惧症。又称广场恐惧症或聚会恐惧症等。主要表现为对某些特定环境的恐惧，如高处、广场、密闭的环境和拥挤的公共场所等。害怕离家或独处，害怕进入商店、车站或乘坐公共交通工具，因为患者担心在这些场所出现恐惧感，得不到帮助，无法逃避。患者因此竭力回避这些场所，甚至根本不敢出门。

社交恐惧症。多在17～30岁发病，常无明显诱因突然起病。主要特点是害怕被人注视，一旦发现别人注意自己就不自然，脸红、不敢抬头、不敢与人对视，甚至觉得无地自容，因而不愿社交，不敢在公共场所讲话，不敢坐在前面等。

单一恐惧症。指对某一具体的物品、动物等有一种不合理的恐惧。最常见的为对某种动物的恐惧，如蛇、狗、鼠、蜘蛛、毛毛虫等，有些患者害怕鲜血或尖锐锋利的物品，还有些对自然现象产生恐惧，如黑暗、风、雷、电等。

行为疗法是治疗恐惧症的首选方法。系统脱敏疗法、暴露冲击疗法对恐惧症的治疗，已取得了相当好的治疗效果。其基本原则有两个方面：一是消除恐惧对象与焦虑恐惧反应的条件性联系，二是对抗回避反应。药物治疗对恐惧症有一定的疗效，并能减轻焦虑症状。药物的使用不仅可以有效缓解病人的焦虑，也可以增强病人接受行为治疗的信心。

4. 躯体形式障碍及其治疗

躯体形式障碍的主要特征是反复陈述躯体症状，不断要求给予医学检查，无视反复检查的阴性结果，不相信医生的无躯体疾病的再三保证。这里我们主要介绍疑病障碍。

疑病障碍又称疑病症，主要表现是担心或相信自己患有某种严重的躯体疾病。病人对自身的健康状况过分关注，其关注程度与实际健康状况很不相称，经常倾诉不适，并四处求医，但各种客观检查的阴性结果和医生的解释均不能打消患者的疑虑。

心理治疗是躯体形式障碍的主要治疗形式，其目的在于让患者逐渐了解所患疾病的性质，改变其错误的观念，减轻或解除精神因素的影响，使患者对自己的身体情况与健康状态有一个相对正确的评估。目前常用的心理治疗有精神分析、行为治疗与认知治疗等。森田疗法对消除疑病观念可能产生良好效果，值得试用。而药物治疗主要在于解除患者并发的焦虑与抑郁情绪。在治疗实践中，需要注意医患关系，对患者所陈述的疾病和症状不要急于否认，需认真检查是否确实存在躯体疾病，以免漏诊误诊，延误治疗。在查明病情的基础上，巧妙机敏地委婉拒绝不必要的检查。

5. 神经衰弱及其治疗

神经衰弱是1869年美国神经病学家加·布瑞德（G.Beard）提出的，是一种以脑和躯体功能衰弱为主的神经症。以精神易兴奋却又易疲劳为特征，伴有紧张、烦恼、易怒等情绪症状及肌肉紧张性疼痛、睡眠障碍等生理功能紊乱症状。神经衰弱大多起病缓慢，症状呈慢性波动性，症状的消长常与心理冲突有关。因此，具有易感素质的个体如果生活中应激事件多，病情就容易波动且病程迁延。

神经衰弱的情绪症状主要为烦恼、易怒与紧张。这些情绪在健康人群中也可见到，一般认为这些情绪症状必须具备下述三个特点才算病态：①病人感到痛苦而求助；②病人感到难以自控；③情绪的强度及持续时间与生活事件或处境不相称，如整天为一点鸡毛蒜皮的小事而烦恼。

对于神经衰弱的治疗，多种心理治疗手段均有明显的效果。通过认知疗法，神经衰弱的患者大多可找到一些心理冲突的原因，而心理冲突的产生除与外界因素有关，也与患者的易感素质有关。因此，促进患者的认知转变，尤其是帮助患者调整对生活的期望，减轻现实生活中的精神压力，往往有事半功倍的效果。神经衰弱的患者大多有紧张的情绪，也可伴有紧张性头痛、失眠等。各种放松疗法，包括气功、瑜伽、生物反馈训练，均可使患者放松、缓解紧张。神经衰弱的患者，部分具有疑病素质，但求治欲望强烈。森田疗法建设性地利用这一情况，把患者的注意点从自身引向外界，以消除患者对自身感觉的过分关注，往往对消除症状有一定效果。药物治疗一般根据患者症状的特点选择抗焦虑剂为主。此外，其他如体育锻炼，工娱疗法，到风光秀丽之处旅游、疗养，也不失为一种摆脱烦恼处境、改善紧张状态的好办法，对于缓解患者的精神压力与紧张也有效果。

二、心境障碍及其防治

心境障碍是以显著而持久的情感或心境改变为主要特征的一组疾病，包括躁狂抑郁双相情感障碍、躁狂症、抑郁症等，其中以抑郁症为主。

抑郁症（depression）是一组以显著的心境低落为主要特征的心理障碍，也称为情感性心理障碍或情感性精神病，常伴有相应的思维和行为改变，个体的忧郁和厌世心理特点表现突出，常有凄凉感，唉声叹气，对人对事物失去兴趣，常头痛、心烦、多恐慌梦、乏力等。此病症严重时，人会感到强烈厌世，甚至有自杀念头。

抑郁症发作以情感低落、思维迟缓、意志活动减退和躯体症状为主。

情感低落主要表现为显著而持久的情感低落，抑郁悲观。个体终日忧心忡忡，郁郁寡欢，愁眉苦脸，长吁短叹。典型病例的抑郁心境具有晨重夜轻的节律特点，即情绪低落在早晨较为严重，而傍晚时有所减轻。

思维迟缓主要表现为患者思维联想速度缓慢，反应迟钝，思路闭塞，自觉“脑子好像是生了锈的机器”“脑子像涂了一层糨糊一样开不动了”。表现为主动言语减少，语速明显减慢，声音低沉，患者感到脑子不能用了，思考问题困难，工作和学习能力下降。

意志活动减退主要表现为患者意志活动呈显著持久的抑制。表现为行为缓慢，生活被动，疏懒，不想做事，不愿和周围人接触交往，常独坐一旁，或整日卧床，不想起来上班，不愿外出，不愿参加平常喜欢的活动和发展业余爱好，常闭门独居，疏远亲友，回避社交。

躯体症状主要有睡眠障碍、食欲减退、体重下降、性欲减退、便秘、身体任何部位的疼痛、阳痿、闭经、乏力等。

作为重型精神疾病，抑郁症的治疗是以药物治疗为主，心理治疗为辅。已有的抗抑郁药在临床上均已取得显著的疗效。对有明显心理社会因素作用的抑郁症患者，在药物治疗的同时常常需要进行心理治疗。支持性心理治疗通过倾听、解释、指导、鼓励和安慰等手段，帮助患者正确认识和对待自身疾病，主动配合治疗。认知治疗、行为治疗、人际关系治疗、婚姻及家庭治疗等一系列的治疗技术，能帮助患者识别和改变认知歪曲，矫正患者不良的适应行为，改善患者人际交往能力和心理适应功能，提高患者解决问题的能力和处理应激的能力，从而能减轻或缓解患者的抑郁症状，调动患者的积极性，纠正其不良人格。另外，对于有严重自杀企图的患者及使用抗抑郁药治疗无效的患者可采用电抽搐治疗。此方法见效快，疗效好。

三、精神分裂症及其防治

精神分裂症（schizophrenia）是一组病因未明的精神疾病，具有思维、情感、行为等多方面的障碍，以精神活动与环境不协调为特征。通常意识清晰，智能尚好，部分患者可能出现认知功能损害。多在青壮年发病，常起病缓慢，病程迁延，有慢性化倾向和衰退的可能，但部分病人可保持基本痊愈或痊愈的状态。

感知觉障碍。精神分裂症最突出的感知觉障碍是幻觉，以幻听最为常见。思维及思维联想障碍通常表现为妄想、被动体验、思维联想障碍、思维贫乏等典型症状。情感障碍主要表现为情感迟钝或平淡。情感迟钝或平淡表现为表情呆板、缺乏变化，自发动作减少、缺乏体态语言；同时，患者对亲人感情冷淡，亲人的伤病痛苦对患者来说无关痛痒。

意志与行为障碍主要表现为意志减退和紧张综合征。意志减退指患者在坚持工作、完成学业、料理家务等方面有很大困难，往往对自己的前途毫不关心、没有任何打算，或者虽有计划，却从不施行。紧张综合征以患者全身肌张力增高而得名，包括紧张性木僵和紧张性兴奋两种状态，两者可交替出现，是精神分裂症紧张型的典型表现。

同样，作为重型精神疾病，精神分裂症的治疗主要采用药物治疗，并辅以心理等方面的治疗。药物治疗不但对幻觉妄想等阳性症状有效，对情感迟钝或平淡、意志减退等阴性症状也有一定疗效。心理治疗不但可以改善患者的精神症状、提高自知力、增强治疗的依从性，也可改善家庭成员间的关系，促进患者与社会的接触。行为治疗有助于纠正患者的某些功能缺陷，提高人际交往能力。家庭治疗使家庭成员发现存在已久的沟通方面的问题，有助于宣泄不良情绪，简化交流方式。

四、人格障碍及其防治

人格障碍（personality disorder）是指明显偏离所处的社会文化背景及多数人认可的行为模式，具有适应不良的性质。由于这个原因，病人自己遭受痛苦或使他人遭受痛苦，给个人和社会带来不良影响。

人格障碍至少应包含以下几个方面：①原因：是由于对社会或周围所处环境适应不良，偏离了一种正常的或规范性的社会文化道德习俗而形成的。②特性：具有特有的甚至是非正常的行为模式和内心体验。③后果：一方面会给社会造成一定的恶果从而导致社会功能受到损害，另一方面由于自身的内心痛苦独特而引起自身精神方面的疾病。

对于人格障碍的治疗，药物治疗和心理治疗的效果均不显著，但有关的治疗手段对行为的矫正仍然可以发挥一定的作用。一般而言，药物治疗难以改变人格结构，但在出现异常应激和情绪反应时少量用药仍有帮助。一般不主张长期使用和常规使用，因为长期效果难以确定。人格障碍患者一般不会主动求医，常常是在和环境及社会发生冲突而感到痛苦，或出现情绪睡眠方面的症状时非常“无奈”地到医院就诊。医生通过与患者深入接触，建立良好的医患关系，帮助其认识个性缺陷之所在，鼓励他们改变自己的行为模式，并对其出现的积极变化予以鼓励和强化。人格障碍治疗的目的之一就是帮助病人建立良好的行为模式，矫正不良习惯。直接改变患者的行为相当困难，但可以让患者尽可能避免暴露在诱发不良行为的处境之中。找到激发异常行为的场合或因素，对于处理和预防有重要意义。如强迫性人格具有“完美主义”倾向，可以让其从事紧张程度不高、责任比较宽松的工作。

常见的人格障碍类型及其特征如下：

1. 反社会人格障碍

反社会人格障碍主要表现为：高度的攻击性，缺乏羞惭感，不能从经历中取得经验教训，行为受偶然动机驱使，社会适应不良等。

2. 偏执型人格障碍

偏执型人格障碍主要表现为：固执，敏感多疑，过分警觉，心胸狭窄，好嫉妒；自视甚高，有错常归咎于他人，不能做自我批评，更不能接受他人批评；对挫折和失败过分敏感；喜争论时诡辩甚至冲动攻击；常有某些超价观念；缺乏幽默感；常自感不安全而处于紧张戒备状态中，并千方百计寻找怀疑偏见的证据；无端揣测别人对其有不良动机；歪曲别人的善意提醒，不知好歹。本类型以男性为多见。

3. 分裂样人格障碍

分裂样人格障碍主要表现为：思维古怪，表现为思维反常、固执，有时可见短暂的怪异思维发作；对社交的不利后果非常敏感，在抵制这种敏感的过程中可表现为焦虑、害羞和悲伤；他们不能容忍周围的人对自己的轻视和忽略，但又非常不自信，感到无法改变这一事实，故常采取与社会隔绝的方式逃避，但内心还是渴望与周围环境接触。

4. 强迫型人格障碍

强迫型人格障碍主要表现为：高标准、严要求，做事按部就班，一丝不苟，反复检验，苛求细节，如不完美就会焦虑、紧张和苦恼；自我克制，谨小慎微，道德感过强；给人以刻板、迂腐之感。这种人格障碍不一定影响婚姻和工作，但别人与其交往时往往感到困难，因而缺少挚友。

5. 表演型人格障碍

表演型人格障碍以人格不成熟和情绪不稳定为特征。表现为：暗示性、依赖性特别强；为了引起别人的注意而有过分做作和夸张的行为；高度自我中心，不为他人考虑；情绪变化无常，易激动；对人情感肤浅，难以长久交往；常因别人不理解自己而感到受伤；好幻想，把想象当成现实；追求新异刺激，难耐寂寞，喜欢热闹；打扮奇异，卖弄风情，有挑逗性，但性生活被动。

6. 冲动型人格障碍

冲动型人格障碍主要表现为：情绪不稳定，缺乏冲动控制；易激惹，常因微小刺激而发作，动辄就会以暴力相威胁；在不发作期间是正常的，对发作时的所作所为感到后悔，但不能防止复发；少量饮酒后可引起发作。

7. 依赖型人格障碍

依赖型人格障碍以妇女为多见，其特征是缺乏自信，不能独立活动，觉得自己无助和笨拙，情愿把自己置于从属的地位，一切听从他人（父母或配偶）安排。

五、性心理障碍及其防治

性心理障碍（psychosexual disorder）泛指以两性性行为的心理和行为明显偏离正常，并以这类性偏离作为性兴奋、性满足的主要或唯一方式为主要特征的一组精神障碍。性心理障碍在临床上主要包括两种类型：性身份障碍和性偏好障碍。

性身份障碍主要指易性症，患者对自身性别的认定与解剖生理上的性别特征呈持续厌恶的态度，并有改变本身性别的解剖生理特征以达到转换性别的强烈愿望（如使用手术或异性激素），其性爱倾向为纯粹同性恋。目前普遍认为，同性恋作为特殊的性体验与性行为，一般不属于精神疾病的范畴。

知识窗：同性恋一般不属于精神疾病的范畴

在全球顶级智库兰德公司的同性恋人口比例调查报告中，美国约有3.2%的男性和4.2%的女性是同性恋，也就是说，美国有上千万的男同性恋者和女同性恋者。而英国研究所调查表明，英国有5%～7%的居民是同性恋者。

美国精神医学学会于1973年把同性恋从精神疾病诊断标准第三版的修订版

（DSM-III-R）中去除。当时该学会声明：同性恋本身并不意味着判断力、稳定性、可信赖性或一般社会或职业能力的损害。1997年，美国心理学会表示，人类不能选择作为同性恋或异性恋，人类的性取向不是能够由意志改变的有意识的选择。美国心理学会更进一步表示：事实上，有很多同性恋者生活得很成功、很幸福，但是一些同性恋者或双性恋者可能会试图通过疗法改变自己的性取向，有时是因为受到家庭成员或宗教团体施加的压力。

1990年5月17日，世界卫生组织在修改后的国际疾病分类手册（ICD-10）之精神与行为障碍分类中将同性恋从原有的成人人格与行为障碍的名单上删除。

2001年4月，中华精神科学会CCMD-3出版，取消了CCMD-2的性变态条目，将同性恋归于新设立的性心理障碍条目中的“性指向障碍”的次条目下。对此，时任中华精神科学会《中国精神疾病分类与诊断标准》（CCMD-3）工作组组长陈彦方教授解释：我们认为同性恋是正常的，但是考虑到一些个体在成长过程中出现的焦虑和苦恼，保留自我不和谐的同性恋，从而和世界卫生组织第十版国际疾病分类手册（ICD-10）保持一致。他还指出，CCMD-3里的同性恋和社会上普遍所指的同性恋有些不同，因为CCMD-3的诊断对象只包括那些自我感觉不好并希望寻求治疗的同性恋者。在新的标准中，只有那些为自己的性取向感到不安并要求改变的人才被列入诊断。中华精神科学会在2001年对CCMD的修订，被认为是中国同性恋非病理化的重要标志。

性偏好障碍主要包括恋物症、异装症、露阴症、窥阴症、摩擦症、性施虐和性受虐症。

性心理障碍治疗较为困难，患者自身及其家人往往感到非常痛苦，但采取相应手段治疗仍然有一定效果。首先，明确指出某些行为的危害性，有些行为违反现行法律以及单位制度，不符合所在地区的风俗习惯，而且会导致就业、升学等各方面的严重问题，所以应教育患者通过意志克服其性偏离倾向。其次，帮助患者回顾自身的心理发展过程，了解在何时、何阶段、由哪些因素导致其出现性心理障碍，使患者正确理解和领悟，并进行自我心理纠正。但总体而言，心理治疗效果有限。再次，行为矫正。采用厌恶治疗，如给患者看同性的健康图像和同性恋的录像之后随即给予厌恶性刺激。恋物症的患者同样可采取厌恶治疗。另外，易性症者多要求通过手术改变其性别，但变性手术复杂，难度较大，费用较高，特别是亲友往往坚决反对，有些患者因此出现心因性抑郁及自杀。从心理学方面来讲，手术前患者自己不能接受自己，手术后社会又难以接纳他们。有些人手术后不得不隐姓埋名在异地生活。因此手术应慎重，并应履行相应的法律手续。

职业心理之窗

职业倦怠及应对

职业倦怠(burnout)指个体在工作重压下产生的身心疲劳与耗竭的状态。最常表现出来的症状有三种：一是对工作丧失热情，情绪烦躁、易怒，对前途感到无望，对周围的人、事物漠不关心。二是工作态度消极，对服务或接触的对象缺乏耐心，如教师厌倦教书而无故体罚学生，医护人员对工作厌倦而对病人态度恶劣等。三是对自己工作的意义和价值评价下降，常常迟到早退，开始打算跳槽甚至转行。

职业倦怠因工作而起，直接影响到工作准备状态，然后又反作用于工作，导致工作状态恶化，职业倦怠进一步加深。它是一种恶性循环的、对工作具有极强破坏力的因素。因此，有效地消除职业倦怠，对于稳定员工队伍、提高工作绩效有着重要的意义。

可运用“快乐工作”的六种方法进行自我调适。A计划(action)——采取行动：当在单位出现职业倦怠情况时，问自己可以做些什么，自己有什么选择，可以主动和领导沟通发生了什么问题，应该如何解决等。B计划(belief)——调整观念：如果A计划无法解决问题，应该考虑调整自己的想法。有一种人就是采用不管发生了什么都乐观到底的策略。C计划(catharsis)——抒发情绪：可以找朋友把消极情绪抒发出来。D计划(distraction)——散心调剂：将你的注意力转移到一些兴趣、爱好上，是避开压力很好的辅助策略。E计划(existentialism)——发现意义：很多人出现职业倦怠是因为工作失去了意义。必须好好地问自己，自己想要追求的到底是什么？这个工作对你还有没有意义？如果你连一点意义都找不到，也许就真的该考虑换工作了。F计划(fitness)——增强体能：就是要注意饮食、休息以及适当的运动，保持身体的健康。

思考题

1. 心理困扰和精神障碍产生的原因主要有哪些?
2. 我们可以通过哪些途径进行心理求助?
3. 我们应该如何正确对待心理困扰和精神障碍?

心理活动：出谋划策、共渡难关

目的：交流心理困扰，讨论应对方法，分享经验。

操作：

1. 每人写出自己遇到的一至两个心理困扰，再提出多个应对方法。

2. 每六位同学就近组成一个小组，每个同学在小组中交流自己的心理困扰和应对方法，共同分享经验。

3. 小组讨论，将每个同学的心理困扰和解决方法进行归类，并设想自己遇到这些困扰时应怎样解决，提出更多更好的心理困扰的应对方法，相互启发，共同分享。

4. 每个小组派一名代表总结小组同学所说的心理困扰应对方式，在班上交流，大家共同分享“出谋划策、共渡难关”的团体活动成果。

第十章

敬畏神圣生命

生命对于人类、动物、植物来说都只有一次，不可复制，不能重来。人最可贵的是生命，逝去了，人生就终结了。我们不仅要珍爱自己的生命，还要善待别的生命。近年来，青少年自残自杀、伤害他人和虐待动物事件时有发生，表明部分青少年生命意识淡薄，加强青少年生命教育势在必行。生命教育是心理健康教育中一个十分重要的领域，可以尽最大可能地激发个体珍爱生命的理性自觉，进而发掘其生命潜能，让每一个人在尊重生存的历史社会基础的前提下，充分显现个体生命的意义与价值，成就自己的人生。

第一节
生命及其意义

什么东西到处都是却无比珍贵？什么东西一去不复返？什么东西是有限的，却能创造无限的可能性？答案是生命。生命给予了我们了解和探索这个世界的机会，给予了我们力量和创造无限的可能。

一、生命的定义、内涵和特点

什么是生命？我们应了解生命的定义、内涵和特点。

1. 生命的定义

“生命”这个词人们常常提起，却没有公认的标准定义。不同学科从不同角度探索生命，对生命有着不同的诠释。生物学认为：生命是有机物和水构成的一个或多个细胞组成的一类具有稳定的物质和能量代谢现象，能回应刺激，能进行自我复制的半开放物质系统。医学认为：生命是活着的状态，具有新陈代谢能力，有心脏跳动，有呼吸，大脑有活动。法学认为：生命指法律主体始于出生，终于死亡的整个过程。生命哲学认为：生命是有灵性的一种物质和精神的复合体，由两部分构成，一部分是无形灵体，含意识、思维、精神、灵感、心念等，统称为灵魂；另一部分是有形物体，主要指灵魂所依附的躯体。

运用马克思主义关于人的本质的理论去理解生命的概念，即生命是生物体所表现的自身新陈代谢、生长发育、有性繁殖、遗传变异以及对刺激的反应等复合现象。生命是由核酸、蛋白质等生物大分子所组成的生物体不断进行物质、信息和能量交换的一种综合运动形式。

2. 人的生命内涵

人的生命内涵，不能简单地等同于宇宙中一般的生命的定义，而是生物性、精神性和社会性三者的统一，也就是说人有三重生命，或者说人的生命有三重属性。第一重是人的肉体生命或称自然属性，如生老病死、饮食生息，这是生命的长度。第二重是人的社会生命或称社会属性，如各种角色、权利义务，这是生命的宽度，也是人区别于其他动物生命的最本质特征。第三重是人的精神生命或称精神属性，它超乎天地，思接千载，这是生命的高度。高海青教授认为人既具有和动物共有的种生命，又具有自己独特的类生命。种生命是自然的生命，是物种所设定的本能生命，因此是自在的生命，它为每个生命个体所承载。类生命是自我创生的自为生命，它是社会历史积淀的文化、科学、智慧等在个体身上的反映，因此它是精神的生命、智慧的生命和价值的生命。

3. 人的生命特点

人的生命，从生物学的角度分析有四个特点：一是生命的非逆转性。生命从受精卵开始，历经胚胎—分娩—新生儿—婴儿—幼儿—少年—青年—壮年—老年等一系列生命周期，在此周期中，生命一直处于生长发育、成熟壮大和衰老消亡的过程之中。生老病死是任何生命个体都摆脱不了的自然客观规律，人们祈望的返老还童、长生不老仅仅只是一种美好的愿望与梦想而已。二是生命的非再生性。生命，对任何人来说都只有一次。世间常说，“人死不得复生”，便道出了这个真理。三是生命的非置换性。生命为个体所私有，相互不能交换，彼此不可替代。四是生命的非创造性。生命是自然孕育而成的，非某种神秘力量所创造。生命是创造之源，而非创造之果。没有生命，就没有创造。

人的生命，从哲学的角度分析有三个特点：一是生命的共同性与独特性。人的生命是由自然生命、精神生命、社会生命三部分组成，是一个彼此紧密联系、相互作用的统一体，这是生命的共同性。而每一个人又是独特的，即便是双胞胎，每个个体也不同。世界上没有两片完全相同的树叶，也没有两个完全相同的人。二是生命的有限性与无限性。人的生理生命是有限的，但人的精神生命、社会生命却可以是无限的，名人名言流传千古就是最好的说明。三是生命的规定性与自由性。人的生命必然在一定的环境和条件下生存、发展，这就是生命的规定性。但每个人都是自主的，可以自由选择生存发展的环境和条件，这就是生命的自由性。

二、生命与死亡

谈到生命，一定会提到死亡。因为生命与死亡既相互对立，又相互渗透、紧密联系。生，是生命的肯定状态；死，是生命的否定状态，即无生命。对于任何个人而言，或者有生命，或者无生命，二者只能居其一。因此，谈论死亡的任何人都不可能亲身经历过死亡，这就叫“生者不知死”；而一旦他亲身经历死亡时，他再也不能对死亡说什么了，这就是“逝者不知死”。

1.死亡的定义

科学的死亡解释从何为死亡出发，常采用的是医学上的死亡定义。在医学上，将传统的死亡定义为非感受性与非反应性、无运动与呼吸、无反射作用以及脑电图平直。现代医学死亡的标准是脑死亡。

脑死亡概念的提出始于法国。在1959年第23届国际神经学会上，法国学者首次提出“昏迷过度”的概念，并使用“脑死亡”一词，用以说明这类病人苏醒的可能性几乎为零。1968年，美国哈佛大学医学院最先提出以“脑功能不可逆性丧失”为脑死亡的诊断标准。2002年，我国卫生部组织专家制定了脑死亡判定标准的征求意见稿。2003年，该标准在我国进行了第一次完整的、严格的临床应用：武汉市东西湖区一位心跳仍维持但脑已死亡的脑出血患者被武汉同济医院宣布为脑死亡，这是我国首位被宣布为脑死亡的患者。

2. 对死亡的理解

你会害怕死亡吗？想到死亡你会焦虑吗？死亡对你而言是否意味着一切都结束了？应该如何正确理解死亡呢？我们可以进行以下深入思考：

生死互渗。死并非仅出现在生命的终点，而是渗透于人生的整个过程之中。具体而言，人在出生之后就在走向死亡，死是蕴含在生命之中的。生命都会经过孕育期、成长期、成熟期和衰老期，最后死去。肌肉、内脏器官等时时刻刻都在新陈代谢，这是生中有“死”的表现之一。人每活一年一天一小时，过去的便永远不再回来，也相当于“死去”了一年一天一小时。既然如此，“死”就不是“生”的对立面了，对每时每刻都相伴于我们一生的“死”又何惧之有？人类生死的大智慧应该是：人在生的过程中就有了死之因素，而人之死则意味着某种新生。人们的实体性生命终结了，但他们的关系性生命并没有终结。他们的子孙后代还在延续，他们的亲戚朋友还在怀念，他们的精神产品（思想、品德、著作等）还在被后人传扬。如果一个人真正理解了生死是互渗的，智慧地对待生与死，必然能从根本上消解对死亡的恐惧与害怕，缓解死亡的悲伤，珍惜生命、珍惜时光、珍惜拥有，并创造生命的辉煌。

以死观生。通过了解死亡而思考人生。由于生命存在着死的必然性，因此，唯有了解死亡的全过程，生命的可贵才能彰显。死亡使人的生存时间成为最稀缺的东西，使生命成为最宝贵的价值。正确的死亡意识带来积极的生命意识。具有死亡意识的人能获得人生的整体观念和有限观念，这会催促我们紧张热情地工作和生活，在今生规定的时间界限里，做出一番创造性的事业，自觉地克服人的惰性，产生一种生活的紧迫感，从而倍加享受和利用自己的有限人生，把自己的人生安排得更精彩。同时，以死观生，使人能更充分地领悟和把握人生的价值，更加珍惜生命的价值。通过死亡意识震醒生命的价值意识，才能使人的生命不朽。

三、生命的意义

生命的意义是什么？其实这个问题历经数千年，一直没有一个终极答案，也没有一个答案能够完全解答这个问题。我们的每一种回答都是对这个问题的一种诠释、一种可能的方向、一种个体的生命体验。而每个答案也都会随着世界的发展和时空的转换而变化，随着人生阶段的不同感悟而变化。

1. 为什么要追寻生命的意义？

首先，生命的道路需要意义去引领。生命的意义能够回答人为什么活着、怎样活着才有价值等问题。生命的意义是把握人生方向、抉择人生道路的指南。对生命意义的认识决定着一个人思想意识的性质和水平，追寻正确的生命意义，可以指导人们坚持正确的人生方向，积极向上，在自我实现的同时，为社会作出有益的贡献，创造巨大的人生价值。

其次，生命的苦难需要意义去承载。在人的一生中，人既要与自然打交道，又要与社会打交道。在与自然和社会打交道的过程中，人们得到的结果往往不同，有成功也有失败，有成功带来的满足和幸福，也有失败带来的损失和痛苦。没有谁可以避免痛苦，没有哪个生命不被烙上苦难的伤痕。别人的微笑中也可能隐藏深深的痛楚，只是在寂静的夜晚，你未曾听过他的哭泣。生命中的苦难是每个人都会经历的。尼采告诉我们：懂得为何而活的人，几乎任何痛苦都能忍受。只有明白生命的意义，才有勇气面对所有的痛苦和困难。

再次，生命的有限需要意义去超越。人们总希冀“与天地齐寿，与日月齐光”，但人的实体生命是短暂的、有限的。要使自己的精神生命永存，必须追寻生命的意义，在有限的生命中去创造无限的精神生命。明确了生命的意义，在活着时努力去做了，就能超越有限的实体生命，达到人的肉体与精神的统一，即实体生命的有限性与精神生命的无限性的统一。正如奥斯特洛夫斯基所说：人最宝贵的东西是生命。生命对人来说只有一次，因此，人的一生应当这样度过：当一个人回首往事时，不因虚度年华而悔恨，也不因碌碌无为而羞愧。这样，在他临死的时候，就能够说，我已经把整个生命和全部精力都献给了人生最宝贵的事业——为人类的解放而奋斗。

2. 如何去追寻生命的意义？

一是可以在学习中思考。通过生命常识、生命安全、生命伦理、生命幸福、生命价值和死亡哲学等内容的学习，通过广泛的阅读、欣赏，以及榜样、案例的学习和思考，去追寻生命的意义，拓展生命的内涵，让有限的生命实现最大的价值。

二是可以在生活中体验。有人说生命本身并无意义，但其实生命的意义是可以自我赋予的。追寻生命的意义离不开人们的社会实践。我们每做一件事，只要去体验，就能发现它的意义。成功是站在高处的眺望，却也只是生命的里程碑之一；失败是曲折的路，却也能收获一路好风光。无论结局是好是坏，都是我们生命最好的见证。我们要以认真的态度去面对每一天每一个新的起点，从中去体验生命的意义。

三是可以在博爱中诠释。博爱是广泛的，它以爱人为基础，包括爱祖国，爱人民，爱集体，爱生命，爱人类的生存环境，爱大自然，爱人类的劳动创造，爱文明进步，爱一切真善美的事物。博爱是无私的，它是给予，是奉献，而非索取。因此，用博爱的胸怀去感恩父母，感恩亲戚朋友，感恩师长，感恩学校，感恩社会，感恩大自然，感恩生命，感恩一切你的所爱，就能诠释出生命更为丰富的意义。

四是可以在创造中开拓。创造是有意识地对世界进行探索性劳动的行为。生活中我们时时可以去创造。从大处而言，人们通过创造，使“嫦娥奔月”的梦想成为载人航天的事实，这就把人类生命的意义从地球拓展到了宇宙。从小处着手，我们创造性地布置寝室，在感受环境美的同时，也能感受到生命的美和我们自己的价值。我们在学习、生活、工作中都可以去创造。当然，人生价值的创造要根据自身的条件，也必须符合社会实际。我们在创造自我价值和社会价值的同时，就开拓了生命的意义。

五是在痛苦中参悟。痛苦是人类正常的生理心理表现，每个人都会经历痛苦。学习紧张、工作压力、生活负担、失恋，甚至思考过多等都能导致痛苦。痛苦是启智的经书，是精神的财富。没有痛苦哪有快乐？不经过挫折，怎会知道路坎坷？不经过磨炼，怎知意志的坚强？人生没有痛苦，就会不堪一击。正是因为有痛苦，成功才那么美丽动人；正是因为有灾患，欢乐才那么令人喜悦；正是因为有饥饿，佳肴才让人觉得那么甜美。“艰难困苦，玉汝于成。”人的成长必须经历痛苦。当我们的生命正在经历挫折、苦难和不幸时，就需要去发掘其中的意义，它能激发我们在苦难中体验生命，甚至享受生命的巨大潜力。

六是在死亡面前领悟。适度的死亡焦虑，可以让人们正视生命的有限，珍惜自己所拥有的一切，在有限的生命中实现自己的价值和意义。列夫·托尔斯泰曾写道：“如果我们记得我们是会死去的，我们的全部生活就会获得完全另一种使命。人在知道他过半小时就会死去时，便不会在这半小时内去做那些徒劳无益的事，那些愚蠢的事，尤其是那些坏事。然而，离死亡半世纪同半小时难道不是一回事吗？在死亡面前和在现实面前，是不存在时间长短的。”只有具有死亡意识，才能获得生活的紧迫感。

第二节
大学生生命教育

生命教育，是以人的生命为中心和原点，围绕人的自然生命、社会生命和精神生命而展开的教育。生命教育是人生必不可少的教育环节，它帮助我们通过觉察自己的生命困境，了解困境产生的原因，学会如何珍爱生命、积极生活、成就人生，学习如何拓展生命的长宽高，让有限的生命实现最大的价值，让每个人都能成为最好的自己。

一、大学生的生命困境

大学生的生命困境，主要表现在以下方面：

1．身心健康意识淡薄

生命的第一含义是生存，生存的前提是健康。从某种意义上说，对生命健康负责是生命的第一责任，也是生命道德的要求。对健康负责就是对生命负责的道理绝大多数人都能理解，但是将身心健康深入道德和责任意识中，落实到实际行动中，许多大学生却远远没有做到，这种意识被他们的年龄和朝气掩盖了。于是大学生中生活无规律的现象比比皆是，卫生习惯不良的现象非常普遍，人工流产现象时有发生，郁闷、压抑成了口头禅，等等。生命健康状况不仅影响着生命质量，还影响着生命存在的延续，同时也影响到生命道德。大学生看到的是自己年轻生命的存在，注重的是对这种存在享受的权利，却忽视了对生命健康的责任。

2．生命责任意识缺失

一些大学生虽重视自我生命，但对他人生命表现淡漠。他们多数认为自己和他人的生命都是珍贵的，在只能选其一的情况下，应先保护自己。生命的独特性表现在其唯一性、不可逆转性，丧失就意味着永远不可挽回。许多大学生没有真正理解生命的特征和包容性，片面地把自我生命的珍贵性看成是唯一的，把对生命的责任看成是对自己生命的责任，不知道珍爱生命不仅是个体生存的需要与权利，更是一种责任与共同生活的基本法则。珍爱生命不仅要珍惜自我的生命，同样也要珍惜他人的生命，珍惜他人的生命同样是自己的责任。枪杀教授与同学的留美学生卢刚，杀死四名同宿舍同学的在校大学生马加爵等，他们把自己的不满扩大到滥杀无辜的生命，从反面显示出对生命负责的重要性。

3．生命信仰多元化

信仰是每个人生存和发展的动力与目标，失去信仰就失去了生命的意义，也失去了生活的意义。在市场经济中，一方面，激烈的社会竞争使大学生在就业、升学、生活等方面面临挑战；另一方面，随着经济多元化、知识多元化，人们的思想也多元化，信仰也就多元化了。据了解，有些大学生对“信仰”这个词的理解有偏颇，他们不理解什么是信仰，也没有崇高的理想追求。爱国主义、集体主义在他们心里似乎比较遥远。一些大学生缺少社会责任感，道德价值取向发生偏移，表现出以个人利益为主的倾向，仅关注自身前途命运的各种现实问题，享受丰富的物质资源，同时也追求物质的充裕。他们认为在物质发展的当代，艰苦奋斗等价值观已经过时。因此，他们面对瞬息万变的现代生活，丢掉了宝贵信仰和价值归宿，找不到努力的方向，寻觅不到人生的意义。

4．生命意义游戏化

生命存在的意义就在于它能创造价值。生命通过人的社会实践活动去发挥潜能，人通过生命的活力来壮大自身，为社会作出自己的贡献。大学生是年轻有为的一代，具有满腔的热情和旺盛的精力。但是，当前一些大学生受享乐主义的影响，肆无忌惮地张扬个性，有的把时间浪费在上网打游戏、聊天中，有的则沉醉于谈情说爱中，还有的沉溺于购物、游山玩水中。他们不思进取，游戏人生。凡此种种，把生命看得很淡，不懂得生命真正的意义和价值所在，完全享乐化、游戏化，都是缺乏生命意识的表现。

二、大学生生命困境的成因

大学生生命困境的产生既有内在因素，也有外部因素。

1. 个体自身因素是导致生命困境的内在因素

个体自身的生理、心理因素是大学生遭遇生命困境的重要原因。生理因素，是指由个体自身身体状况、外貌外形和某些生理上的缺陷所带来的影响，如疾病等造成大学生自身的身体不健康、智力水平低下和精神不正常等。心理因素，则主要表现为大学生人格还不够完善，心理易出现不健康，这是导致生命困境的主要内在因素。

大学生心理正处于由不成熟走向成熟的过渡阶段，一方面，自我同一性还在整合中，情绪稳定性较差，当出现学业、爱情、就业等方面的困难时，常常不能理性地评价自我和他人，对社会现实中的许多事物不能理解和接受，容易对自己的能力和目标产生怀疑，产生抑郁、悲观、自卑甚至绝望等消极情绪。另一方面，由于涉世不深，缺乏社会历练，习惯理想化地看待现实世界，看问题往往凭自己的主观臆想，思维方式和行为风格过于简单化和片面化。当面对社会多元价值观念的冲击和碰撞时，易产生对经济社会体制的抱怨和不满，从而陷入焦虑和迷茫中。同时，部分大学生在求新与恋旧、自信与自卑、独立与依赖、理想与现实、渴望友谊与心理防范的矛盾和冲突中常出现心理适应不良，心理承受能力、处理冲突的能力较弱，从而陷入不同程度的心理困境，并可能采取极端的应对方式。

2. 家庭、学校、社会等环境因素是导致生命困境的外部因素

生命的成长需要依存于某种特定环境。获得良好教育引导的个人，可以从环境中获得帮助，不断调节优化自己的生理、心理功能及行为方式。生命成长的内在动力源泉有赖于外部环境，需要家庭、学校、社会各自承担起其本应承担的职责并通力合作。

首先，作为外部环境因素的家庭、学校、社会各自存在着问题。在家庭层面上，家庭是生命创造的原初环境，个体的生命教育起始于家庭。然而我国家长大多重视智力水平的培养，而忽视了给予孩子生命成长的教育。在学校层面上，我国的高等教育着重从“满足国家和社会发展的需求”出发来培育人才，忽略了对个体的生命教育，生命教育相关课程及课时明显缺乏。在社会层面上，随着市场经济的发展，竞争危机和岗位压力让大学生在面临个人前途和选择时危机感频生。文化多元发展，价值观念层出不穷，功利主义和拜金主义影响着大学生的是非价值判断。科学技术的发展，虚拟世界和互联网模式下的生存、交往方式，虚化了真实的人生和现实的意义的界限。这些使得部分大学生的生命观和价值观产生偏差。

其次，家庭、学校、社会三方在对生命教育的协调方面矛盾重重，本应通力合作的三方迫于现实利益和各自局限性而陷入割裂的困境。我国的家庭大多把生命教育的责任推给学校和社会机构，多数家长认为“学校理应为孩子安全负全责”。家庭教育忽视生命教育，学生一旦出现生命危机，家长便按照“责任委托关系”追究学校和社会机构的管理责任。长期以来，学校和社会机构缺乏对生命教育与危机预防工作的系统性应对措施，往往在危机发生后才开始被动应对，失去了危机防控主动权。一些社会机构为了追求经济效益，导致社会生命教育风气恶化。家庭、学校、社会在生命教育上的冲突和分歧，导致大学生个体心理同一性认知出现障碍，影响大学生正确生命观的形成。

三、大学生生命教育的内容

新生命教育观认为，生命是否幸福完整，是由生命的三重属性共同决定的。自然生命之长强调延续的时间，社会生命之宽重在丰富当下的经验，精神生命之高则追求历久弥新的品质。一个理想的生命状态，就是要全面拓展生命的长、宽、高，让生命因独特而弥足珍贵，因自主而积极发展，因超越而幸福完整。因此，大学生生命教育的内容主要包括以下方面：

1. 认识生命

认识生命的意义在于打破未知，消除恐惧，加深对生命的理解，提升面对生命困境的勇气。认识生命就是要了解生命的内涵，掌握生命的特点，明白生命的意义，树立积极的生命价值观，正确看待死亡。

生命因独特而弥足珍贵。世界上没有两片完全相同的树叶，更没有两个完全相同的生命。不同的遗传基因、不同的社会经验、不同的心灵感悟，决定了世界上没有两个完全相同的人。我们每个人都能成长为最好的自己，而无法互相取代。任何一个生命的消亡都是无法弥补的遗憾。

2. 敬畏生命

一百多年前，诺贝尔和平奖获得者、哲学家阿尔贝特·史怀哲提出了“敬畏生命”的伦理学思想。他在文章中讲述了童年的一段难忘经历：一个春天的早晨，他被他的同学拉去打鸟，但弹弓装上小石头并拉紧之后，他却无法瞄准小鸟，因为有一道神秘的命令来自内心深处：“我面对的是一只活生生的小鸟，它是一条生命，绝不能伤害它！”于是，他扔下弹弓，惊走了鸟儿……史怀哲敬畏生命的伦理学思想认为，一切生命，包括动物、植物和那些在人看来显得低微的生命都是神圣的、有价值的，人类和它们不可分割，都值得我们去尊重和爱护。人类和自然是生命共同体，人类想要更好地生存和发展，就应该尊重自然规律，爱护动物，保持对生命的敬畏之心，与大自然和谐相处。

敬畏生命而爱人利物，是古人在长期生产生活中生成并践行的生死观。孟子曰：“亲亲而仁民，仁民而爱物。”道家认为，人的生命是自然界中最崇高的存在，应该贵己重生，轻物重生。我们要建立正确的生命观，正确理解生命的真谛，不仅要认识到自己生命的重要，更要认识到他人的生命及一切自然生命的存在价值，所有的生命都值得我们尊重和善待。要以一颗平常心寻找生命的本质，尊重和敬畏生命。

3. 珍爱生命

珍惜与热爱生命是一种稳定、深厚的情感。在这个世界上，最可贵、最有价值的就是生命。大家知道，匈牙利诗人裴多菲曾有诗云："生命诚可贵，爱情价更高；若为自由故，两者皆可抛。"现在我们反其意而咏之："生命最可贵，爱情价亦高；若为自由故，两者皆不抛。"正因为生命最有价值、最可贵，所以应当珍惜它。

一个人不仅要珍惜自己的生命，而且也要珍惜他人的生命。在全国抗击新冠肺炎疫情表彰大会上，习近平总书记高度概括伟大抗疫精神，深刻阐释"生命至上"理念。为挽救每一个生命倾尽全力，这是我们抗击疫情的普遍共识，人民至上、生命至上是中国抗疫斗争最鲜明的底色。那么多的"逆行者"不顾自己的生命安全去挽救他人的生命，我们还有什么理由不去珍惜这唯一一次的生命呢？

只有珍惜与热爱自己生命的人，才懂得对他人生命的珍惜与热爱；也只有珍惜和热爱他人生命的人，才能真正地珍惜和热爱自己的生命。当我们能够与周围的生命休戚与共时，我们就能在对自己生命珍惜的同时走向对他人生命的关怀；当我们能做到珍惜他人生命成为我们内心自愿的选择时，我们就能超越自我，用责任、使命与担当实现生命的最大价值。

知识窗：致敬用生命战斗的英雄钟南山

十多年前那场令国人记忆深刻的抗击"非典"战争中，钟南山第一时间请缨，要求把所有的重症病人全部集中到他所在的广州呼吸疾病研究所来。病因不明、病症难治，糟糕的是疾病传播途径尚不清楚，个别医生有顾虑。钟南山却坚定地说："医院就是战场，作为战士，我们不冲上去谁上去？现在是需要我们站出来的时候，不能丝毫犹豫，因为我们是医生，这是我们的职责！"

抗击"非典"那年钟南山67岁，2020年，新冠肺炎疫情暴发，84岁的钟南山又是第一时间奔赴抗疫第一线。有网民感慨说："他这是用生命在战斗啊！劝别人不要去武汉，自己却以最快的速度去了战场，他明知道老年人最容易被感染。”

是的，他去了。他一面劝慰社会大众不要去武汉，自己却坐在高铁餐车上，毅然赶往武汉调研疫情。2020年1月18日，钟南山到达武汉，立即投入战斗。19日一早，开始实地调研、疫情分析、研讨汇报，这一天，他只睡了4个小时。他于1月20日将新冠病毒可人传人的真相向社会披露。就在他披露疫情真相的当天，全国在党中央的领导下打响了抗击新冠疫情阻击战！

十七载，两次关乎生死的重大疫情，始终是他，在第一线不顾自己的生命安危，为了他人的生命安全分秒必争，他说：天下救人事最大！

资料来源：节选自《光明日报》，熊育群，《守护苍生——记战“疫”中的钟南山》，有改动

4. 感恩生命

每一个生命的诞生是快乐的，却也是不易的。每一个生命的养育都伴随着父母、亲友、老师、朋友、同学甚至是陌生人的关心与关爱，也正是因为有这些人的存在，我们的成长才能变得如此温暖和丰富多彩。生命仅有一次，可能充满快乐也伴随坎坷，有欢乐还有悲伤，但不管怎样，总有一些人、一些事值得我们去知恩感恩。

生命会因感恩而幸福完整。幸福，是人类永恒的追寻。人只有感恩生命，才能活出生命的精彩；实现生命的价值，才能感受到幸福。人只有感恩生命，才能发挥生命的潜能，张扬生命的个性，也才能谈得上完整。人如果能够意识到自身的潜能和使命，从而自觉地赋予有限的生命以充实的内涵，突破现实世界的种种束缚与困境，就能谋求自我生命价值的实现与提升，追寻更高的价值和意义。

感恩不仅是一种生活的态度，更是中华民族的传统美德。自古以来就有“饮水思源，知恩图报”“受人滴水之恩，当以涌泉相报”“投我以木桃，报之以琼瑶”的处世名言。怀着一颗感恩的心去面对生活，生活就会变得充实。懂得了感恩，人就会变得善良、宽容、有爱。如果人与人之间缺乏感恩之心，就会导致人际关系的冷漠。在冷漠中成长的人往往会以自我为中心，很难去主动地尊重他人，更难去自觉地关爱他人，他们甚至把生命看成是自己的私有之物，想怎么处置就怎么处置。一个深深领悟生命来之不

易并懂得感恩生命的人，必然会是一个在暂时的挫折和困难面前不轻易言败的人，他的未来也必将越来越好。

5. 升华生命

人的生命具有强烈的自主性，每个人不仅是自己生命的主人，也是自己生命的创造者和塑造者。我们虽然无法增加生命的长度，但可以拓展生命的宽度和高度，虽然无法预知生命的外延，却可以丰富它的内涵。

生命的重要意义之一在于我们把自己的生命与他人的生命、国家的命运联系在一起，在实现自我价值的同时，也为社会作出有益的贡献，有限的自然生命也可以造就社会生命的永垂不朽。那些为真理、为理想、为社会、为人类而勤奋工作、英勇献身的人物，留下的不只是一般的生生死死，更重要的是一种崇高的精神。袁隆平是我国当代杰出的农业科学家，享誉世界的“杂交水稻之父”。他毕生致力于杂交水稻技术的研究、应用与推广，数十年如一日守望在田间地头，践行他心中最美的“禾下乘凉梦”和“杂交水稻覆盖全球梦”，他用一粒种子，从根本上解决了中国人吃饭难的问题，也帮助全世界的很多人养活了自己的生命，他将生命化为对全人类的大爱。

正如习近平总书记2022年在中国人民大学考察时所说：“广大青年用脚步丈量祖国大地，用眼睛发现中国精神，用耳朵倾听人民呼声，用内心感应时代脉搏，把对祖国血浓于水、与人民同呼吸共命运的情感贯穿学业全过程、融汇在事业追求中。”每个生命都有其独特的价值，作为青年大学生，我们要不断挑战自我、完善自我。在正视和尊重自我与他人的生命价值的基础上，实现自我生命价值，丰富生命的内涵，让青春在奋斗中绽放绚丽之花！

第三节
大学生心理危机的应对

人生中的挫折、逆境能锤炼我们的意志，有时也会对我们的身心健康构成严重的威胁。当我们的能力不能从容应对时，我们就可能陷入心理危机。有些危机还可能动摇我们生命的信念。因此预防和克服大学生常见的心理障碍，提高生命质量，避免大学生自杀事件的发生，必须学习心理危机的相关知识，并有效地应对心理危机。

一、危机与心理危机

要有效地应对心理危机，首先要了解什么是危机。

1．危机与危机反应阶段

危机这一概念被广泛应用于经济、政治、社会等很多领域，人们常说的有经济危机、金融危机、政治危机、能源危机等。美国著名的《韦氏大词典》将“危机”定义为“决定性或至关紧要的时间阶段或事件”。《现代汉语词典》认为危机是“潜伏的危险”“严重困难的关头”。危机是一个动态发展的过程，每个发展阶段各有不同特点，当事人会有不同的心理和行为表现。人们对危机的反应通常经历以下四个不同的阶段：

（1）冲击期。发生在危机事件爆发当时成不久之后，人们会感到震惊、恐慌、不知所措。

（2）防御期。表现为想恢复心理上的平衡，控制焦虑和情绪紊乱，恢复受到损害的认识功能。

（3）解决期。积极采取各种方法接受现实，寻求各种资源努力设法解决问题。焦虑减轻，自信增加，社会功能恢复。

（4）成长期。经历了危机后变得更成熟，获得应对危机的技巧。但也有人消极应对危机，从而出现种种心理不健康的行为。

2. 心理危机与产生要素

心理危机，可以指心理状态的严重失调，心理矛盾激烈冲突难以解决，也可以指精神面临崩溃或精神失常，还可以指发生心理障碍。当一个人出现心理危机时，当事人可能及时察觉，也有可能毫无觉察。一个自以为遵守某种习惯了的行为模式的人，也有可能潜藏着心理危机。染有严重不良癖癖的人，常常潜伏着心理危机，当去戒除瘾癖时，心理危机便会暴露无遗。心理危机标志着一个人正在经历生命中的剧变和动荡，它会暂时地干扰或破坏一个人习以为常的生活模式。

心理危机的产生包含两个要素：一是诱发危机的某个生活事件，二是个体对自己应对该事件的能力的评估。一个人会不会产生心理危机，不仅取决于他正在经历或即将经历的基本供给的改变，更重要的是取决于他对自己应对困难情境能力的评估。如果个体认为有足够的能力去应对，心理危机就不会出现；反之，个体自己意识到所遇到的困难情境已经远远超过了自己的应对能力，即认为自己的应对能力不足以应对所遇到的困难情境时，平衡就会被打破，正常的生活会受到干扰，内心的紧张、恐惧、害怕和悲伤等情绪不断积蓄，甚至出现思维和行为紊乱，心理危机就可能出现。

例如，2020年的新冠肺炎是一种传播性很强的感染性疾病，对它的传播途径和治疗当时都处于摸索和研究中，又无特效药物，世界各国的应对能力都受到了极大的挑战，人们出现了各种各样的心理反应。刚进入隔离病房的病人，由于恐惧、孤独，处于急性应激状态，部分病人会出现心理障碍。许多医护人员在工作中处于高度紧张状态，同时面临被感染的危险，出现心理应激反应也属于正常现象。因此，针对不同群体采取必要的和适宜的心理干预势在必行。

二、大学生心理危机

应对大学生心理危机，必须了解大学生心理危机的分类、特征和诱因。

1. 大学生心理危机的分类

根据危机爆发的时间、事件性质等，可将心理危机分为发展性危机、境遇性危机、存在性危机。发展性危机是指个人在正常成长和发展过程中对急剧的变化或转变所产生的异常反应，如升学危机、性心理危机等。这些危机是大学生生命中必要和重大的转折点，每一次发展性危机的成功解决，都是大学生走向成熟和完善的阶梯。境遇性危机是指突如其来、无法预料和难以控制的事件导致的心理危机，如交通事故、人质事件、突然的绝症或死亡、自然灾害等。存在性危机是指人生中的一些重要事件出现问题而导致个人内心的冲突和焦虑，是伴随重要的人生目的、人生责任和未来发展等内部压力的冲突和焦虑的危机。

根据危机影响大学生心理状态的各方面，可分为自我意识危机、社会适应危机、情绪危机、个性危机。自我意识危机是指大学生因不能全面认识和正确评价自己，导致自我意识缺乏稳定性，容易受外界的影响，自信心、自我同一性受到了影响，从而阻碍了心理其他方面的发展。社会适应危机是指大学生由于对社会、他人和自我的认识与现实情况有所偏离，导致不能接纳现实，不能接纳他人，与周围的环境格格不入，陷入消沉及自我封闭的世界里。比如，大一新生刚入校园，因期望值太高，或者某些方面不满意，导致适应问题。此外，在学业、恋爱、择业方面都可能遇到这方面的适应危机。情绪危机是指大学生的情绪不稳定，对人际关系、对成功成就的追求过于急切和追求完美，情绪很容易被激发并难以控制，表现出敏感、不稳定、缺少弹性等特点。个性危机是指大学生的心理年龄与生理年龄往往是不同步发展的，心理年龄往往落后于生理年龄，表现出依赖性过强、明显的自我中心、退缩、固执、任性、敌视、虚荣等。这些个性缺陷影响大学生的生活，给大学生的心理健康带来障碍。

2. 大学生心理危机的主要特征

一是普遍性。心理危机是个体正常、非均衡的状态，是一种正常的生活经历，并非疾病和病理过程，从一定意义上说是每个人成长过程中都会遇到的，没有人能够幸免。心理危机表明个体正努力抗争，力求保持自身与环境之间的平衡。

二是突发性和紧急性。危机常常是出人意料、突如其来的，而且具有不可控制性；同时危机的出现如同急性疾病的暴发一样具有紧急的特征，需要人们紧急应对。

三是无助性。危机的降临，常使人觉得无所适从。对于处在危机中的人，基本上不会有迅速的解决方法。任何企图迅速解决问题的行为，最终都可能会导致危机的加深，或者使危机中的当事人感到无助。

四是危险与机遇并存。对于正处于危机中的人来说，危机意味着危险，又蕴藏着机会。其危险在于它可能导致个体严重的病态，包括自伤和伤人；机会在于它带来的痛苦会迫使当事人寻求帮助，危机的解决会出现积极而有效的结果。

五是具有时代特征。当代大学生心理危机的内容，涉及时代、社会对大学生的要求和期望，涉及个人对理想的追求，因而具有强烈的时代色彩，并随时代的变化而变化。

3. 大学生心理危机的主要诱因

大学生心理危机的形成是很复杂的，它不是某一种原因和某一个心理问题一一对应的结果，其影响的因素是多样的。

家庭问题造成的心理创伤。家庭问题是大学生心理问题的主要根源之一。父母不和或离异，容易导致大学生性格的畸形发展，产生心理创伤。

就业竞争引发的心理危机。自从我国高校扩招后，大学毕业生数量大幅增长，但社会上适合大学生期望的就业岗位没有明显增加，大学生的就业竞争和压力空前增大。

学业压力引发的心理危机。就业竞争的压力，导致大学生中的学业压力普遍比较严重，他们既要学好专业知识，还要参加各种证书考试。

由情感引起的心理危机。由于国家对在校大学生恋爱、结婚限制的解禁，当前大学生谈恋爱的现象越来越普遍。但大学生的身心发展还不成熟，由于缺乏经验，无法处理好复杂的情感纠葛和情感与学业之间的关系，一旦失恋，往往引发心理危机。

经济因素引起的心理危机。学费成为来自贫困地区大学生的一个沉重的经济负担和心理负担，由此出现了贫困生的心理危机问题。大学生的自卑和闭锁心理、嫉妒心理，大学生间不良的人际关系，都将引发他们对社会的不满情绪，或仇视同学，或仇视社会。

环境适应引起的心理危机。在校大学生年龄多为18～24岁，他们在生理上多已发育成熟，但其心理远没有成熟。社会环境、学习环境、生活环境的较大变化，都可能引起其心理危机。如新冠肺炎疫情引起的心理危机等。

三、大学生心理危机的自我觉察和自我调整

要应对大学生心理危机，首先应了解其心理危机的表现，学会心理危机的自我觉察，以便及时进行自我调整。

1．大学生心理危机的自我觉察

大学生要关注自己的心理变化，及时察觉自己是否处在心理危机中。可通过思考以下四个问题来觉察：我当下的状态是什么样的？目前的状态与之前有哪些不同？这些不同或改变对我产生了什么样的影响？面对这些改变，我能做些什么？

心理危机的表现主要存在于生理、情绪、认知与行为四个方面，这些反应相互作用、相互影响，而且一种反应的加剧，可能会导致其功能水平的全面下降。

生理改变。陷入心理危机的大学生，生理反应主要表现为身体免疫力下降、胸闷、头晕、失眠、食欲不振、胃部不适、敏感、紧张等。在心理危机状态下，自主神经系统和免疫系统对身体生理反应的调节功能会发生改变。

情绪改变。情绪是人的一种心理活动，是有机体对客观事物是否符合其主观需要而产生的态度和体验。陷入心理危机的大学生，其情绪反应一般表现为焦虑、恐惧、抑郁、愤怒、沮丧、紧张、绝望、烦躁等。如课堂上常无精打采，学习上心不在焉，交往上冷淡孤僻，整日垂头丧气等。

认知改变。认知是指人认识客观事物，反映客观事物的特性与联系，并揭露客观事物对人的意义和作用的心理活动。在心理危机状态下，大学生感知觉功能可能受损，易出现记忆力减退、思维反应迟钝、认知不合理等现象。

行为改变。心理危机中的行为表现是大学生为排解和减轻痛苦感而采取的一些防御手段。如上课无法集中注意力、不能专心学习；回避他人、逃避困难；发生对自己或他人的破坏性行为；行为和思维情感不一致，出现过去没有的异常行为；产生物质依赖、吸烟酗酒等。

2. 大学生面对心理危机时的自我调整

应对压力与挫折的方法都可作为大学生面对心理危机时的自我调整方法。

一是理智。在激情状态下，人们往往缺乏理智，感情容易失控，从而产生更为严重的行为后果。因此，在不良情绪状态下，特别是激情状态下，应该善于用理智来控制情绪，即通过自我暗示来提醒自己，让头脑冷静下来，仔细分析一下自己情绪产生的各种前因后果，想一想自己的行为和情绪反应可能给自己和别人造成什么样的后果，这样做是否合理、是否值得，是否还有其他更适合的方法来解决所面临的问题，做到“三思而后行”。

二是代偿。通过理智分析，有时会发现原来的目的是无法实现的。在这种情况下，可以转移方向，以其他能获得成功的活动来代替，借此弥补因失败而丧失的自尊与自信。如我国著名田径运动员胡祖荣，因腰部受伤造成瘫痪，不能在运动场上称雄，转而钻研体育理论，同样取得了成功。

三是升华。将不为社会所认同的动机或欲望导向比较崇高的方向，使其具有创造性、建设性，有利于社会和本人，即为“升华”。我们经常说的“化悲痛为力量”就是这个意思。这是一种较高水平的自卫方式。贝多芬和歌德年轻时都曾遭受过失恋的打击，但他们能把失恋的痛苦化为奋斗的动力，终于成为世界上著名的音乐家和诗人。

四是宣泄。将内心不良的情绪体验宣泄出来，往往可以减轻情绪反应的强度，缩短情绪体验的时间，从而使情绪得以较快恢复平静。如在遭受挫折或委屈后大哭一场，把心中的不满和愤怒倾诉给别人，或写在日记本上，都能起到宣泄情绪的效果。

五是转移。将自己的注意力从引起不良情绪的刺激上移开，可以控制不良情绪的蔓延和加重。参加体育运动，或回想以前发生的令自己感到愉快的事，这些做法都可以使面临危机时的负性情绪得以减轻。

六是合理化。当一个人追求某个事物而得不到时，为了冲淡内心的不安，常为失败找一个冠冕堂皇的理由，用以安慰自己，这叫“合理化”。这种看似自欺欺人的方法如果运用得当，也不失为一种帮助大学生应对危机、接受现实、接受自己的好办法。

四、寻求心理危机的社会支持和专业帮助

应对心理危机，大学生应当学会“三助”，即自助、求助、助人。一方面要自觉提高自身的心理素质，另一方面要有主动求助的意识，及时向外界寻求社会支持和专业帮助，还要掌握一定的危机识别知识，对周围陷入心理危机或存在自杀风险的同学及时给予支持和帮助，必要时向老师和专业机构求助。

1. 寻求心理危机的社会支持

社会支持是指人们感受到的来自他人的关心和支持。国内外的大量研究发现，社会支持与个体的身心健康有着显著的正相关，社会支持在缓解个体压力、消除个体心理障碍、增进个体心理健康等方面有重要影响。大学生在面临心理危机的时候，可以寻求来

自学校、家庭成员和社会机构的广泛的社会支持。

来自学校的社会支持主要指老师和同学的社会支持。学校心理咨询机构的老师、心理健康教育课程教学的老师、院系从事学生管理的老师，都可以成为大学生寻求支持和帮助的对象。

大学生出现心理危机时也可以寻求朋辈心理辅导。朋辈心理辅导是指年龄相当者对周围需要心理帮助的同学和朋友给予心理开导、安慰和支持，提供一种具有心理辅导功能的帮助，它可以理解为非专业心理工作者作为帮助者在从事一种类似于心理辅导的帮助活动。与专业心理辅导相比，朋辈心理辅导具有自发性、义务性、亲情性、友谊性和简便有效性。由同龄人担任心理辅导员，一是可以帮助心理辅导老师解决同学们较为简单的问题，二是相近的价值观念、经验、生活方式使得朋辈心理辅导对于社会日常生活中的心理问题而言具有非常重要的作用。朋辈心理辅导不同于一般性质的聊天，又不及心理辅导的专业性，但却能产生专业心理辅导所不及的效果。这也是来自学校的重要社会支持。

来自家庭成员的社会支持。当大学生面临心理危机时，家庭成员的社会支持也是不可缺少的。家庭成员中，父母的社会支持是最有效的，其次是与其关系亲密的兄弟姐妹、亲戚朋友。当家人能够尊重子女的心理需求时，提供支持往往最有效。

来自社会机构的社会支持。有关危机干预的机构有：中国心理学会心理危机干预工作委员会，中国心理学会临床与咨询心理学专业委员会，中国心理卫生协会心理治疗与心理咨询专业委员会，中国医师协会精神科医师分会等。

例如，在2020年的这场新冠肺炎疫情期间，国家卫健委发布了《新型冠状病毒感染的肺炎疫情紧急心理危机干预指导原则》，实施分类干预；国务院应对新型冠状病毒感染的肺炎疫情联防联控机制印发《关于设立应对疫情心理援助热线的通知》，各地在原有心理援助热线基础上设立应对疫情心理援助热线；高校开通疫情心理支持热线和网络辅导服务，互联网医院及相关企业、机构提供网络在线、电话热线等社会心理服务。

2. 争取心理危机的专业帮助

心理学领域中，危机干预是指对处在心理危机状态下的个体采取明确有效措施，使之最终战胜危机，重新适应生活。心理危机干预的主要目的是：①防止过激行为，如自伤、自杀或攻击行为等；②促进交流，鼓励当事者充分表达自己的思想和情感，鼓励其树立自信心和进行正确的自我评价，提供适当建议，促使问题解决；③提供适当医疗帮助，处理昏厥、情感休克或激动情况。

例如，在2020年新冠肺炎流行时期，人们会更关心个人基本的生存问题，如环境是否安全、健康是否有保障等；会担心自己及所关心的人（如父母、子女、亲戚、朋友、老师）会不会感染；会表现出惊慌、无助、逃避、退化、恐惧等行为；想吐露自己对新冠肺炎突发事件的内心感受；渴望生活能够尽快安定，恢复到正常状态；希望得到他人情感的理解与支持等。专业的心理危机干预就是帮助人们获得生理心理上的安全感，缓解乃至稳定由危机引发的强烈的恐惧、震惊或悲伤的情绪，恢复心理的平衡状态，还会给需要帮助的人们提供具体的医疗帮助、生活帮助，等等。

面临心理危机，大学生不仅需要寻求社会支持，还需要争取心理危机干预机构的专业帮助，即专业人员的危机干预。每个高校都成立了心理健康教育中心，配有专职心理咨询师，有些三甲医院设有心理咨询科。专业帮助可以更好地帮助大学生解决心理危机问题。

3. 关心帮助他人

大学生在主动寻求支持帮助的同时，也要关注身边容易发生心理危机的 12 类同学，并主动给予帮助。这些大学生包括：① 遭遇突发事件而出现心理或行为异常的大学生，如家庭发生重大变故、遭遇性危机、受到自然或社会意外刺激的大学生。② 患有严重心理疾病，如抑郁症、恐惧症、强迫症、癔症、焦虑症、精神分裂症、情感性精神病等疾病的大学生。③ 有自杀未遂史或家族中有自杀者的大学生。④ 身体患有严重疾病，个人很痛苦、治疗周期长的大学生。⑤ 因学习压力过大、学习困难而出现心理异常的大学生。⑥ 个人感情受挫后出现心理或行为异常的大学生。⑦ 人际关系失调后出现心理或行为异常的大学生。⑧ 性格过于内向、孤僻，缺乏社会支持的大学生。⑨ 严重环境适应不良导致心理或行为异常的大学生。⑩ 家境贫困、经济负担重、深感自卑的大学生。⑪ 由于身边的同学出现个体危机状况而受到影响，产生恐慌、担心、焦虑、困扰的大学生。⑫ 其他有情绪困扰、行为异常的大学生。尤其要关注上述多种特征并存的大学生，他们应成为重点进行社会支持的对象。

大学生了解自杀的一般征兆，掌握相关的助人技巧，是预防他人自杀的关键。大学生自杀的危险征兆一般表现为：①直接或间接表示要自杀；②有自杀未遂经历；③

有条理地安排后事，将自己珍贵的东西送人；④收集与自杀方式有关的资料并与人探讨；⑤流露出绝望、无助、愤怒、无价值感等；⑥将死亡或抑郁作为谈话、写作、阅读内容或艺术作品的主题；⑦谈论自己现在的自杀工具；⑧使用或增量使用成瘾物质；⑨出现自伤行为等。对有自杀企图的大学生的帮助要点有：①表达关心，询问他们目前面临的困难以及困难给他们带来的影响；②保持冷静，多倾听，少说话，让他们谈出自己内心的感受；③对他们给予接纳，不做任何道德或价值评判（至少不要让他们感受到）；④不要给出劝告，也不要认为有责任找出解决办法，尽力想象自己处在他们的位置时是如何感受的；⑤不要担心他们会出现强烈的情感反应，情感爆发或哭泣有助于情感得到释放；⑥大胆询问其是否有自杀的想法，相信他所说的话以及所表露出的任何自杀迹象；⑦不要答应对他的自杀想法给予保密；⑧让他相信别人是可以给予他帮助的；⑨给予他希望，让他知道面临的困境能够有所改变；⑩如果他即刻自杀的危险性很高，要立即采取措施；⑪不要让其独处，要去除自杀的危险物品，或将其转移至安全的地方。

尽管人们会遇到错综复杂、各式各样的危机，但心理危机是可以识别的，也是可以得到预防和治疗的，对于大学生心理危机的预防和干预，需要各方面的共同努力。

职业心理之窗

殡葬从业人员“视逝如亲”职业精神的培育

“生老病死，时至则行”是每个人都会经历的生命阶段，但我国传统观念中对死亡是需要避讳的，“晦气”就成了很多人对殡葬从业人员的刻板印象。由于职业的特殊性，殡葬从业人员主要服务对象是遗体，每天要面对自然死亡和非自然死亡人群，经常处于哀伤的环境中，很容易产生境遇性危机。因此，殡葬从业人员须身心健康，具备殡葬职业岗位实际需要的工作能力，同时具有“爱众亲仁、视逝如亲”的职业道德精神。如何消除对遗体的恐惧心理，培育“视逝如亲”的职业精神呢？

首先，应从认知上提升。如果一个人真正理解了生死互渗的原理，智慧地对待“生”与“死”，必然能从根本上消除对死亡的恐惧，缓解面对死亡的悲伤，珍惜生命。

其次，还可以运用以下方法缓解恐惧：一是放松训练法。可以通过听音乐、呼吸放松来告诉自己，你是安全的。二是倾诉。把你的害怕、担心的感受表达出来，也是一种常用、易用的调适恐惧的方法。三是寻求心理支持法。通过寻找自己可以获得支持和温暖的、信任的人群来缓解恐惧。四是安全岛法。这是一种用想象法改善自己情绪的心理学技术。在恐惧时，想象在一个只有自己可以进入的舒适环境中，找到一个使自己感到绝对舒适和惬意的地方暂避一时。

思考题

1. 人的生命只有一次，我们应该怎样对待自己的生命？
2. 你曾经历过哪些心理危机？这些危机对现在的你有何影响？

心理活动：生命线

目的： 引导大学生思考自己的人生轨迹，协助大学生了解生命的道路是曲折的，前途是光明的，感悟生命存在的意义。促使大学生认识生命的价值，树立正确的人生观。

操作：

运用绘画法。每个人准备纸和彩笔。在纸上画一条线，在右侧标出箭头，这一条线代表你的生命线，起点代表你出生的时候，在终点写出你预测的死亡年龄。然后找出自己现在所处的位置，回忆过去发生在你生活中的事情，并将它们按时间顺序在生命线上列出来，根据感受，愉快的可以放在线条上方，不愉快的可以放在线条下方。然后再想象未来想要做的事情及可能发生的事情，仍然按可能愉快或不愉快放在线条的上、下方。最后仔细看看你的生命线，它就是你的心灵地图。

大家都画好后进入分享时刻，交流：

1. 面对生命线，你想到了什么？
2. 它给了你什么启示？

主要参考书目

1. 中共中央马克思恩格斯列宁斯大林著作编译局. 马克思恩格斯选集：第一卷[M]. 北京：人民出版社，1995.

2. 中共中央马克思恩格斯列宁斯大林著作编译局. 马克思恩格斯选集：第二卷[M]. 北京：人民出版社，1995.

3. 中共中央马克思恩格斯列宁斯大林著作编译局. 马克思恩格斯选集：第三卷[M]. 北京：人民出版社，1995.

4. 中共中央马克思恩格斯列宁斯大林著作编译局. 马克思恩格斯选集：第四卷[M]. 北京：人民出版社，1995.

5. 毛泽东. 毛泽东选集：第一卷[M]. 北京：人民出版社，1991.

6. 毛泽东. 毛泽东选集：第二卷[M]. 北京：人民出版社，1991.

7. 毛泽东. 毛泽东选集：第三卷[M]. 北京：人民出版社，1991.

8. 毛泽东. 毛泽东选集：第四卷[M]. 北京：人民出版社，1991.

9. 邓小平. 邓小平文选：第一卷[M]. 北京：人民出版社，1994.

10. 邓小平. 邓小平文选：第二卷[M]. 北京：人民出版社，1994.

11. 邓小平. 邓小平文选：第三卷[M]. 北京：人民出版社，1993.

12. 习近平. 习近平谈治国理政：第一卷[M]. 北京：外文出版社，2014.

13. 习近平. 习近平谈治国理政：第二卷[M]. 北京：外文出版社，2017.

14. 习近平. 习近平谈治国理政：第三卷[M]. 北京：外文出版社，2020.

15. 习近平. 习近平谈治国理政：第四卷[M]. 北京：外文出版社，2022.

16. 习近平. 高举中国特色社会主义伟大旗帜 为全面建设社会主义现代化国家而团结奋斗[M]. 北京：人民出版社，2022.

17. 教育部思想政治工作司. 大学生心理健康教育读本[M]. 北京：高等教育出版社，2007.

18. 沈德立. 大学生心理健康[M]. 北京：高等教育出版社，2013.

19. 全国十二所重点师范大学联合编写. 心理学基础[M]. 北京：教育科学出版社，2002.

20. 林崇德. 发展心理学[M]. 杭州：浙江教育出版社，2002.

21. 林崇德，杨治良，黄希庭. 心理学大辞典[M]. 上海：上海教育出版社，2004.

22. 林崇德，申继亮. 大学生心理健康读本[M]. 北京：教育科学出版社，2005.

23. 王登峰，崔红. 心理卫生学[M]. 北京：高等教育出版社，2003.

24. 叶浩生. 西方心理学研究新进展[M]. 北京：人民教育出版社，2003.
25. 龚耀先. 心理评估[M]. 北京：高等教育出版社，2003.
26. 樊富珉，王建中. 当代大学生心理健康教程[M]. 武汉：武汉大学出版社，2006.
27. 黄希庭. 大学生心理健康教育[M]. 上海：华东师范大学出版社，2004.
28. 郑日昌. 大学生心理卫生[M]. 济南：山东教育出版社，1997.
29. 张厚粲. 大学心理学[M]. 北京：北京师范大学出版社，2001.
30. 冯正直. 大学心理素质教育[M]. 重庆：西南师范大学出版社. 2004.
31. 马建青等. 大学生心理危机干预的理论与实务[M]. 杭州：杭州出版社，2011.
32. 郭晓飞. 心理调节的原理应用[M]. 北京：中国社会科学出版社，2006.
33. 谢炳炎. 大学生心理健康教育与指导[M]. 长沙：湖南大学出版社，2006.
34. 伍新春. 高等教育心理学[M]. 北京：高等教育出版社，1999.
35. 郑希付. 健康心理学[M]. 上海：华东师范大学出版社，2003.
36. 齐力. 大学生心理健康素质教程[M]. 北京：五洲传播出版社，2005.
37. 陈选华. 大学生心理学基础[M]. 北京：中国科学技术大学出版社，2004.
38. 何彬生，刘波，吴建芳. 大学生心理健康与教育[M]. 北京：人民出版社，2006.
39. 贾晓明，陶恒. 大学生心理健康——走向和谐与适应[M]. 北京：北京理工大学出版社，2005.
40. 孔燕等. 大学生心理健康教育[M]. 合肥：安徽人民出版社，2001.
41. 欧晓霞，曲振国. 大学生心理健康[M]. 北京：清华大学出版社，2006.
42. 郝伟，于欣. 精神病学[M]. 7版.北京：人民卫生出版社，2015.
43. 陈力. 心理障碍与精神卫生[M]. 北京：人民卫生出版社，2001.
45. 胡珍，门从国. 大学生性文明与性健康[M]. 成都：四川民族出版社，2001.
46. 张敏生. 大学生心理互助研究[M]. 杭州：浙江大学出版社，2008.
47. 李媛. 心理健康与创新能力[M]. 成都：电子科技大学出版社，2008.
48. 林金辉. 大学生创造性的发展与教育[M]. 厦门：厦门大学出版社，1995.
49. 郭有橘. 创造心理学[M]. 3版.北京：教育科学出版社，2002.
50. 徐方瞿. 创新与创造教育[M]. 上海：上海教育出版社，1998.
51. 罗庆生，韩宝玲. 大学生创造学——理论学习篇[M]. 北京：中国建材工业出版社，2001.
52. 沈之菲. 生涯心理辅导[M]. 上海：上海教育出版社，2000.
53. 程社明等. 人生发展与职业生涯规划[M]. 北京：团结出版社，2003.
54. 马士斌. 大学生生涯辅导[M]. 北京：机械工业出版社，2006.
55. 曹广辉，王云彪. 大学生职业生涯指导[M]. 天津：天津大学出版社，2007.
56. 张孝宜. 新世纪高校政治理论教育途径与方法探索[M]. 广州：中山大学出版社，2000.
57. 张春兴. 现代心理学[M]. 上海：上海人民出版社，2005.
58. 张春兴. 教育心理学[M]. 杭州：浙江教育出版社，1998.
59. 杨国枢等. 华人本土心理学[M]. 重庆：重庆大学出版社，2008.
60. 刘宣文.学校发展性辅导[M].北京：人民教育出版社，2004.
61. 张添洲. 生涯发展与规划[M].台北：五南图书出版股份有限公司，2005.

62. 金盛华. 社会心理学[M]. 2版.北京：高等教育出版社，2010.

63. 莫雷. 教育心理学[M]. 北京：教育科学出版社，2013.

64. 彭聃龄. 普通心理学[M]. 北京：北京师范大学出版社，2012.

65. 傅小兰. 情绪心理学[M]. 上海：华东师范大学出版社，2019.

66. 卢家楣等.中国当代大学生情绪智力现状调查研究[J].心理科学，2016.

67. 高天. 音乐治疗导论[M]. 北京：世界图书出版公司，2012.

68. 王艳明. 观呼吸技术的临床研究初探[M]. 长沙：中南大学出版社，2013.

69. 孟昭兰. 情绪心理学[M]. 北京：北京大学出版社，2014.

70. 李虹. 压力应对与大学生心理健康[M]. 北京：北京师范大学出版社，2004.

71. 朱智贤. 心理学大词典[M]. 北京：北京师范大学出版社，1989.

72. 罗国杰. 马克思主义伦理学[M]. 北京：人民出版社，1982.

73. 马建青等. 大学生心理危机干预的理论与实务[M]. 杭州：杭州出版社，2011.

74. [美]莫顿·亨特. 心理学的故事——起源与演变[M]. 李斯，译. 海口：海南出版社，1999.

75. [美]杰罗姆·S. 布鲁纳. 教育过程[M]. 上海师范大学外国教育研究室，译. 上海：上海人民出版社，1973.

76. [美]阿历克斯·英格尔斯等. 人的现代化[M]. 殷陆君，编译. 成都：四川人民出版社，1985.

77. [美]R. M. 加涅. 学习的条件和教学论[M]. 皮连生，等译. 上海：华东师范大学出版社，1999.

78. [美]Robert D. Nye . 三种心理学——弗洛伊德、斯金纳和罗杰斯的心理学理论[M]. 石林，袁坤，译. 北京：中国轻工业出版社，2000.

79. [美]理查德·格里格，菲利普·津巴多. 心理学与生活[M]. 王垒，等译. 北京：人民邮电出版社，2016.

80. [英]瓦尔·西蒙诺维兹，彼得·皮尔斯. 人格的发展[M]. 唐蕴玉，译. 上海：上海社会科学院出版社，2006.

81. [美]L. A. 珀文. 人格科学[M]. 周榕，等译. 上海：华东师范大学出版社，2004.

82. [美]R. J. 斯腾伯格. 成功智力[M]. 吴国宏，钱文，译. 上海：华东师范大学出版社，1999.

83. [美]珍妮特·沃斯，[新西兰]戈登·德莱顿. 学习的革命[M]. 顾瑞荣，等译. 上海：上海三联书店，1998.

84. [美]Anita Woolfolk. 教育心理学[M]. 10版.何先友，等译. 北京：中国轻工业出版社，200.

85. [美]弗洛姆. 爱的艺术[M].李健鸣，译. 上海：上海译文出版社，2008.

后 记

党和国家十分重视大学生心理健康教育。1994年《中共中央关于进一步加强和改进学校德育工作的若干意见》，2004年中共中央、国务院下发的《关于进一步加强和改进大学生思想政治教育的意见》和2005年教育部、卫生部、共青团中央联合印发的《关于进一步加强和改进大学生心理健康教育的意见》都强调要重视大学生心理健康教育，明确要求各高等学校创造条件，开设大学生心理健康教育的选修课程或开展专题讲座与报告。2011年，为深入贯彻落实全国教育工作会议、教育规划纲要以及全国加强和改进大学生思想政治教育工作座谈会精神，推进大学生心理健康教育工作科学化建设，进一步发挥课堂教学在大学生心理健康教育工作中的主渠道作用，提高大学生心理健康素质，教育部制定了《普通高等学校学生心理健康教育课程教学基本要求》，要求各地结合本地区、本学校的实际，制定科学、系统的教学大纲和教学计划，组织实施教育教学活动。2018年7月中共教育部党组印发《高等学校学生心理健康教育指导纲要》，指出要进一步提升心理育人质量，实现大学生心理健康教育全覆盖。2023年5月教育部等十七部门印发《全面加强和改进新时代学生心理健康工作专项行动计划（2023—2025年）》，进一步明确了新时代学生心理健康工作的指导思想、基本原则、工作目标和主要任务。

《大学生心理健康教育教程》是湖南省在全国率先开展的大学生心理健康教育省编教材建设工作中出版的第一本省编教材。本教材以马克思列宁主义、毛泽东思想和中国特色社会主义理论体系，特别是习近平新时代中国特色社会主义思想为指导，以普通心理学、积极心理学、教育学、心理卫生学为基础理论，涉及多学科知识，在探讨大学生心理素质健康发展的重要性、紧迫性、途径和方法的基础上，针对现实生活中大学生的心理健康状况及心理素质健康发展的主要问题，站在培养21世纪所需要的全面发展的高素质人才的战略高度，构建了一个以提高大学生心理素质，促进其全面发展为目标的心理健康教育体系。我们着重论述了心理素质及心理健康标准，并在分析当代大学生的心理状况与特点的基础上，提出了大学生心理健康教育的指导思想，介绍了大学生心理健康教育的理论与方法。我们还根据“双元制职业教育”的要求，设置了“职业心理之窗”。本书在内容上有以下特点：

第一，明确了大学生心理健康教育的指导思想。大学生心理健康教育应以马克思主义关于人的本质、人的全面发展的理论，党中央“注重人文关怀和心理疏导”的思想和“育心与育德相结合，加强心理育人”的思想，党的二十大关于“推进健康中国建设”和“重视心理健康和精神卫生”的思想，习近平新时代中国特色社会主义思想为指导，构建为立德树人服务的育心与育德相结合的心理健康教育体系。这种体系将心理健康教育与思想道德修养有机地结合起来，在进行心理教育的同时关注大学生健康向上的世界观、人生观、价值观的形成，符合我国国情，符合党和国家的教育方针，把握了培养造就新时代高素质人才的大学教育方向。

第二，注重大学生心理健康教育的理论与方法的介绍。我们既没有照搬西方心理学的理论与方法，也没有将心理健康教育与思想政治工作等同，而是根据中国国情和我国大学生特点，基本实现了西方心理学理论方法与中华优秀传统文化的结合，心理健康教育与思想政治工作以及当代大学生学习和校园文化活动的结合。

第三，有“双元”实践调查作基础，针对性强。我们采取实践调查与理论分析相结合的方法，对大学生心理健康状况问卷调查结果和心理咨询工作中有代表性的案例进行研究分析，筛选了大学生，特别是高职院校学生最为关注和最常遇到的问题，结合职业心理素质提升，进行心理发展规律和对策的探讨。并根据“双元制职业教育”的要求，在企业调研的基础上选择八个行业从业人员最常遇到的心理困扰，设置“职业心理之窗”，进行职业心理教育，以增强实用性和操作性。

我们在教材第1版使用后广泛征求了老师和同学们的意见和建议，在中共湖南省委教育工委的直接指导下，对教材的结构和内容作了调整和修改。2012年，根据教育部办公厅2011年发布的《普通高等学校学生心理健康教育课程教学基本要求》，进行了全面的修订。2014年，根据党中央关于“注重人文关怀和心理疏导”的精神和教育部关于提高大学生心理健康教育实效性的要求，对教材内容进行了增补调整和改版。2015年，为进一步提高教材质量，我们邀请教育部普通高等学校学生心理健康教育专家指导委员会主任委员林崇德教授、副主任委员梁宝勇教授、秘书长王建中教授、委员马建青教授、委员桑志芹教授等五位专家对教材修改进行了指导。专家们对本教材给予了充分肯定，如林崇德教授指出“整个教材体现了全面、深刻、实用三个特点，具有创造性，是适合高校使用的较为优秀的心理健康教育教材”；梁宝勇教授指出“该书是一本优秀的大学生心理健康教育教材，值得全国同行们参考使用”。同时专家们也提出了宝贵的修改意见。我们综合专家意见，对2016年版教材进行了进一步修改。2017年10月党的十九大召开，习近平新时代中国特色社会主义思想正式提出并成为我党的指导思想，被写入党章。根据党的十九大精神提出的新任务新要求，教育部出台了《高校思想政治工作质量提升工程实施纲要》，指出：要大力促进心理育人。本教材在2016年版的基础上，进一步充实了心理育人的内容。

中共湖南省委教育工委、湖南省教育厅对本教材的建设工作高度重视，历届委厅领导对本书的写作均给予了大力支持和悉心指导。2020年，中共湖南省委教育工委召开教材修订专门会议，对教材修改提出了总体建议和具体修改意见。2022年10月党的二十大召开，中共湖南省委教育工委、湖南省教育厅相关职能处室组织教材编写人员认真学习党的二十大精神，深入思考大学生心理健康教育教材修改的相关内容。我们又对近五年省内各高校课程建设状况进行了广泛的调研。在此基础上，根据形势的发展和学生的需求，以习近平新时代中国特色社会主义思想作指导，对教材进行了全面修订。

本教材由胡凯担任主编，龚勋、丁立平、袁红梅担任副主编。作者分工如下：绪论，中南大学胡凯；第一章，湖南大学彭萍；第二章，长沙学院姜巧玲；第三章，湖南第一师范学院丁立平；第四章，中南大学叶湘虹；第五章，湖南工商大学戴吉；第六章，中南林业科技大学袁红梅；第七章，长沙理工大学龚勋；第八章，湘潭大学彩健、湖南工艺美术职院陈燕妮；第九章，中南大学唐海波；第十章，湖南农业大学朱佳、湖南商务职院高明。全书由胡凯统稿。

本教材的写作凝聚了领导、专家、作者和同学们的心血，是集体智慧的结晶。书稿的写作和出版得到了湖南人民出版社的大力支持。我们在写作过程中参阅和引用了国内外许多专家、学者的研究成果。在此一并致以诚挚的谢意！

愿该教材能成为全国大学生的良师益友，使他们的大学生活变得更加充实，更为健康。也希望大学生们通过对本书的阅读，能自我纾解心理困惑，做好未来的规划，提高生命质量，在人生的旅途上点起一盏明亮的心灯，开启未来的成功之门。

编　者

2023年5月

图书在版编目（CIP）数据

大学生心理健康教育教程 / 胡凯主编. —8版. —长沙：湖南人民出版社，2020. 5（2024.7）
ISBN 978-7-5561-2472-5

I. ①大… II. ①胡… III. ①大学生—心理健康—健康教育—高等学校—教材
IV. ①G444

中国版本图书馆CIP数据核字（2020）第078440号

DAXUESHENG XINLI JIANKANG JIAOYU JIAOCHENG
大学生心理健康教育教程

主　　编　胡　凯
责任编辑　曾诗玉　杨丁丁
装帧设计　谢俊平
责任校对　夏丽芬

出版发行　湖南人民出版社［http://www.hnppp.com］
地　　址　长沙市营盘东路3号
邮　　编　410005
经　　销　湖南省新华书店

印　　刷　湖南省美如画彩色印刷有限公司
版　　次　2009年8月第1版
　　　　　2020年5月第8版
印　　次　2024年7月第7次印刷
开　　本　787 mm × 1092 mm　1/16
印　　张　17.5
字　　数　340千字
书　　号　ISBN 978-7-5561-2472-5
定　　价　21.80元

营销电话：0731-82221529　（如发现印装质量问题请与出版社调换）